평생 아들의 목회를 위해

헌신하고 기도해 주신

사랑하는 나의 어머님 고 설덕주 집사님께

존경과 감사의 마음으로

이 책을 바칩니다.

사랑으로 회복하라

초판 1쇄 인쇄 2020년 1월 20일

지은이 　김하석
발행인 　이요섭
펴낸곳 　요단출판사
기획 편집 　송은주
디자인 　디자인이츠
제작 　박태훈
영업 　김승훈 김창윤 이대성 정준용
　　　　이영은 김경혜 정영아 백지숙

등록 　1973. 8. 23. 제13-10호
주소 　07238 서울특별시 영등포구 국회대로 76길 10
기획 문의 　(02)2643-9155
영업 문의 　(02)2643-7290
팩스 　(02)2643-1877

구입 문의 　인터넷서점 유세근
　　　　요단인터넷서점 www.jordanbook.com

Copyright ⓒ 2020 요단

값 17,000원
ISBN 978-89-350-1805-5 03230

• 이 책은 저작권법에 따라 보호를 받는 저작물입니다. 무단전재와 복제를 금합니다.
• 파손된 책은 구입하신 서점에서 교환해 드립니다.

변질의 시대에서
본질을 회복하다

사랑으로 회복하라

김하석 지음

요단
JORDAN PRESS

추천의 글

김종포 원로목사
아름다운 교회

글을 쓰고, 책을 내는 것은 소통하고 싶은 그 무엇이 간절할 때 탄생한다. 작은 마음의 창을 열고 세상과 대화하듯 마음을 열어 밤새 나누고 싶은 그 무엇이 있기 때문이다. 자신이 본 자연을 나누고 싶은 사람은 시를 쓰고, 기막힌 인생을 산 사람은 수기로 말하고, 긴 여행을 마치듯 인생의 끝이 보이는 사람은 여행을 정리하는 심정으로 자서전을 내놓는다.

그렇게 볼 때 이 책은 저자가 작은 마음의 창을 열고 그가 만난 예수를 밤새 이야기하고 싶어 하는 예수 소전이다. 저자는 남다른 해박한 지식이 있어 그것을 뽐내듯 가르치려 들지 않는다. 또한, 깊은 연구의 결과물로 이 책을 완성한 것 같지도 않다. 이 책은 삶이며 신앙이고 간증이며 기도다.

38년 전 어느 가을, 기타를 메고 나타난 꿈 많은 청년 김하석이 예수를 만나는 그 현장에 있었던 사람으로, 숱한 세월의 강을 건너 오늘에 이르기까지 그를 지켜볼 때 그는 예수로 울고 예수로 산 사람이다. "예수에게 빚진 자", 저자에게 붙여주고 싶은 별명이다.

로마서 1장 13-14절에는 의미심장한 두 개의 단어가 있다. 하나는 '빚진 자'란 말이고 다른 하나는 '막혔다'는 말이다.

"형제들아 내가 여러 번 너희에게 가고자 한 것을 너희가 모르기를 원하지 아니하노니 이는 너희 중에서도 다른 이방인 중에서와 같이 열매를 맺게 하려 함이로되 지금까지 길이 막혔도다 헬라인이나 야만인이나 지혜 있는 자나 어리석은 자에게 다 내가 빚진 자라"

바울 사도는 자신의 신앙을 빚진 자로 표현한다. '빚'이란 단어가 신약에 열네 번 나오는데 로마서에만 무려 다섯 번 나온다. 그의 신앙은 빚진 자의 행로라고 해도 과언이 아닐 것이다. 간절하게 가고 싶었던 곳이 로마였다. 빚진 자의 열정으로 달려가고 싶었으나 길이 막혀 갈 수 없었다고 절규하듯 로마서 서문에 기록하고 있다. 바울 그는 능력의 종이었지만 길이 막혀있어서 결국 편지를 쓰게 되었다.

저자는 그런 면에서 바울을 닮았다. 예수에게 빚진 저자는 예수를 나누고 싶었지만 길이 막혀 더 깊은 심연으로 들어가 주님과 한없는 소통을 나눈 산물로 이 책이 태어났다. 바울 사도가 예수를 빚으로 보았다면 저자는 예수를 '사랑'으로 보았다. 그가 본 사랑의 색깔은 예사롭지 않다. 마치 안텔로프 캐년의 깊은 동굴에서 세파에 깎인 바위 틈 새로 쏟아지는 빛의 오묘함을 발견하듯 특별하다. 길이 막히고 시간이 멈춘 그 자리에서 경험한 저자의 사랑을 몇 시간의 여유만 가지면 당신도 그 사랑 예수님을 경험하게 될 것이다. 그래서 이 책을 추천하고 싶다. 누군가의 경험이 우리의 가슴속에 패러다임 쉬프트를 일으키는 순간 우리는 제2의 인생을 시작할 수 있다. 사랑의 예수님을 더 깊이 체험하게 될 것이다.

박상욱 목사
체코 공화국 선교사

저자 김하석 목사는 나의 오랜 친구로서 1986년에 처음 만난 이후로 좋은 관계를 유지하며 지금까지 지내오고 있다. 처음 추천사를 써 달라고 했을 때 거절했었다. 이유는, 내가 대단한 목회자도 아니고 이 책을 추천하기에 합당한 자격을 갖고 있지 않다고 나 스스로 판단했기 때문이다. 나는 그저 체코를 20여 년 섬기는 무명의 선교사일 뿐이다. 그럼에도 다시 추천사를 써야겠다고 생각한 데는, 그의 젊음의 시절부터 중년에 이르기까지 함께 기도하고 경험하며 삶을 나눈 산 증인이요, 또한 죽음을 선택할 수밖에 없는 인생의 막다른 골목에서 사랑으로 다가오신 주님을 체험하고 다시 회복되어 승리한 것을 두 눈으로 목격한 증인 중 한 사람이라 확신해서이다.

인고의 세월 동안 그는 서재에 앉아, 책방에 서서, 도서관으로 달려가 책을 닥치는 대로 섭렵했고 때로는 대중 속에, 그것도 아니면 맨투맨으로 하나님께서 주신 공의와 사랑을 토론했다. 더욱이 자기의 내면과 가정, 교회와 사회의 현실을 목도하면서 사랑이신 하나님을 어떻게 연결시켜야 할지를 고민했다. 본서는 지난 10여 년 처절한 해산의 수고 속에서 태어난 옥동자와 같은 것이다.

헤롯이 베드로를 죽이기 위해 잡아들였다. 그런데 감옥에 갇힌 베드로는 잠을 청하였다. 천사가 베드로의 옆구리를 쳐서 깨웠다는 것을 보면 안다. 무엇이 베드로로 하여금 배짱 있는 이런 평안을 누리게 한 것일까? 인내를 통한 성장이다. 그는 가장 좋은 것을 주시는 주님을 기대하며 기다렸다. 폭풍우 칠 때, 배의 고물에서 주무시던 주님의 평안을 배운 베드로이다. 그는 죽음의 상황 속에서도 생명을 하나님께 맡기고 잠을 청할 수 있었다. 아니 먼저 주님의 나라와 그 의를 구하면 구원해 줄 주님을 의뢰했다.

신앙이란 기적 속에서 박수를 치는 것만이 아니다. 오히려 기적이 사라진 곳에서 다시 시작하는 것이 바로 진짜 신앙이다. 본서에는 마치 베드로에게 있었던 인내함의 성숙처럼, 인내함으로 성숙하여 깨달은 그의 사랑 신학이 고스란히 스며들어 있다.

그렇다. 인생은 현재 눈앞에 펼쳐지는 모습으로 승부가 나는 것이 아니다. 오히려 인생 승부는 누가 미래를 내 것으로 만들 수 있느냐에 달려 있다. 그런 의미에서 '하나님의 기적'보다 '하나님의 기회'가 더 소중하다. 40년 기다림으로 자기를 준비했던 모세처럼 말이다. 조금만 어려워도 불평, 불만 가운데 처하게 되고 아예 삶을 포기해 버리는 인생들을 보라. 그들은 하나님의 놀라운 역사의 주인공이 될 수 없다.

한 송이 국화꽃을 피우기 위한 소쩍새의 울음 같은 김하석 목사의 인내와 성숙을 독자 여러분은 《사랑으로 회복하라》는 이 책을 통해 배우게 될 것이다. 한 걸음 더 나아가 지금 우리 시대의 신앙과 신학적 부조화에 대한 해결책을, 갈증 속 한 모금 생수 같은 시원함을 본서를 통해 느끼게 될 것이다. 힘겨운 인생 속 신앙을 유지하려는 모든 그리스도인과 목회자들에게 이 책을 추천한다.

프롤로그

영국에서 열린 비교종교학 회의에서 세계 각국의 전문가들이 기독교 신앙을 유일하게 만드는 점이 무엇인가에 대해 토론을 벌였다. 그들은 항목 하나하나를 점검해나갔다. 성육신? 다른 종교에도 형태는 다르지만 신이 인간의 모습으로 나타나는 경우가 있다. 부활? 역시 다른 종교에도 죽음에서 환생하는 이야기들이 있다.

토론이 한창 진행되고 있을 때 기독교 변증가이자 유명한 저술가인 C. S. 루이스(Clive Staples Lewis, 1898-1963)가 들어왔다.

"무엇 때문에 이렇게 소란한가요?"

그의 질문에 동료 학자들이 기독교의 유일성이 세계 종교에 기여하는 바가 무엇인가를 놓고 토론하고 있다고 장황하게 설명했다. 그 설명을 듣고 루이스가 대답했다.

"아, 간단합니다. 그건 은혜지요."

토론이 조금 더 진행되다가 학자들은 결론에 도달했다.

"아무 조건 없이, 값없이 우리에게 주어지는 하나님의 사랑은 모든 인간의 본능과 상반된다. 불교의 팔정도, 힌두교의 카르마 교리, 유대교의 언약, 이슬람의 법제도, 이들은 각각 인정을 받을 수 있는 길을 제시하고 있다. 오직 기독교만이 조건 없는 하나님 사랑을 제시한다."[1]

기독교는 '사랑을 제일'로 여기는 진리의 종교다.

"사랑하는 자들아 우리가 서로 사랑하자 사랑은 하나님께 속한 것이니 사랑하는 자마다 하나님으로부터 나서 하나님을 알고 사랑하지 아니하는 자는 하나님을 알지 못하나니 이는 하나님은 사랑이심이라"(요일 4:7-8).
"그런즉 믿음, 소망, 사랑, 이 세 가지는 항상 있을 것인데 그 중의 제일은 사랑이라"(고전 13:13).

사도 요한은 '하나님을 사랑'으로, 사도 바울은 '사랑을 제일'로 선포한다. "왜 하나님이 사랑이시고, 왜 사랑이 제일인가?" 이 책은 그 질문에 대한 대답이다. 《사랑으로 회복하라》는 믿음, 소망이 사랑보다 더 중요하게 여겨지는 한국교회의 신앙풍토에서 성경이 '제일'로 진술하는 사랑의 본질적 의미를 규명하여 사랑을 원래의 자리로 돌려놓기 위한 책이다. 무심한 필자도 사랑이 제일이라는 의미를 예수 믿고 30년이 지나서야 비로소 깨달았다. 사랑의 제자리 매김이 시급한 이유는, 한국교회가 갈망하는 부흥이 사랑에서 시작되기 때문이다.

'사랑'을 기독교 신앙의 제일 원리로 규정하고 적용하는 《사랑으로 회복하라》는 두 가지 이유에서 필자의 성경 연구 결과물이 아니라, 성령님이 주도하신 하나님의 책이라 할 수 있다.

첫째, 《사랑으로 회복하라》는 하나님이 필자로 하여금 십 년이 넘는 긴 세월 동안 성경의 본질을 찾고자 하는 광인의 열정을 허락해 주심으로 그 출판이 가능했다. 책을 살 수 없는 열악한 경제적 여건으로 시내 서점과 도서관을 돌아다니며 자료 하나하나를 스크랩하면서 치열하게 글을 썼다. 서울 시내의 모 기독교 서점에서는 자료를 카메라로 찍다가 쫓겨나기도 했다. 하나님이 인내심 없는 부족한 종을 강한 팔로 붙들어 주셨기에 집필을 끝낼 수 있었다.

둘째, 《사랑으로 회복하라》는 필자를 다시 일으킨 '회복의 말씀'이다. 두 번의 개척 목회의 실패로 인한 참담한 절망감과 채울 수 없는 공허함이 필자를 둘러싸고 있을 때, 하나님이 사랑의 각성과 충만한 은혜의 체험을 통해 갈멜산에서 엘리야가 직면했던 영적 공황에서 벗어나게 해 주셨다. 책을 집필하는 동안 "하나님 감사합니다"라는 말을 얼마나 되뇌었는지 모른다. 집필 내내 하나님이 부족한 종에게 베풀어 주신 은혜는 이루 다 헤아릴 수 없다. 그런 점에서 《사랑으로 회복하라》는 은혜의 결정체이다.

집필에 여러 영적 거장들의 도움을 받았지만, 특히 영국의 복음주의 설교자 로이드 존스(David Martyn Lloyd-Jones, 1899-1981)와 근대 신학의 기틀을 마련한 신정통주의 신학자 칼 바르트(Karl Barth, 1886-1968)에게 많은 신세를 졌다. 로이드 존스는 필자의 신학적 기초를 마련해 주었고, 칼 바르트는 사랑으로 성경을 조망하는 영적 안목을 제공해 주었다(그러나 필자는 로이드 존스의 율법론과 칼 바르트의 화해론은 비성경적인 해석으로 판단해 수용하지 않는다).

하나님은 여러 사람의 조력을 통해 책을 만들게 하셨다. 필자의 영적 멘토인 아름다운 교회(서울 명일동) 김종포 원로목사님이 책의 출판을 이끌어주셨다. 어려운 목회의 고비 고비마다 늘 버팀목이 되어 준 김종포 목사님(김지순 사모님)과 아름다운 교회 교우들에게 진 빚을 하나님이 열 배로 갚아 주시기만을 간구할 뿐이다. 그 밖에도 출판의 산파 역할을 담당해 준 뱁티스트 편집인 송수자 목사님, 무명의 저자에게 선뜻 출판의 기회를 부여해 준 침례교 진흥원 이요섭 원장님과 책의 출판을 위해 애써준 스태프들 모든 분께 진심으로 감사를 드린다.

지난 세월을 돌아보면 하나님께서 목회의 힘든 고비를 사랑하는 가족과 함께 극복하게 하셨다. 변함없는 헌신으로 가정을 꾸려준 사랑하는 아내 서성옥 사모와 어려운 형편에서도 자기의 일들을 묵묵히 감당하며 잘 성장해준 나의 소중한 자녀들인 주애와 신혁이에게 애정 어린 마음을 전한다. 출판의 여건을 마련해 준 사랑하는 노 영 성도님(장모님)도 천국에서 책의 출판을 기뻐하시리라 믿는다.

비틀거리는 한국교회의 재건은 '사랑이 제일'이라는 성경적 의미를 온전히 깨달을 때 가능하다. 한국교회가 '사랑'을 인식하느냐에 따라 서기도 하고 무너지기도 하는 것은 사랑이 가지는 진리성 때문이다. 회복의 역사는 진리로부터 발현된다. "사랑이 진리를 깨닫게 한다"라는 외침으로 영적 무지 가운데 몰락하는 로마 시대를 깨우려 했던 어거스틴의 간절한 심정으로 책의 첫 페이지를 펼친다.

"하나님은 사랑이시고, 사랑 때문에 예수님이 오셨고, 사랑 때문에 예수님은 계속해서 해마다 모든 사람에게 오신다."(랍 벨)[2]

목 차

추천의 글 _ 아름다운 교회 **김종포** 원로목사 ·4
　　　　　체코 공화국 선교사 **박상욱** 목사

프롤로그 ·9

서언 _ 사랑으로의 초대 ·18

1장 하나님은 누구신가?

그리스도인의 정체성 ·24
교회 안의 거짓 신자들 ·31
복음의 변질 ·39
복음의 본질 ·44
삼위일체 하나님의 존재적 본질 ·55
하나님의 본질적 속성 ·62

2장 성경은 무엇을 말하는가?

율법은 '사랑'으로 완성되었다	•72
한국교회의 잘못된 율법 이해	•80
성경의 한 계명	•88
'온전하라'의 여러 해석	•94
'온전하라'의 성경적 의미	•99
'온전하라'는 명령의 목적	•108
신약시대의 완성된 예배	•117
완성된 예배의 날	•127
완성된 예배의 장소	•136
완성된 예배의 헌금	•142
완성된 예배의 집전자	•153
에큐메니컬의 원리	•158
구원, 하나님 사랑의 선택	•167
인간의 항변과 바울의 대답	•176
교회란 무엇인가?	•188
교회의 사명	•195
교회의 은사	•202

교회의 사역자	•209
한국교회의 부흥 진단	•215
부흥의 본질	•223
한국교회의 기복적 축복론	•231
십자가, 신자의 영광	•237
십자가, 하나님의 능력	•241
십자가, 사랑의 치유	•248
축복의 본질	•253
사랑의 축복을 확신하라	•262
순종, 사랑의 행위	•273
성경의 본질로서의 사랑	•282
사랑과 거룩의 비교	•291
제일로서의 사랑	•300
한국교회여, 사랑으로 일어서라	•309

3장 신앙생활이란 무엇인가?

하나님 사랑, 신앙의 근원	•324
이웃 사랑의 출처	•335
누가 우리의 이웃인가?(이웃사랑의 대상)	•339
어떻게 사랑해야 하는가?(이웃사랑의 실천)	•346
원수 사랑	•358
사랑의 코이노니아	•366
거룩한 심판을 통해 완성되는 사랑의 나라	•375
에필로그	•390
주	•394

서 언

사랑으로의 초대

이하에서 특별한 부연 설명이 없는 한, '사랑'이라는 단어는 하나님의 무조건적인 사랑인 '아가페'[1]를 지칭하고, 한국교회에 대한 비판은 우리나라의 정통 교단에 소속된 '모든 교회'와 저자가 포함된 '모든 성도'를 향해 있음을 밝힌다.

바울은 로마서 10장 1-2절에서 자신의 동족 이스라엘을 구원받지 못한 실패한 신앙으로 규정하고, 그 원인을 진단한다.

"형제들아 내 마음에 원하는 바와 하나님께 구하는 바는 이스라엘을 위함이니 곧 그들로 구원을 받게 함이라 내가 증언하노니 그들이 하나님께 열심이 있으나 올바른 지식을 따른 것이 아니니라"(롬 10:1-2).

바울이 말하는 이스라엘의 영적 실패의 원인은 '열심'이 아닌, '올바른 지식의 부재'다. 하나님의 택함을 받은 율법의 백성이 율법을 알지 못함으로 영적 파산을 맞이한 것이다. 이스라엘 백성들은 하나님께서 주신 계명을 248개의 지켜야 할 계율과 365개의 금지조항으로 이루어진 613개의 세세한 규정으로 나누어 놓고, 거기에다가 1,521개의 수정조항을 덧붙여 천 년이 넘는 기간 동안 부단히 율법을 준수했지만,[2] 끝내 율법의 본질을 깨닫지 못했다. 바울은 1차 선교 여행 중 비시디아 안디옥에서 행한 안식일 설교에서 '안식일마다 외우는 선지자들의 말을 알지 못함으로 예수를 정죄하여 죽였다'(행 13:27)는 말로 율법의 왜곡된 지식으로 인한 이스라엘의 참담한 영적 실패를 탄식한다. 신앙의 승패를 결정짓는 것은 열심이 아닌, 성경의 올바른 지식이다. 성령님은 성경을 올바로 깨닫는 자를 들어 쓰신다.

하나님의 특별한 은혜를 받았고, 놀라운 신앙의 열정으로 교회사에 괄목할 만한 부흥의 역사를 일구어냈지만, '성경의 올바른 지식에서 벗어나 있다'는 점에서 한국교회는 이스라엘과 닮은꼴이다. 예수 잘 믿으면 세상의 부와 명예와 삶의 형통이 주어진다는 '복음의 변질', 다수의 신자와 거대한 성전을 소유한 대형교회가 성경적 교회의 표상이 되는 '성장제일주의', 율법이 완성된 신약시대에 성전 건축, 혈통적 세습, 왜곡된 주일 성수 등에서 나타나는 '율법으로의 회귀 현상', 신비적이고 체험 중심의 은사에 열광하는 '왜곡된 은사주의', 입에 담기조차 민망한 목회자의 사기, 재정 횡령, 성적 비행의 '도덕적 타락' 등은 성경의 본질에서 벗어나 있는 한국교회의 실상을 적나라하게 보여준다.

한국교회가 앓고 있는 병명은 '성경 본질의 무지'다. 초대교회의 복원을 위해 그동안 한국교회가 시도했던 '한국교회 갱신과 영적 대각성 운동', '회개운동', '한국교회의 개혁과 부흥을 위한 세미나', '한국교회 화합과 일치를 위한 기도운동' 등이 모두 무위로 돌아갔다는 것은 복합적 형태로 축적된 한국교회의 문제가 몇몇 환부만 들어내는 시술로는 그 치유가 불가능한 '본질의 문제'라는 것을 확증해 준다.

뻐꾸기는 스스로 둥지를 틀지 않고 다른 둥지에 알을 낳는 '탁란성 조류'로, 붉은머리오목눈이 무리 둥지에 자신의 알을 몰래 낳아 붉은머리오목눈이 무리가 자신의 새끼를 키우게 한다. 붉은머리오목눈이 무리는 뻐꾸기의 알이 섞여 있는 서너 개의 알을 부화하기 위해 이른 아침부터 저녁까지 열심히 먹이를 물고 와서 자신의 새끼를 키우지만, 덩치가 크고 등이 평평한 뻐꾸기 새끼는 붉은머리오목눈이 새끼를 하나, 둘 밖으로 밀어내고 결국 둥지를 독차지해 버린다. 새끼를 키우기 위해 자신의 모든 열정을 남김없이 쏟아부은 붉은머리오목눈이 무리가 받아든 결과는 자신의 새끼를 모조리 죽여버린, 뻐꾸기 새끼 한 마리다.

본질의 실패는 '완전한 실패'를 의미한다. 본질을 알지 못한다는 것은 '전부'를 알지 못하는 것이고, 본질의 실패는 다시 되돌릴 수 없기 때문이다. 2007년 일본을 구할 기업가 베스트 10에 선정된 사토 가츠아키는 효율화의 함정을 피하는 원리적이고 본질적인 사고를 강조한다.

비즈니스 도서에서는 자주 효율화의 노하우나 효율적인 테크닉이 소개되곤 합니다. 그러나 진심으로 큰 성과를 올리고 싶다면 가장 먼저 생각해야 하는 것은 지금의 자신이 나아가고 있는 길이 정말로 처음부터 가야 했던 길이었는지 살피는 것입니다. 수단이 목적화되는 것을 막기 위해서는 지금 하고 있는 활동이 어떤 과제를 해결하기 위해 생겨난 것인지 항상 그 '원리'를 의식할 필요가 있습니다. '원리'란 배가 바다로 떠내려가지 않도록 하기 위한 닻과 같은 것입니다.³

한국교회가 율법을 제대로 알지 못함으로 하나님께 버림받게 된 이스라엘의 쓰라린 전철을 되밟지 않기 위해서는 시급히 '성경의 본질'로 되돌아가야 한다. 모든 스포츠 스타들이 슬럼프에서 빠져나오기 위해 기본기를 다시 익히는 것처럼, 총체적 위기에 빠져 있는 한국교회도 신앙의 기본, 곧 기독교 신앙의 원리에 충실할 때 위기를 극복할 수 있다. 한국교회에 만연해 있는 따분함과 판에 박힌 메마른 신앙생활이 우리에게 절실하게 요구하는 기독교 신앙의 본질을 찾기 위해 한국교회는 "만약 그리스도인의 삶에서 여분의 것들을 모두 떼어 낸다고 했을 때, 맨 마지막까지 남아 있을 가장 필수적인 것이 무엇이 되겠는가?"라는 질문을 스스로에게 되물으면서 다시 성경을 펼쳐야 한다.

《사랑으로 회복하라》는 "하나님은 누구신가?"(1장), "성경은 무엇을 말하는가?"(2장), "신앙생활이란 무엇인가?"(3장)라는 세 가지 질문을 통해 기독교 신앙의 핵심원리를 규명하고, 그것의 적용을 통해 무너진 한국교회와 피폐해진 우리의 신앙을 다시 일으키기 위한 '성경순례'다. 기독교 신앙의 본질을 탐구하는 성경순례는 우리에게 짧지 않은 시간, 적지 않은 노력을 요구하겠지만, 한국의 대표적 서정시인인 박목월(1916-1978)이 자신의 시 "개안"(開眼)에서 읊조린, 어설픈 나의 주관적인 감정으로 채색하지 않고 신(神)이 지으신 오묘한 그것을 그것으로 볼 수 있는 흐리지 않은 지고(至高)한 영적 안목을 우리에게 선사할 것으로 확신한다.

하나님은 가장 어두운 시대에 다시 불꽃을 살리시는 분이다!

1장
하나님은 누구신가?

기독교의 가장 위대한 신학자이자 사상가인 어거스틴(St. Augustine, 354-430)은 "우리가 하나님을 알게 하시고, 우리가 스스로를 알게 하소서"라고 기도한다.[1] 하나님의 형상으로 창조된 인간이 자신을 알 수 있는 유일한 방법은 하나님을 아는 것이다. 그런 점에서 그리스도인은 자신을 알고 있는 유일한 인간이다.

"영생은 곧 유일하신 참 하나님과 그가 보내신 자 예수 그리스도를 아는 것이니이다"(요 17:3).

"우리는 무엇을 위해 창조되었는가?" 하나님을 알기 위해서다.

"우리는 인생에서 어떤 목표를 세워야 하는가?" 바로 하나님을 아는 것이다.

"예수님이 주시는 '영생'이란 무엇인가?" 그것은 하나님을 아는 지식이다.

"삶에서 다른 어떤 것보다도 더 큰 기쁨과 즐거움과 만족을 가져다주는 최고의 것은 무엇인가?" 바로 하나님을 아는 지식이다.[2]

시작한 날도 없고 생명의 끝도 없으신(히 7:3) 창조주 하나님은 누구신가? 하나님의 자녀로 거듭난 '그리스도인의 정체성'과 하나님이 세상에 자신을 계시하신 '예수 그리스도의 복음', 그리고 하나님의 특이한 존재형태인 '삼위일체'에 하나님의 본질적 속성이 확연하게 드러난다.

그리스도인의 정체성

"하나님은 누구신가?"라는 신앙의 근원적인 질문에 대답하기 위해 우리가 먼저 눈길을 돌리는 대상은 '그리스도인'이다. 왜냐하면, 그리스도인은 하나님의 자녀로서 아버지 하나님의 성품을 지니고 있기 때문이다.

바울은 고린도전서 3장 16절("너희는 너희가 하나님의 성전인 것과 하나님의 성령이 너희 안에 계시는 것을 알지 못하느냐?")에서 그리스도인을 '성령', 곧

'하나님의 영이 내주하시는 인간'으로 묘사한다.

신자, 사랑하는 자

"당신은 정말 구원받았는가?", "구원받았다면 그 근거는 무엇인가?"
 대중의 교회가 자리 잡은 이 시대에, 구원의 질문은 매우 매우 중요하다. 죄의 심판에 직면해 있는 인간에게 가장 절박한 것이 구원이며, 구원은 다수가 아닌 '소수', 곧 '이스라엘의 남은 자들'에게 부여되는 하나님의 축복이기 때문이다.
 초기교회 시절, 예수 그리스도의 성육신과 몸의 부활을 부정하면서 '그노시스'(Gnosis), 곧 '영적 지혜'(각성)를 통한 구원을 주장하는 영지주의자들이 교회를 미혹하고 있을 때, 요한이 빼든 카드는 '영의 분별'이다.

> "사랑하는 자들아 영을 다 믿지 말고 오직 영들이 하나님께 속하였나 분별하라 많은 거짓 선지자가 세상에 나왔음이라 이로써 너희가 하나님의 영을 알지니 곧 예수 그리스도께서 육체로 오신 것을 시인하는 영마다 하나님께 속한 것이요 예수를 시인하지 아니하는 영마다 하나님께 속한 것이 아니니 이것이 곧 적그리스도의 영이니라 오리라 한 말을 너희가 들었거니와 지금 벌써 세상에 있느니라"(요일 4:1-3).

영지주의자들의 미혹에 대처하기 위해 '영의 분별'을 교회에 명령한 요한은, 자신이 요한일서 서두에서부터 언급해 온 신자의 여러 특징을 통합하는 '영 분별의 기준'을 교회에 제시한다.

"사랑하는 자들아 우리가 서로 사랑하자 사랑은 하나님께 속한 것이니 사랑하는 자마다 하나님으로부터 나서 하나님을 알고 사랑하지 아니하는 자는 하나님을 알지 못하나니 이는 하나님은 사랑이심이라"(요일 4:7-8).

요한이 교회에 제시한 영 분별의 기준은 '사랑의 행위'다. 요한은 사랑의 행위를 근거로 참 신자와 거짓 신자를 구별한다. 참 신자는 사랑의 행위를 통해 자신이 하나님으로부터 났다는 사실을 증명하는 자이고, 거짓 신자는 '사랑 없음의 행위'를 통해 자신이 하나님으로부터 나지 않았다는 사실을 드러내는 자이다. 사랑하는 자가 하나님의 진리의 영을 가진 '참 신자'(요일 4:2, 6)이고, 사랑하지 않는 자가 적그리스도의 영을 가진 '거짓 신자'(요일 4:3, 6)인 이유는, 하나님이 '사랑'이시기 때문이다. 사랑의 하나님과 부자의 관계를 맺고 있는 신자의 특징은 '사랑'이다.

일 년 내내 모든 예배에 빠짐없이 참석하고, 철저히 십일조를 구별하여 하나님께 드리고, 신령한 방언으로 기도하고, 성경에 대한 해박한 지식을 가지고 있는 자라 할지라도, '사랑이 없다면' 요한은 그를 신자로 인정하지 않는다. '거듭남' 곧 하나님으로부터 났다는 사실에 대한 적극적이고 최종적인 증거는 사랑의 행위이다.

신자가 반드시 사랑하는 이유

신자의 정체성을 사랑으로 규정한 요한은 신자가 반드시 사랑하는 세 가지 이유를 밝힌다. 신자가 반드시 사랑하는 첫 번째 이유는, 신자는 사랑이신 '하나님의 자녀'이기 때문이다. 자녀는 부모를 필연적으로 닮는다. 그리스도인은 하나님의 자녀로서 사랑의 성품을 물려받은 자들이다. 신자가 숙명적으로 사랑하는 이유는 영생의 생명에 사랑이 유전되어 있기 때문이다.

신자가 반드시 사랑하는 두 번째 이유는, '하나님의 먼저 사랑' 때문이다.

"우리가 사랑함은 그가 먼저 우리를 사랑하셨음이라"(요일 4:19).

하나님이 신자를 '먼저 사랑'하심으로 신자가 사람들을 사랑한다. 신자에게 나타나는 필연적인 사랑의 행위는 하나님의 먼저 사랑에 기인한다. 요한일서 4장 7절의 말씀, 곧 '사랑은 하나님으로부터'라는 말씀은 그리스도인의 사랑의 출처를 밝히는 것으로서, 위로부터의 하나님의 사랑이 그리스도인의 사랑을 가능하게 한다는 의미이다. 하나님의 사랑이 신자의 사랑을 낳는다는 사실이 요한이 요한일서 4장 11절에서 신자의 사랑을 마땅한 것이라고 말한 이유이다. 사랑의 본령(本領)은 하나님이 우리를 사랑하신 사실에 있다.¹ 하늘을 두루마리 삼고 바다를 먹물 삼아도 다 기록할 수 없는 한량 없는 하나님의 사랑을 체험한 신자는 반드시 그 사랑을 재현한다.

신자를 필연적으로 사랑하게 하는 세 번째 이유는, '사랑의 믿음' 때문이다.

"하나님이 우리를 사랑하시는 사랑을 우리가 알고 믿었노니 하나님은 사랑이시라 사랑 안에 거하는 자는 하나님 안에 거하고 하나님도 그의 안에 거하시느니라"(요일 4:16).

요한은 구원의 믿음을 '사랑의 믿음'으로 말한다. 신자가 하나님을 믿는다는 것은, 곧 하나님의 사랑을 믿는다는 것이다. 구원의 믿음과 사랑의 믿음은 일체다. 바울은 그것을 '사랑으로써 역사하는 믿음'으로 표현한다.

"우리가 성령으로 믿음을 따라 의의 소망을 기다리노니 그리스도 예수 안에서는 할례나 무할례나 효력이 없으되 사랑으로써 역사하는 믿음뿐이니라"(갈 5:5-6).

구원의 믿음은 '사랑으로 역사'한다. 신자가 반드시 사랑하는 이유는 구원의 믿음이 사랑의 행위로 나타나기 때문이다. 구원의 믿음과 사랑의 행위는 하나로 신자를 구원한 믿음은 사랑으로 연동된다. 예수 그리스도를 믿는 자는 반드시 사랑하고, 사랑하는 자는 예수 그리스도를 믿는 자이다. 믿음이 없는 구원이 불가능한 것처럼, 사랑의 행위 없는 믿음 또한 불가능하다.

야고보가 먹을 양식이 없는 헐벗은 형제나 자매에게 필요한 것을 주지 않고 "평안히 가라, 덥게 하라, 배부르게 하라"(약 2:15-16)고 말만 하는 신앙을 '죽은 믿음'(약 2:17)이라고 말한 이유는, 구원의 믿음과 사랑의 행위는 분리될 수 없는 일체이기 때문이다. 로마서의 '믿음'과 야고보서의 '행위'는 바울이 정의한 '사랑으로써 역사하는 믿음'으로 조화된다. 믿음은 사랑의 근거요, 사랑은 믿음의 증거이다.

본질적인 사랑의 성격

"신자는 반드시 사랑한다"는 요한의 메시지를 듣는 성도들 대부분은 내심 당황할 것이다. 왜냐하면, 사랑의 삶을 온전하게 살고 있다고 자신하는 그리스도인이 거의 없을 것이기 때문이다. 한번은 '신자는 사랑하는 자'라는 요한의 주장을 아내에게 설명하는데(필자는 사랑의 말씀을 준비하면서 하나님이 깨달음을 주실 때마다 아내에게 달려가 은혜의 감격을 토로했다), 아내로부터 '자신은 신자가 아닌 것 같다'는 충격적인 고백이 들려 왔다. 이유인즉슨, 노인복지기관에서 사회복지사로 일하고 있는 아

내가 심신이 지쳐있을 때 노인 어르신들을 사랑으로 돌보지 못했다는 자책감 때문이었다.

내 아내뿐일까? 아마 모든 그리스도인이 같은 심정일 것이다. 목사로 교회를 섬기고 있는 필자 역시도 마찬가지다. 지난 22년간의 목회를 돌아보면서 가장 후회스러웠던 일은 중·대형교회를 일구지 못한 것이 아니라, 필자가 예수님처럼 교인들을 사랑하지 못했다는 것이다.

신자의 사랑의 정체성과 관련해 우리가 주지해야 할 사실은 '사랑의 성격'이다. 요한이 밝히는 '신자의 기준이 되는 사랑의 행위'란 단 한 번의 소홀함도 없이 사람들을 완전하게 사랑한 것을 말하는 것이 아니라 사랑을 위해 노력하고 사랑을 추구하는 신자의 본질적인 사랑의 행위를 의미한다. 그것은 요한이 요한일서 3장에서 언급한 '구원받은 그리스도인은 죄를 짓지 않는다'는 신자의 거룩함의 의미와 동일하다.

> "하나님께로부터 난 자마다 죄를 짓지 아니하나니 이는 하나님의 씨가 그의 속에 거함이요 그도 범죄하지 못하는 것은 하나님께로부터 났음이라"(요일 3:9).

요한의 주장은 신자는 구원받은 이후부터 어떤 죄도 짓지 않는 완전무결한 삶을 산다는 것이 아니라, 자신의 모든 죄를 십자가상에서 용서받은 신자는 죄의 본체인 마귀(요일 3:8)와 분리되어 계속하여 죄를 짓지 못하는(cannot keep on sinning, CEV) 칭의된 그리스도인의 영적 상

태에 머물러 있음을 의미한다. 그리스도인은 본질적으로 죄를 미워하고 의를 추구하는 삶을 살아간다.[2]

신자의 사랑도 마찬가지다. 요한이 언급하는 신자의 필연적인 사랑의 행위는 사랑이신 하나님의 자녀로 태어나, 하나님의 사랑을 태생적으로 알고 있는 그리스도인이 삶의 모든 영역에서 사랑을 실천하고자 애쓰는 사랑의 본질적인 행위를 지칭하는 것이다.

"당신은 그리스도인이 맞는가?"

분을 참지 못해 화를 내기도 하고, 때로는 자신의 불완전한 인격에 실망해서 사랑의 삶을 포기하려고 하지만, 얼마 못 가서 십자가 앞에 엎드려 사랑의 능력을 구한다면 당신은 참 신자가 틀림없다. 신자는 '사랑하는 자', 더 정확하게 '사랑하기 위해 애쓰는 사람'이기 때문이다.

교회 안의 거짓 신자들

때때로 사역의 현장에서 사랑에 기초하지 않은 능력이 사탄의 도구가 되는 것을 목격한다. 수많은 성도가 그러한 현상 앞에서 혼란스러워한다. 성령을 받았다고 하면서 더 세속적이고 거칠어지며 교만해지는 사람들을 본다. 그것을 분별하는 방법은 간단하다. 그들에게 하나님과 영혼에 대한 사랑이 있는지 보면 된다. 사랑은 온갖 거짓된 능력으로 둘러싸인 혼란스러운 세상에 살며 진짜 능력을 가려내는 가장 기본적이면서 확실한 영적 분별력이다.[1] 예수님은 신자의 정체성인 '사랑'을 근거로 참 신자와 거짓 신자를 분별하신다.

제사장과 레위인

"예수께서 대답하여 이르시되 어떤 사람이 예루살렘에서 여리고로 내려가다가 강도를 만나매 강도들이 그 옷을 벗기고 때려 거의 죽은 것을 버리고 갔더라 마침 한 제사장이 그 길로 내려가다가 그를 보고 피하여 지나가고 또 이와 같이 한 레위인도 그 곳에 이르러 그를 보고 피하여 지나가되 어떤 사마리아 사람은 여행하는 중 거기 이르러 그를 보고 불쌍히 여겨 가까이 가서 기름과 포도주를 그 상처에 붓고 싸매고 자기 짐승에 태워 주막으로 데리고 가서 돌보아 주니라 그 이튿날 그가 주막 주인에게 데나리온 둘을 내어 주며 이르되 이 사람을 돌보아 주라 비용이 더 들면 내가 돌아올 때에 갚으리라 하였으니 네 생각에는 이 세 사람 중에 누가 강도 만난 자의 이웃이 되겠느냐 이르되 자비를 베푼 자니이다 예수께서 이르시되 가서 너도 이와 같이 하라 하시니라"(눅 10:30-37).

사람들에게 익히 알려진 선한 사마리아인의 비유는 영생을 묻는 율법사의 질문에 '사랑의 실천'으로 대답하시는 예수님의 비유이다. 성전에서 제사를 집전하는 '제사장'과 성전의 여러 직무를 수행하는 '레위인', 그리고 이름이 알려지지 않은 '익명의 사마리아인', 세 사람이 여리고로 내려가는 길에 강도를 만나 쓰러져 있는 자를 목격한다. 당연히 세 사람 중에 강도 만난 자를 돌보아 준 사람은 하나님의 거룩한 종들인 제사장과 레위인일 것이라는 우리의 생각을 뒤엎고, 정작 강도 만난 자에게 사랑을 베푼 자는 '익명의 사마리아 사람'이다. 신자와 거짓 신자의 기준이 사랑의 행위라면, 비유에서 참 신자는 강도 만난 자를 지극한 정성으로 돌본 선한 사마리아 사람이고, 하나님의 종들인 제사장과 레위인은 충격적이게도 거짓 신자로 전락하고 만다.

거룩한 하나님의 종인 제사장과 레위인이 거짓 신자의 오명을 벗기 위해서는 강도 만난 자를 지나칠 수밖에 없었던 피치 못한 사정이 있어야 한다. 예를 들면 성전에서 집전해야 할 제사가 임박해 있었거나, 또는 강도 만난 사람이 이미 죽었을 것이라고 판단, "죽은 자를 만짐으로 말미암아 스스로를 더럽히지 말라"(레 21:1)는 율법을 준수하기 위해 부득이 강도 만난 자를 지나칠 수밖에 없었던 경우다.

그러나 예수님은 비유에서 제사장과 레위인이 강도 만난 자를 지나쳐야만 했던 피치 못한 사정에 대해 어떤 말씀도 하지 않으신다. "왜 예수님은 함구하시는가?" 예수님의 침묵은 제사장과 레위인이 강도 만난 자에게 사랑을 베풀 수 없었던 피치 못한 사정의 '부정', 곧 제사장과 레위인이 강도 만난 자를 사랑하지 않은 거짓 신자라는 것을 판정하는 것이다. 구원을 결코 의심할 수 없는 제사장과 레위인은 실상 거짓 신자였다. 그들은 오늘날로 치자면 어려움에 처한 사람들을 냉정하게 외면하는 가짜 목사들이다.

물론 위기에 처한 자를 돕지 않은 한 번의 행위로 제사장과 레위인을 거짓 신자로 판단하는 것은 너무 성급하다는 반박이 제기될 수 있다. 왜냐하면, 어떤 그리스도인이든 곤경에 빠진 모든 사람을 다 도와줄 수는 없기 때문이다. 그럼에도 공관복음서는 이스라엘의 종교지도자들을 거짓 신자로 규정한다.

"화 있을진저 외식하는 서기관들과 바리새인들이여 회칠한 무덤 같으니 겉으로는 아름답게 보이나 그 안에는 죽은 사람의 뼈와 모든 더러운 것이 가득하도다"(마 23:27).
"바리새인들이 나가서 곧 헤롯당과 함께 어떻게 하여 예수를 죽일까 의논하니라"(막 3:6).

제사장과 레위인에게 "왜 강도 만난 자에게 사랑을 베풀지 않았는가?"라고 묻는 것은 난센스(nonsense)다. 왜냐하면, 하나님의 종인 그들은 실상은 하나님의 사랑을 알지 못하는 거짓 신자였기 때문이다. 사랑의 삶은 오직 하나님으로부터 나서 하나님의 사랑을 아는 그리스도인만이 행할 수 있는 '영적 특권'이다.

"우리는 형제를 사랑함으로 사망에서 옮겨 생명으로 들어간 줄을 알거니와 사랑하지 아니하는 자는 사망에 머물러 있느니라"(요일 3:14).

우리에게 영원한 생명이 있는가, 없는가는 '사랑에 의하여' 시험해 볼 수 있다. 영원의 생명이란 '사랑'이다. 생명은 하나님께 있고, 하나님은 사랑이신 까닭이다.²

주여 주여 하는 자들

마태복음에 등장하는 소위 '주여 주여 하는 자들'이 마지막 심판의 날 예수님 면전에서 자신들의 사역을 결산한다.

"주여 주여 우리가 주의 이름으로 선지자 노릇 하며 주의 이름으로 귀신을 쫓아내며 주의 이름으로 많은 권능을 행하지 아니하였나이까"(마 7:22).

평생 주의 이름으로 능력의 사역을 펼친 주여 주여 하는 자들의 당당한 태도에서 천국 입성은 따 놓은 당상이고, 천국의 큰 상급까지도 자신들의 몫이라고 확신하는 주여 주여 하는 자들의 교만함을 엿볼 수 있다. 그러나 주여 주여 하는 자들의 확신과는 달리 그들이 한 번도 예상하지 못했던 예수님의 청천벽력 같은 고함이 울려 퍼진다.

"나더러 주여 주여 하는 자마다 다 천국에 들어갈 것이 아니요 다만 하늘에 계신 내 아버지의 뜻대로 행하는 자라야 들어가리라…그 때에 내가 그들에게 밝히 말하되 내가 너희를 도무지 알지 못하니 불법을 행하는 자들아 내게서 떠나가라 하리라"(마 7:21, 23).

예수님의 이름으로 평생 주를 위해 헌신했다고 말하는 주여 주여 하는 자들에게 예수님은 큰 상급은커녕, 천국 입성도 허락하지 않으신다. 그들이 '불법'을 행했기 때문이다. 엄청난 사역의 외형적인 결과를 이루었다 할지라도, 하나님의 법대로 행한 사역이 아니라면, 예수님은 어느 하나도 인정하지 않으신다. 예수님이 칭찬하시는 사역은 하나님의 법(뜻)대로 행하는 사역이다.

"천국 입성과 상급의 조건이 되는 하나님의 법은 무엇을 말하는가?"

사랑은 '온 율법과 선지자의 강령'(마 22:40)이고, '율법의 완성'(롬 13:8-10)이고, '최고의 법'(약 2:8)이다. 예수님이 말씀하시는 법은 곧 '사랑'이다. 마태복음 25장에서 예수님이 마지막 심판의 날에 만국의 모든 백성을 심판하시는 기준은 '사랑의 행위'다. 예수님은 지극히 작은 자에게 사랑의 행위를 베푼 자들을 자신에게 사랑을 베푼 자로 인정하시고 예수님의 우편에 '양'으로 세우시는 반면에, 지극히 작은 자에게 사랑의 행위를 베풀지 않은 자들을 예수님을 사랑하지 않은 자들로 판정하시고 예수님의 왼편에 염소로 세우시고 그들을 심판하신다(마 25:31-46). 주여 주여 하는 자들이 지옥의 심판을 받는 이유는 그들이 사랑을 행하지 않은 거짓 신자였기 때문이다.

하나님의 은혜로 구원받고(고후 6:2; 엡 2:8-9), 때를 따라 돕는 하나님의 은혜(출 20:6,33:19; 히 4:16)로 평생을 살고, 하나님의 은혜로 천국에 입성하는, 하나님 은혜의 결정체에 해당하는 신자가 마지막 결산에서 하나님의 은혜에 대해 어떤 고백도 하지 않는다는 것은 사실상 불가능하다.

과거 은막의 스타 신영균 씨가 2010년 재산 가치 500억 원 상당의 명보극장을 사회에 기부하고 기자와 인터뷰를 하는 자리였다. 함께 동석한 딸에게 자신이 죽으면 성경책과 같이 묻어 달라는 당부를 하면서 자신을 지금의 자리에 있게 해 준 성경 한 구절을 낭송했다.

"그러나 내가 나 된 것은 하나님의 은혜로 된 것이니 내게 주신 그의 은혜가 헛되지 아니하여 내가 모든 사도보다 더 많이 수고하였으나 내가 한 것이 아니요 오직 나와 함께 하신 하나님의 은혜로라"(고전 15:10).

"이 말씀 때문에 오늘날 신영균이 있습니다!"

신영균은 자신의 인생을 은혜로 결산한다. 이것이 그리스도인의 특징이다. 바울의 은혜 고백은 모든 신자의 고백이다. 신자는 하나님의 은혜가 자신의 모든 것임을 알고 있는 자이다. 그리스도인의 심비(深秘)는 하나님의 은혜다. 미국의 영성 지도자이자 성경번역가인 유진 피터슨(Eugene H. Peterson, 1932-2018)은 주여 주여 하는 자들의 신앙을 거짓 신자의 악마적 신앙으로 규정한다.

악마적 신앙이란 예수의 이름을 빙자해 사랑 없이 행하는 사역을 말한다. 사랑이 없다는 것은 바로 이 모든 행위 안에서 이를 행하시는 분, 곧 그들을 부르시는 예수 그리스도를 따르는 행위가 일어나지 않는다는 뜻이다. 이것은 곧 최종적인 분리를 의미한다.[3]

안타깝게도 마태복음 7장 22절의 예수님의 예언처럼 사역의 외형적인 결과로 목을 꼿꼿이 세우는 21세기의 주여 주여 하는 자들이 우리 주위에 포진해 있다. 주여 주여 하는 자들의 비극은 자신들이 불법을 행한 거짓 신자라는 사실을 최후의 심판 날에야 비로소 알게 된다는 것이다.

그리스도인에게서 사랑의 표지를 보지 못한다면 그 사람은 그리스도인이 아니라고 곧바로 결론지어도 무방하다.[4] 목사든 장로든 권사든 집사든 평신도든 사랑하는 자가 그리스도인이다. 위선적이 아닌 참된 사랑을 하는 것은 사랑을 진실한 마음으로 했느냐 아니면 모든 정성으로 했느냐의 문제가 아니라, 그 사람이 '어떤 생명'을 가지고 사랑의 행위를 하느냐의 문제이다.[5] 하나님의 영이 우리 안에 거한다는 참된 증거, 그리스도인을 구별 짓는 본질적인 증거는 '사랑'이다. 신자는 '사랑하는 자'다.

복음의 변질

한국교회가 당면해 있는 최대의 위기는 '복음의 변질'이다. 한국교회는 세상의 욕망을 수용함으로 영구불변하는 예수 그리스도의 복음을 '축복과 성공의 복음', '위로의 복음'으로 변질시키고 말았다.

기독교의 중심, 핵심이 '예수 그리스도의 복음'이며, 복음을 초점으로 삼지 않는 기독교는 그것이 얼마나 열정적으로 회심을 구하든, 얼마나 격렬히 올바른 행동을 촉구하든 거짓 기독교라는 점에서, 변질된 복음이 자리 잡은 한국교회의 영적 상황은 매우 심각하고 절망적이다. 그리스도인들이 그리스도교의 복음을 무효화하는 시대에 우리가 살고 있다.

축복과 성공의 복음

세계에서 가장 큰 대형교회를 이룬 여의도순복음교회의 원로목사 '조용기'는 요한3서 1장 2절("사랑하는 자여 네 영혼이 잘 됨 같이 네가 범사에 잘되고 강건하기를 내가 간구하노라")을 근거로, 구원받은 자에게는 '영혼이 잘되는 축복'(영생의 구원), '범사가 잘되는 축복'(부와 성공과 명예)과 '육신이 강건해지는 축복'(건강)이 따라온다는, 소위 '오중복음과 삼중축복'의 구원론을 만들어 냈다.

십자가의 복음에는 세상적인 축복이 필연적으로 따라온다는 조용기의 축복론은, 가난한 시대 적지 않은 사람들에게 희망을 주었다는 점에서 긍정적 평가를 내릴 수 있지만, 세상의 축복과 성공을 하나님의 축복의 상징으로 바꾸어 버렸다는 점에서 복음의 변질을 불러왔다. 하나님이 기뻐하시는 신앙, 하나님이 복 주시는 교회로 인정받기 위해서는 반드시 부와 성공과 명예와 같은 세상 축복의 명백한 증거를 내놓을 수 있어야 한다. 조용기의 기복적 축복론은 복을 갈망하는 대중들의 지지를 업고 한국교회의 복음으로 완전히 자리 잡았다. 목사를 비롯한 대다수의 한국 교인들이 축복의 복음을 성경적 복음으로 의심 없이 믿고 있다. 교회개혁실천연대 공동대표인 박득훈은 조용기가 자의적으로 해석한 오중복음과 삼중축복의 비성경적인 요소를 지적한다.

(조용기의) 축복의 복음은 고린도후서 8장 9절을 오독하여, 나누기 위해선 먼저 부자가 되어야 하며 그게 바로 성경적인 하나님의 뜻이며 그리스도를 영화롭게 하는 길이라고 주장한다. 이는 그 말씀의 문맥에서 등장하는 마케도냐 교회 성도들을 모욕하는 주장이다. 그들은 극심한 가난 속에서 풍성한 연보를 하여 바울에게 그리스도의 은혜에 동참한 사람들로 칭찬받는다.
또한, 축복의 복음은 요한삼서 2절에 나타난 사도 요한의 신앙적 덕담을 신학적 명제로 왜곡한다. 이를 신학적 명제로 이해한다면 이 땅에 살면서 극심한 가난과 질병의 고통을 겪은 믿음의 영웅들은 실패한 사람들로 간주되어야 한다. 축복의 복음이 강조하는 나눔은 순수한 믿음에서 자연스럽게 우러나오는 진실한 사랑의 실천이 아니라 탐욕 추구를 정당화하는 부차적 행위에 지나지 않는다.[1]

또 한 명의 기복적 복음의 주창자는 지금 전 세계에서 가장 큰 인기를 모으고 있는 미국의 레이크우드 교회 담임목사 조엘 오스틴(Joel Osteen)이다. 그는 어떤 역경 속에서도 긍정적인 비전을 가지고 믿음으로 응답하면 마침내 성공의 인생을 살게 된다는 '성공의 복음'을 주장한다. 조엘 오스틴의 《긍정의 힘》은 사람들의 호감을 끌 만한 주제들, 곧 비전, 건강한 자아상, 생각과 말의 힘, 과거의 망령에서 벗어남, 역경을 통한 강점, 베푸는 삶, 언제나 행복하기 등을 통해 성공적 자아상을 추구한다. 심지어 이웃을 향한 사랑의 실천도 조엘 오스틴에게는 복을 받기 위한 수단에 불과하다.[2]

조엘 오스틴은 성경을 믿기보다 성경이 말하는 믿음의 축복, 비전의 가치관, 역경 극복의 원리를 변질시켜 세상 성공의 도구로 이용하고, 자신의 입장을 성경적으로 옹호하기 위해 성경 본문을 너무 쉽게 왜곡한다. 그는 새 포도주와 낡은 가죽 부대 비유(마 9:17)에서 새 포도주는 하나님이 우리에게 주시기 원하는 축복된 삶, 즉 성공적인 삶이며, 새 가죽 부대는 큰 생각과 원대한 비전이라고 말한다.[3] 조엘 오스틴의 성공을 위한 처세술은 성경의 주장과는 거리가 먼, 변질된 복음이다. 복음은 승자의 처세술에 대해 말하지 않는다.

위로의 복음

"한국교회에 구원 인플레이션 현상이 일어나고 있다는 말을 들었다. 하나님의 심판을 외치던 구약의 선지자들이 미움을 받았던 것처럼, 오늘날 강단에서 평화를 외치는 설교자는 인기를 얻고, 회개를 외치는 설교자는 설 땅을 잃고 있는 실정이다. 적극적인 이야기, 긍정적인 말, 스트레스 풀리는 설교만을 선호, 죄에 대하여 회개에 대하여 말하면 '목사님, 세상에서도 얼마나 힘들게 사는데 주일날 교회에서까지 스트레스 받아야겠습니까? 희망적이고 위로가 되는 말씀을 해 주십시오!'라는 말이 되돌아온다."(옥한흠)[4]

1960년대에 시작된 포스트모더니즘(postmodernism)은 객관적 혹은 절대적인 도덕적 가치를 부정하는 철학 사조로서 성경이 말하는 절대 가치를 부정한다. 신이 아닌 자기 스스로가 절대가치를 판단할 수 있다고 생각하는 오만한 포스트모더니즘 세대의 인간들은, 자신들의 기분을 상하게 한다는 이유로 인간이 죄로 인해 하나님의 영원한 심판에 직면해 있다는 복음의 경고를 '바꾸라'고 요구한다.

한국교회는 포스트모더니즘에 물든 막돼먹은 인간들의 요구를 수용했다. "당신은 죄인이다"라는 말이 복음에서 사라지고, 인간 앞에 가로놓여 있는 처참한 죄의 실상을 더이상 들추어내지 않는다. 신식(新式) 십자가는 죄인에게 더 즐겁고 깨끗한 삶의 길을 보여줌으로써 죄인의 방향을 고쳐준다. 새 십자가는 "자, 어서 주님을 향하여 너의 권리를 주장하라"고 말한다.[5] 예수 그리스도의 십자가 복음이 사실 그대로 전해지면 기독교는 수백만의 그리스도인도 얻을 수 없고, 지상에서의 대가와 이익도 얻을 수 없다. 여기서 혼란이 발생한다. 진리를 취사 선택하고 결정하는 인간의 동의를 얻으려면, 복음의 진리를 그들의 취향에 맞추어야 하는 것이다.[6]

복음은 자신이 전적으로 부패한 죄인임을 인식하지 못하는 자에게는 복음이 될 수 없다. 왜냐하면, 예수님은 의인이 아닌 죄인을 구원(마 9:13)하기 위해 이 세상에 오셨기 때문이다. 예수 그리스도의 십자가 복음은 세상의 성공을 통해 사람들의 삶을 더 윤택하게 만들고 자존감을 북돋우는 위로를 통해 삶의 활력소를 제공하려는 것이 아니라, 인간의 영생과 영원한 사랑의 복락을 목표로 한다. 바울은 복음과 율법을 혼합함으로 갈라디아 교회를 미혹하던 율법주의자들을 향해 저주를 퍼붓는다.

"우리가 전에 말하였거니와 내가 지금 다시 말하노니 만일 누구든지 너희가 받은 것 외에 다른 복음을 전하면 저주를 받을지어다"(갈 1:9).

예수 그리스도의 복음에는 영생의 축복이 주어지지만, 다른 복음에는 하나님의 영원한 심판의 저주가 있다. 성경은 변질된 '다른 복음'을 일절 말하지 않는다. 왜냐하면, 기독교적인 것과 그렇지 않은 것을 가

늘하는, 기독교 신앙의 기초요 유일한 기준으로서의 예수 그리스도의 복음은 우리가 선택한 것이 아니라 하나님으로부터 주어진 진리이기 때문이다.[7]

복음은 영원불변의 진리로서, 세상의 유한한 '크로노스'의 시간이 아닌, 하늘의 초월적인 '카이로스'의 시간에 속해 있다.

복음의 본질

복음의 변질은 '복음의 본질'에서 파생된 문제이다. 축복과 성공과 위로의 변질된 복음이 한국교회의 복음으로 자리 잡은 현 상황은 한국교회가 복음의 본질에서 벗어나 있다는 것을 보여준다.

"복음의 본질은 무엇인가?"

"하나님이 세상을 이처럼 사랑하사 독생자를 주셨으니 이는 그를 믿는 자마다 멸망하지 않고 영생을 얻게 하려 하심이라 하나님이 그 아들을 세상에 보내신 것은 세상을 심판하려 하심이 아니요 그로 말미암아 세상이 구원을 받게 하려 하심이라"(요 3:16-17).

죄로 타락한 인간, 그럼으로써 세상 마지막 날의 심판(계 18:6, 20:12-13)에 직면해 있는 인간에게 가장 절박한 것은 '구원'이다. 하나님이 예수님을 이 세상에 보내신 이유는 죄의 심판으로 멸망하게 될 인간을 구원하시기 위함이다. 인간의 영생이 성자 하나님이 성육신하신 이유다. "인간은 왜 사는가?", "인간은 왜 죽는가?", "인간이 추구해야 할 가치는 무엇인가?", 복음은 인간의 삶과 죽음, 그리고 진리의 물음에 대한 본질적이고 궁극적인 대답이다.

"당신은 구원받았는가?"

복음의 세 가지 질문

복음은 생명이 오는 길이다. 하나님이 세상을 사랑하심으로 인간을 구원하는 복음에는 영생을 얻기 위해 인간이 물어야 할 세 가지 질문이 포함되어 있다. 곧 "왜 인간에게 구원이 필요한가?", "왜 예수 그리스도인가?" 그리고 "왜 믿음인가?"이다.

"왜 인간에게 구원이 필요한가?"(구원의 필요성)

예수님이 복음을 통해 우리에게 물으시는 첫 번째 질문이다. 예수님은 영생을 얻기 위해 한밤중에 은밀하게 찾아온 니고데모를 향하여 "거듭나라!"(요 3:3)고 말씀하신다. 니고데모가 거듭나야 하는 이유는 죄로 죽어있기 때문이다. 살아있으나, 실상은 죽어있는 존재가 인간이다. 인류 최초의 인간인 아담(하와)이 "동산 각종 나무의 열매는 네가 임의로 먹되 선악을 알게 하는 나무의 열매는 먹지 말라 네가 먹는 날에는 반드시 죽으리라"(창 2:16-17)는 하나님의 명령을 거역하고 선악과를 따먹은 날로부터 하나님이 경고하신 대로 죽음의 심판이 시작되었다. 아담의 불순종으로 모든 피조 세계가 죽음의 본성을 입게 된 것이다.

유엔의 통계에 따르면 1년 동안 죽음으로 생을 마감하는 사람의 수가 5천 9백만 명이라고 한다. 죄로 인해 빚어지는 전쟁과 살인, 자살, 교통사고, 기아, 질병 등의 원인으로 1초당 평균 약 2명, 하루에 16만 명 이상이 매일 죽어가고 있다. 죄가 빚어내는 죽음의 행렬은 오늘도 계속되고 있다. 우리 앞에 펼쳐지는 죄의 참상이 인간이 다시 태어나야 하는 이유이다.

모든 인간이 죽는다는 사실은 모든 인간이 죄를 지었음을 의미한다.

"그러면 어떠하냐 우리는 나으냐 결코 아니라 유대인이나 헬라인이나 다 죄 아래에 있다고 우리가 이미 선언하였느니라"(롬 3:9).
"모든 사람이 죄를 범하였으매 하나님의 영광에 이르지 못하더니"(롬 3:23).

바울은 모든 인간을 죄인으로 규정짓는다. 제2차 세계대전 당시 고백교회를 설립해 반(反)나치 운동을 전개했던 독일의 신학자 본회퍼(Dietrich Bonhoeffer, 1906-1945)는 아담의 죄를 '모든 인간의 죄'로 규정한다.

우리 중의 그 누구도 원칙적으로 아담과 구분되지 않는다. 모든 인간은 아담이다. 모든 인간은 그 자신임과 동시에 아담이기도 하다. 에덴동산에서 선악과를 따먹은 인간은 바로 우리 자신이다. 이와 같은 이중성이야말로 그의 본질이다.[1]

하나님이 최초로 창조하신 인간, 인간의 표상이자 언약의 당사자인 아담의 불순종은 본질적으로 모든 인간의 불순종이다. 에덴동산에서 선악과를 따먹은 인간은 바로 '우리 자신'이다.

"왜 예수 그리스도인가?"(구원의 통로)

죄로 타락한 인간에게 예수님이 복음을 통해 물으시는 두 번째 질문이다. 미국의 클레어몬트 신학교 교수인 존 힉(John Harwood Hick, 1922-2012)은 예수 그리스도를 통해서만 구원에 이를 수 있다는 기독교의 전통적인 구원론을 부정하면서 예수 그리스도를 통해서도 하나님께 나아갈 수 있지만, 동시에 다른 종교의 창시자, 곧 불교의 석가모니나 이슬람교의 마호메트나 유교의 공자 등을 통해서도 하나님께 나아갈 수 있다는 이명동일(異名同一)의 신론을 주장한다. 예수 그리스도의 구원 프레임을 하나님의 구원으로 확장시킨 다원주의 시대에 "메시아가 누구인가?"라는 질문은 매우 중요하다. 왜냐하면, 참 메시아를 통해서만 구원에 이를 수 있기 때문이다.

예수님은 요한복음 3장에서 메시아가 갖추어야 할 세 가지 자격을 말씀하심으로 하나님이 보내신 메시아가 자신임을 증언하신다.

"하늘에서 내려온 자 곧 인자 외에는 하늘에 올라간 자가 없느니라 모세가 광야에서 뱀을 든 것 같이 인자도 들려야 하리니"(요 3:13-14).

메시아의 정통성을 결정짓는 첫 번째 조건은, '하늘에서 내려온 인자'(요 3:13)이다. 인간이 갈망하는 영생은 '하늘의 생명'이다. 하늘의 생명은 하늘에서 내려온 메시아에 의해 주어진다.

"말씀이 육신이 되어 우리 가운데 거하시매 우리가 그의 영광을 보니 아버지의 독생자의 영광이요 은혜와 진리가 충만하더라"(요 1:14).

요한은 예수님을 성육신하신 메시아로 진술한다. 예수 그리스도는 인간을 구원하기 위해 하늘에서 내려온 하나님의 현현이다.
인간을 구원할 메시아가 갖추어야 할 두 번째 자격조건은 '십자가의 그리스도'다.

"모세가 광야에서 뱀을 든 것 같이 인자도 들려야 하리니"(요 3:14).

예수님은 출애굽 시절의 불뱀 사건을 상기시키면서, 불평에 대한 심판으로 불뱀에 물려 죽어가는 이스라엘 백성을 살리기 위해 하나님이 모세에게 세우게 하셨던 장대에 매달린 놋뱀(민 21:4-9)이 십자가에 달릴 메시아의 예표라고 말씀하신다.

"그들이 거기서 예수를 십자가에 못 박을 새 다른 두 사람도 그와 함께 좌우 편에 못 박으니 예수는 가운데 있더라"(요 19:18).

요한은 예수님을 십자가에 달린 메시아로 증언한다. 인간을 구원하기 위해 십자가에서 죽으신 메시아는 예수 그리스도이시다.

하나님이 보내신 메시아의 세 번째 징표는 '부활의 그리스도'다.

"하늘에서 내려온 자 곧 인자 외에는 하늘에 올라간 자가 없느니라"(요 3:13).

하늘에서 내려온 메시아는 다시 하늘로 올라가야 한다. 왜냐하면, 메시아를 통해 주어지는 영생은 죽음에서 부활하는 생명이기 때문이다. 아무리 심오한 진리를 말하고 불가사의한 능력을 행할지라도 죽음에서 살아나지 못한다면 그는 메시아가 아니다. 인간을 살릴 수 있는 영원한 생명을 소유하고 있지 않기 때문이다.

"천사가 여자들에게 말하여 이르되 너희는 무서워하지 말라 십자가에 못 박히신 예수를 너희가 찾는 줄을 내가 아노라 그가 여기 계시지 않고 그가 말씀하시던 대로 살아나셨느니라 와서 그가 누우셨던 곳을 보라"(마 28:5-6).

예수님의 무덤을 찾아온 여인들에게 천사는 빈 무덤을 보여준다. 장사한 지 사흘 만에 예수님이 다시 살아나셨기 때문이다. 사복음서 모두 부활하신 예수님을 증언한다(마 28:1-6; 막 16:1-8; 눅 24:1-12; 요 20:1-10). 예수 그리스도는 부활의 메시아다.

"예수께서 이르시되 내가 곧 길이요 진리요 생명이니 나로 말미암지 않고는 아버지께로 올 자가 없느니라"(요 14:6).
"다른 이로써는 구원을 받을 수 없나니 천하 사람 중에 구원을 받을 만한 다른 이름을 우리에게 주신 일이 없음이라 하였더라"(행 4:12).

세상에 엄청난 영향을 파급하며 인류의 종교와 사상과 철학을 이끌어온 석가, 마호메트, 공자, 소크라테스가 메시아가 아닌 것은, 그들 모두 하늘에서 내려오지 않았고, 십자가에는 더더욱 달리지 않았으며, 부활하지 못한 채로 지금도 무덤 속에 묻혀있기 때문이다. 요한은 요한일서 5장 2절에서 "아들이 있는 자에게는 생명이 있고, 아들이 없는 자에게는 생명이 없다"고 단언한다. 하나님이 인간의 구원을 위해 이 세상에 보내신 메시아는 예수 그리스도이시다!

"왜 믿음인가?"(구원의 방법)

예수님이 영생을 갈구하는 인간에게 복음을 통해 물으시는 세 번째 질문이다.

"하나님이 세상을 이처럼 사랑하사 독생자를 주셨으니 이는 그를 믿는 자마다 멸망하지 않고 영생을 얻게 하려 하심이라"(요 3:16).

하나님이 인간에게 영생을 부여하시는 수단은 '믿음'이다. 하나님은 예수 그리스도를 '믿는 자들'에게 영생을 허락하신다. 하나님께서 행위가 아닌 믿음으로 인간을 구원하시는 이유는 죄로 타락한 인간의 행위로는 하나님의 의에 도달할 수 없기 때문이다.

"그러므로 율법의 행위로 그의 앞에 의롭다 하심을 얻을 육체가 없나니 율법으로는 죄를 깨달음이니라"(롬 3:20).

죄로 타락한 인간의 행위로는 '하나님의 의'에 도달할 수 없다. 인간은 하나님이 예수님을 세상에 보내시기 전에 자기 자신과 세상을 구하기 위해 생각해 낼 수 있었던 모든 방법을 시도해 보았지만, 결국 실패했다.[2] 인간이 할 수 있는 것은 율법을 통해 자신이 죄인이라는 사실을 깨닫는 것뿐이다.

하나님이 믿음으로 인간을 구원하기로 결정하신 또 하나의 이유는, 믿음이 창출하는 십자가와 부활의 일체성 때문이다.

"그러므로 우리가 그의 죽으심과 합하여 세(침)례를 받음으로 그와 함께 장사되었나니 이는 아버지의 영광으로 말미암아 그리스도를 죽은 자 가운데서 살리심과 같이 우리로 또한 새 생명 가운데서 행하게 하려 함이라 만일 우리가 그의 죽으심과 같은 모양으로 연합한 자가 되었으면 또한 그의 부활과 같은 모양으로 연합한 자도 되리라"(롬 6:4-5).

바울은 예수 그리스도의 죽으심과 부활을 '자신의 것'으로 말하면서, 예수 그리스도를 믿음으로 예수님의 죽으심과 합하여 세(침)례를 받은 자신은, 이천 년 전 골고다 언덕에서 예수님과 함께 십자가에 못 박히고, 삼 일 만에 예수님과 함께 죽음에서 다시 산 자라고 고백한다. 예수 그리스도의 십자가를 믿는 자들은 예수 그리스도의 십자가와 부활이 '자신의 것'이 된다는 주장이다.

"예수 그리스도를 믿는가?"

바울의 주장에 따르면, 여러분은 이천 년 전 골고다 언덕에서 예수님과 함께 죽고, 함께 부활한 인간이다. 구원의 믿음은 예수님의 십자가와 부활의 사건을 인간 자신의 것으로 만든다. 하나님이 믿음으로 인간을 구원하시는 이유는, 예수 그리스도를 믿는 인간은 십자가에서 자신의 죄를 심판받고, 영생으로 다시 산 자들이기 때문이다.

복음의 본질

요한이 기록한 복음의 선언에는 공통점이 있다. 요한이 기록한 두 복음의 서술은 모두 '하나님의 사랑'으로 시작된다는 것이다.

"하나님이 세상을 이처럼 사랑하사 독생자를 주셨으니 이는 그를 믿는 자마다 멸망하지 않고 영생을 얻게 하려 하심이라"(요 3:16).
"하나님의 사랑이 우리에게 이렇게 나타난 바 되었으니 하나님이 자기의 독생자를 세상에 보내심은 그로 말미암아 우리를 살리려 하심이라"(요일 4:9).

요한은 요한복음 3장 16절을 "그를 믿는 자마다 멸망하지 않고 영생을 얻게 되는 것은 하나님이 세상을 이처럼 사랑하사 독생자를 주셨기 때문이다"로, 요한일서 4장 9절을 "하나님이 자기의 독생자를 세상에 보내심은 그로 말미암아 우리를 살리려 하심인데, 그것은 우리에게 나타난 하나님의 사랑 때문이다"로 서술하지 않는다. '하나님이 세상을 이처럼 사랑하사', '하나님의 사랑이 우리에게 이렇게 나타난 바 되었으니', 요한은 '하나님의 사랑'으로 복음을 시작한다.

요한이 하나님의 사랑으로 복음을 시작하는 것은 다분히 의도적인 것으로, 복음의 동기나 이유가 하나님의 사랑임을 강조하기 위해서이다. 요한은 계시록 1장 5절 후반부("우리를 사랑하사 그의 피로 우리 죄에서 우리를 해방하시고")에서도 하나님의 사랑이 구원의 이유임을 밝힌다. 예수 그리스도의 복음은 하나님의 사랑을 강조한다. 하나님이 사랑하는 아들을 세상에 보내서 인간을 구원하시는 이유는 사랑 때문이다. 사랑 외에 하나님이 인간을 구원하시는 다른 이유는 없다.

공관복음서에 기록된 '잃어버린 양의 비유'(마 18:12-14; 눅 15:4-7), '잃어버린 드라크마의 비유'(눅 15:8-10), '탕자의 비유'(눅 15:11-32)는 모두 죄로 타락한 무가치한 인간을 구원하시는 하나님의 사랑을 강조한다. 복음이 추구하고 강조하는 본질은 '인간의 구원'이 아닌, 인간을 구원한 '하나님의 사랑'이다. 복음은 하나님의 사랑으로 시작되었고, 하나님의 사랑을 선포하고, 하나님의 사랑의 찬미를 통해 하나님께 영광을 돌린다.

"곧 창세 전에 그리스도 안에서 우리를 택하사 우리로 사랑 안에서 그 앞에 거룩하고 흠이 없게 하시려고 그 기쁘신 뜻대로 우리를 예정하사 예수 그리스도로 말미암아 자기의 아들들이 되게 하셨으니 이는 그가 사랑하시는 자 안에서 우리에게 거저 주시는 바 그의 은혜의 영광을 찬송하게 하려는 것이라"(엡 1:4-6).

구원의 목적은 예수 그리스도를 통해 자신의 아들을 삼으신 하나님의 은혜의 영광을 찬송하기 위함이다. 복음이 궁극적으로 추구하는 본질은 '사랑'이다. 복음의 방점은 '인간의 구원'이 아닌, 인간을 구원하신 '하나님의 사랑'에 찍혀 있다. 신앙의 모든 것이 흘러나오는 원천으로서의 복음은 사랑으로 인간을 구원하신 '사랑의 하나님'을 증언한다. 예수 그리스도의 복음에 선명하게 나타나는 하나님의 본질적 속성은 '사랑'이다. 흥미로운 것은 성경은 결코 십자가를 떠나서 우리에 대한 하나님의 사랑을 증명하려고 하지 않는다는 것이다. 하나님이 사랑이라는

사실을 보여주기 원할 때마다, 성경은 항상 갈보리를 가리킨다.[3]

"아버지 저들을 사하여 주옵소서 자기들이 하는 것을 알지 못함이니이다"(눅 23:34).

십자가의 예수 그리스도 안에서 우리가 목격하는 하나님은 '사랑'이시다. 복음은 '사랑의 하나님'을 증언한다!

삼위일체 하나님의 존재적 본질

복음의 계시를 통해 드러난 하나님의 본질적 속성은 하나님의 독특한 존재 형태인 '삼위일체'에서도 드러난다. 미국 트리니티 복음주의 신학대학교의 조직신학 교수인 케빈 밴후저(Kevin J. Vanhoozer)는 "삼위일체 하나님에 대한 내러티브적 정체 확인은 그 절정과 결론이 '하나님은 사랑이시다'라는 외침에 이르는 존재론적 성찰로 이끈다"[1]라고 말한다.

하나님의 존재 형태로서의 삼위일체

성경은 하나님을 '삼위일체의 하나님'으로 소개한다. 삼위일체라는 말이 성경에는 나오지 않지만, 성경은 성부, 성자, 성령의 세 분 하나님이 한 분으로 존재하신다고 진술한다. 본질은 하나이고, 위격은 셋이라는 것이 하나님의 존재 형태에 대한 성경의 진술이다. 성부 하나님은 성자와 성령을 '보내시는' 하나님이고(사 48:16), 성자 하나님은 성부 하나님과 '동일'하시고(요 14:9; 빌 2:5-8), 성령 하나님은 성부, 성자의 '영'이시다(마 10:20; 롬 8:9). 네덜란드 정통 개혁주의 신학자이자 목사인 헤르만 바빙크(Herman Bavinck, 1854-1921)는 삼위일체 하나님을 다음과 같이 적절하게 설명한다.

성자 하나님과 성부 하나님과의 관계는 성령 하나님과 성자 하나님의 관계와 일치한다. 성자 하나님이 자기 스스로 말씀하시거나 행하시지 않고 모든 것을 성부 하나님으로부터 받으시듯이(요 5:26, 16:15), 성령 하나님께서도 모든 것을 성자 하나님으로부터 취하신다(요 16:13-14). 성자 하나님이 성부 하나님을 증거하시며 성부 하나님을 영화롭게 하시듯이(요 1:18, 17:4, 6), 성령 하나님도 성자 하나님을 증거하시며 그분의 영광을 나타내신다(요 15:26, 16:14). 성자 하나님으로 말미암지 않고서는 성부 하나님께로 갈 자가 없는 것처럼(요 14:6), 성령 하나님으로 말미암지 않고서는 성자 예수님을 주시라 말할 자가 아무도 없다(고전 12:3). 성부 하나님과 성자 하나님 사이의 교제는 성령 하나님으로 말미암는다.[2]

'한 분의 존재'를 이루시며, '하나의 진리'를 구현하시며, '통일된 사역'을 펼치시는 삼위일체의 하나님은, 서로 구별되어 독자적이나, 하나의 신적 본질을 갖는 하나 됨과 구별됨의 병립, 다양성 가운데 바로 최상의 단일성을 전개하는 존재의 충만이다.

삼위일체의 본질

구원의 신비와 마찬가지로 하나님 신비의 핵심은 관계성, 인격, 연합이다. 존재하는 것의 의미는 연합 안에 한 인격이 되는 것이다. 하나님은 관계성 속에 존재하며, 우리와의 관계성 속에 있는 하나님의 존재가 곧 하나님의 실체이다.[3]

4세기의 카파도키아 교부들(동방교회 교부들로 불리는 바실리우스, 나지안주스의 그레고리우스, 니사의 그레고리우스, 크리소스톰)은 삼위 하나님의 본성에 기초하는 삼위일체를 이해하려던 기존의 방식에서 탈피하여 아버지와 아들의 '인격적 관계'를 근거로 하나님의 독특한 존재를 이해하고자 했다. 창세기 구절에서 '의'로 번역된 히브리어 '쩨타카'는 기본적으로 올바른 관계를 뜻하는 것으로, 하나님의 의는 삼위일체 하나님의 '관계의 의'를 지칭한다.

삼위일체는 인격 혹은 관계가 존재하는 방식이다. 삼위 하나님은 실체이기 때문에 존재하는 것이 아니라 하나의 인격이기 때문에 존재한다. 삼위일체적 신비의 핵심은 관계성, 인격, 연합이다. 삼위일체론은 하나님께서 본질적으로 관계적이라는 주장에서 시작되었다.[4] 한 분 하나님은 성부, 성자, 성령의 사회적 삼위일체다. 내재적 삼위일체가 관계적일 뿐만 아니라, 삼위일체 하나님은 그가 창조한 세계와의 관계 속으로 들어간다. 하나님은 삼위일체이기 때문에 하나님의 존재와 속성들을 말하고자 하는 우리의 탐구는 실제로 하나님의 관계적인 본질—관계성 속에 있는 하나님—을 규명하고자 하는 시도가 된다.[5]

"삼위 하나님이 '관계성 속의 일체'를 이루고 계신다면, 삼위 하나님의 관계를 하나로 묶어주는 본질은 무엇인가?", "무엇이 세 분 하나님의 관계를 하나로 만들어 주는가?"

성경은 삼위 하나님을 '사랑의 관계'로 묘사한다.

> "아버지께서 아들을 사랑하사 만물을 다 그의 손에 주셨으니 아들을 믿는 자에게는 영생이 있고"(요 3:35-36a).
> "아버지께서 아들을 사랑하사 자기가 행하시는 것을 다 아들에게 보이시고 또 그보다 더 큰 일을 보이사 너희로 놀랍게 여기게 하시리라"(요 5:20).

요한복음은 성부 하나님이 성자 하나님에게 우주에 존재하는 만물을 그의 뜻대로 지배하고 명령할 수 있는 완전한 권위를 허락하시고, 무엇이나 예수 그리스도의 중보를 통해 계시하시고 행하게 하시는 (마 3:17, 11:27) 이유를, 성자 예수님을 향한 '성부 하나님의 사랑'으로 설명한다.[6]

"아버지여 내게 주신 자도 나 있는 곳에 나와 함께 있어 아버지께서 창세 전부터 나를 사랑하시므로 내게 주신 나의 영광을 그들로 보게 하시기를 원하옵나이다"(요 17:24).

대제사장의 기도로 불리는 요한복음 17장에서 예수님은 창세 전부터 주어진 자신의 영광이 성부 하나님의 사랑으로 주어졌다는 사실을 밝히신다. 성자 예수님의 영광은 성부 하나님의 사랑의 결과이다. 성부 하나님과 성자 하나님은 사랑으로 함께 결속되어 계신다. 두 분 사이의 일체는 그분들이 공유하는 상호적인 사랑이다. 사랑으로 성부 하나님은 성자 하나님을 낳으시고, 성자 하나님은 자기를 낳으신 분의 사랑에 보답하는 것이다.[7]

"성령이 비둘기 같은 형체로 그의 위에 강림하시더니 하늘로부터 소리가 나기를 너는 내 사랑하는 아들이라 내가 너를 기뻐하노라 하시니라"(눅 3:22).

성자 하나님이 침(세)례 받으시는 현장에 성부 하나님의 사랑의 음성이 울려 퍼지고, 성령 하나님이 비둘기 같은 형체로 임하신다. 성부 하나님과 성자 하나님의 사랑의 본질적 관계는 성령 하나님에게까지 이른다. 성령 하나님은 성부 하나님과 성자 예수님을 사랑으로 묶어준다. 성부 하나님과 성자 하나님의 사랑의 일체는 성부와 성자에게서 발출된 '성령 하나님의 사랑'에 토대한다. 성령 하나님은 성부와 성자를 연결하는 사랑의 매개자이시다.

세 분 하나님이 한 분으로 존재하신다는 삼위일체의 신비는 삼위 하나님을 내면적인 영역이 아닌, 성경이 묘사하는 '사랑의 관계'로 바라볼 때 그 실마리가 풀린다. 삼위 하나님은 서로 관계로 연결된 사회적 삼위일체로서, 그 연결고리는 '사랑'이다. 하나님이 사랑이신 이유는 삼위일체의 본질이 '사랑'이기 때문이다. 삼위일체 하나님의 연결고리요, 하나 됨의 본질은 '사랑'이다. 세 분 하나님은 '사랑으로' 한 분이 되어 존재하신다.

캐나다의 유명 작가인 폴 영(William Paul Young)은 자신의 스테디셀러인 《오두막》에서 주인공 맥이 목격한 삼위일체 하나님을 다음과 같이 묘사한다.

갑자기 쨍그랑하는 소리에 그의 몽상도 함께 산산조각이 났다. 부엌 쪽에서 들려온 그 소리에 그는 얼어붙고 말았다. 예수(성자 하나님)가 반죽이나 소스가 들어있던 커다란 사발을 떨어뜨린 모양인지, 내용물이 여기저기 흩어져 있었다. 사발은 마침 파파(성부 하나님) 바로 옆에 떨어져서 파파의 치마 아랫단과 맨발을 끈적거리는 반죽투성이로 만들어 놓았다. 셋은 숨이 멎을 만큼 웃어댔다. 사라 유(성령 하나님)가 인간들이란 원래 이런 일에 서투르다고 말하자 또 한 번 웃음보가 터졌다. 어느 틈엔가 예수가 맥 앞을 휙 지나쳐 가더니 얼마 후에 커다란 대야와 수건을 들고 돌아왔다. 사라 유는 마룻바닥과 찬장에 들러붙은 것들을 닦아냈고, 예수는 곧장 파파의 발 앞에 무릎을 꿇고 치마의 앞자락을 닦은 후에 파파의 발을 하나씩 대야에 넣고는 깨끗하게 닦아가며 마사지를 해주었다. 문간에 기대서서 그들을 바라보는 동안 맥의 머릿속에 온갖 생각이 떠올랐다. 관계 속의 하나님이란 바로 이런 것일까? 아름답고 매혹적인 모습이었다. 그는 사발의 내용물이 바닥에 쏟아지고 계획했던 요리를 나눠 먹지 못한다 할지라도 그것이 누구의 실수였는지는 중요하지 않다는 걸 깨달았다. 서로에 대해 사랑을 품고 그로 인해 완전함을 얻는다는 사실만이 중요했다.[8]

사랑의 하나님은 사랑할 대상을 찾고, 사랑의 섬김으로 상대방과 일체를 이루시며, 서로에게 스며들어 먼저와 나중의 순서가 없고, 크고 작고의 구분이 없으며, 항상 동등하며, 한 몸으로 영원토록 함께 공존하시는 삼위일체의 하나님이시다! 창조 이전부터 사랑은 하나님의 본성으로 이미 존재했다.[9] 삼위일체는 '사랑의 일체'다. 십자가의 복음은 삼위 하나님이 지극한 사랑을 보여주기 위해 행하신 사역의 총화다. 아우구스티누스는 "그대가 사랑을 본다면 그대는 바로 삼위일체를 뵙는 것이다"라고 말한다.[10] 삼위일체는 사랑의 하나님의 현현(顯現)이다.

하나님의 본질적 속성

피조물인 인간이 우주를 창조하시고 통치하시는 창조주 하나님을 알 수 있는 유일한 방법은 하나님의 자기 계시인 '성경'을 통해서다. 성경에 뿌리를 두지 않는 하나님 존재에 대한 어떤 신학적 주장도 인간의 이성과 철학적 사고로 추론된 가상의 신론에 지나지 않는다. 하나님의 본질적 속성에 대한 연구는 초월적 영역에 속해 있기 때문이다.

성경에는 하나님의 다양한 속성이 묘사되어 있다. "영이신 하나님(마 3:16; 요 4:24; 엡 4:30), 여호와 하나님(출 3:14; 사 45:15), 무한하신 하나님(출 3:14; 계 4:8), 전능하신 하나님(고후 6:18; 계 4:8), 전지하신 하나님(시 139:1-2; 마 6:8; 고전 2:10-11), 편재와 무소부재의 하나님(렘 23:23-24; 시 139:7), 거룩과 공의의 하나님(신 16:18; 욥 37:23; 사 5:16; 막 1:24; 요 6:69; 행 4:27), 빛과 진리이신 하나님(시 31:5; 요일 1:15), 영원하신 하나님(신 33:27; 롬 16:26; 히 9:14), 은혜와 자비와 위로의 하나님(출 34:6; 신 4:31; 고전 13:11; 고후 1:3; 벧전 5:10), 신실하신 하나님(신 7:9; 사 49:7; 호 11:12), 지혜의 하나님(롬 16:27; 고전 1:18-20; 롬 11:33)" 등. 이러한 하나님의 다양한 속성들은 조직신학에서는 인간도 가질 수 있는 공유적 속성(거룩, 의, 공의, 선, 신실, 사랑 등)과 인간이 지닐 수 없는 하나님의 본체적 속성인 비공유적 속성(전지, 전능, 무소부재, 영원, 유일, 불변, 무한 등)으로 나누어진다.

"하나님의 다양한 속성 중에 하나님을 대표하는 본질적 속성이 있는가?"

"하나님의 무한하신 위엄에 서려 있는 존재의 본질은 무엇인가?"

"성경은 하나님의 본질적 속성을 말하지 않는다."

하나님의 뜻은 결코 독단적인 것이 아닙니다. 그것은 반드시 하나님의 위대하시고 영광스러운 본성의 다른 모든 속성과 완벽하게 조화를 이루어 시행됩니다. 이 하나님은 전지하시고 편재하신 바로 그 하나님이십니다. 이 하나님은 영광스럽고 놀라우신 바로 그 하나님이십니다. 이 하나님은 사랑이시고 긍휼이시고 자비하신 바로 그 하나님이십니다. 사고와 이해를 위해 (성경이) 이렇게 구분하고 있지만, 이 속성들을 나누어서는 안 됩니다.[1]

로이드 존스는 성경은 하나님의 본질적 속성을 특별히 구분하지 않고 여러 속성의 조화를 통해 하나님을 설명한다고 주장한다. 낙스 신학교의 조직신학 교수 로버트 L. 레이몬드(Robert L. Reymond) 역시 로이드 존스와 같은 입장을 취한다.

하나님의 속성들은 하나님의 본성에 있어서 본질적이다. 그 속성들은 하나님을 하나님으로 구별해 주는 하나님의 특성들을 함축하고 있다. 하나님으로서 하나님의 본질은 정확하게 그의 속성들의 총체로 표현된다는 것이다. 성경에는 다른 여타의 속성들을 한 데로 묶어주는 어떠한 주요한 속성이 따로 있을 수 있다고 하는 개념이 있어 보이지 않는다. 성경은 하나님의 본질을 그의 모든 속성들과 동일시하고 있는 것이다.[2]

하나님의 본질에 관한 기독교의 첫 주장은 하나님을 하나님 되게 하는 본질적 속성이 성경에 규명되어 있지 않으며, 성경이 진술하는 하나님에 관한 모든 속성의 총체로 하나님을 이해해야 한다는 것이다. 하나님의 본성이 그분의 본질이요, 그분의 본질이 그분의 본성인 셈이다.

"성경은 하나님의 본질적 속성을 '사랑'으로 말한다."

성경이 묘사하는 하나님의 속성들을 그대로 받아들임으로 하나님을 이해하는 주장에 반대하는 기독교의 두 번째 입장은, 성경에는 하나님의 본질적 속성이 나타나 있으며, 성경이 특별히 드러내고자 하는 하나님의 본질적 속성은 '사랑'이라는 것이다.

"이스라엘아 들으라 우리 하나님 여호와는 오직 유일한 여호와이시니 너는 마음을 다하고 뜻을 다하고 힘을 다하여 네 하나님 여호와를 사랑하라"(신 6:4-5).

이스라엘의 쉐마 신앙의 근간이 되는 신명기 6장 4-5절은, 유일하신 하나님을 향해 이스라엘 백성들이 갖추어야 할 태도가 '오직 사랑'

이라고 말한다. '오직'에 해당하는 히브리어 '에하드'가 상대적인 단일성이 아니라, '통일된 하나'를 의미하는(출 26:6; 겔 37:19) 절대적인 유일성을 가리킨다는 점에서(출 26:6; 겔 37:19), 오직 사랑의 명령은 성경의 모든 명령을 포괄하고 대치하는 절대적인 명령으로서, 하나님의 본질적 속성이 '사랑'이라는 것을 시사해 준다.

"왜 마음과 뜻과 힘을 다하여 하나님을 사랑해야 하는가?"

여호와 하나님이 유일하신 하나님이기 때문이다. 유일한 하나님에 대한 오직 사랑의 명령은 하나님의 본질적 속성이 '사랑'이라는 것을 시사해 준다. 이스라엘 백성들을 '사랑'으로 선택하시고(대하 20:7; 겔 39:25), 그들에게 '사랑의 율법'(계명)을 부여하시고(출 20:6; 수 22:5), 진실한 재판을 통해 '인애와 긍휼'을 베풀 것을 명령하시고(슥 7:9), 의인들을 '사랑하시는'(삼하 12:24; 시 146:8) 하나님의 모습 속에서 하나님의 본질적 속성인 사랑이 발견된다.

> "내가 여호와께서 우리에게 베푸신 모든 자비와 그의 찬송을 말하며 그의 사랑을 따라, 그의 많은 자비를 따라 이스라엘 집에 베푸신 큰 은총을 말하리라"(사 63:7).

이사야는 설령 어머니가 자기 태에서 난 자녀를 잊을지라도 당신 백성을 결코 잊지 않으시는 하나님의 사랑을 고백한다(사 49:15). 이스라엘에게 배신당했으나 그럼에도 불구하고 여전히 이스라엘을 그리워하는 호세아서에 나타난 하나님의 사랑은 사랑의 절정을 이룬다(호 3:1, 11:8). 구약에서 하나님의 변함없는 사랑, 지속적인 자비, 무한한 인내의 하나님이라는 사실은 아무도 의심할 수 없다. 구약의 이스라엘 백성들이 의지한 여호와 하나님은 사랑이시다.

"사랑하는 자들아 내가 새 계명을 너희에게 쓰는 것이 아니라 너희가 처음부터 가진 옛 계명이니 이 옛 계명은 너희가 들은 바 말씀이거니와 다시 내가 너희에게 새 계명을 쓰노니 그에게와 너희에게도 참된 것이라 이는 어둠이 지나가고 참빛이 벌써 비침이니라"(요일 2:7-8).

요한일서에서 빛을 진리의 행함으로, 진리의 행함을 형제 사랑으로 연결시킨(요일 1:5-7) 요한은, '빛 가운데 거하는 자는 형제를 사랑한다'는 선언(요일 3:23, 4:21)을 통해 빛을 사랑에 귀속시킨다. 빛 가운데 거하는 신자들에게 주어지는 본질적인 명령은 '사랑의 삶'이다(요일 4:7-8). 빛, 영, 진리, 계명, 생명, 거룩 등을 포괄하는 하나님의 본질적 속성이 '사랑'이라는 것이 요한이 말하고자 하는 궁극적 메시지다. "하나님은 사랑이시다"라는 요한의 선언은 단지 하나님이 우리를 사랑하신다거나 하나님의 부분적 성품이 사랑이라는 것을 넘어 하나님의 본질적 성품이 사랑이라는 것이다.

하나님의 본질적 속성이 사랑이라는 요한의 정의는 성경 전체가 증언하고 있는 하나님의 존재와 다른 측면들을 무시하거나 혹은 배제하는 것이 아니다. 왜냐하면, 정의와 진리 같은 하나님의 특징들은 궁극적으로는 사랑이라는 그분의 본질과 관련되어 있고, 결국에는 그분의 사랑하는 본성의 측면에서 인식될 것이기 때문이다.[3] 하나님에게 사랑은 전부를 의미한다. 하나님의 존재와 행하신 모든 역사 위에 사랑이 채색되어 있다.

20세기 후반 세계 신학계를 주도한 독일의 개신교 신학자 판넨베르크(Wolfhart Pannenberg, 1928-2014)는 사랑을 성경의 모든 개념을 통합하는 하나님의 정체성으로 설명한다.

> 영원, 편재성, 전능이 신적인 영을 묘사하는 것으로서 논하여지며 이러한 구체적인 내용을 규정하는 것이 신적인 사랑에서 발견되어지는 반면, 하나님의 선, 자비 그리고 친절, 나아가 정의와 신뢰, 지혜와 인내는 신적인 사랑에 대한 생각을 넘어서지 않고 오히려 단지 사랑의 영향력이 발휘되는 다양한 측면에서의 사랑을 나타낸다. 절대적인 존재는 하나로서 동시에 전체이다. 따라서 단일자로서의 존재는 동시에 모든 것을 함축한다.…사랑은 하나님 자신의 현상 속에서, 그리고 하나님 자신의 성부, 성자, 성령의 모습 속에서 하나님 자신이 되는 본질이다. 이유는 하나님이 '사랑'이시기 때문이다.[4]

사랑이 하나님의 존재를 구성한다. 하나님은 사랑의 근원일 뿐만 아니라(요일 4:7a), 사랑 그 자체이시다.

"사랑이 하나님은 아니다!"

칼 바르트(Karl Barth)는 하나님이 사랑이시라면, '사랑이 하나님'이라고 주장한다.

사랑은 하나님의 근본적 속성으로 하나님을 특징짓는 말이다. 하나님은 사랑하시는 그 이상의, 또 다른 하나님이 아니시다. 사랑은 삼위일체 하나님의 영원한 본질이다. "하나님은 존재하신다", "하나님은 사랑하신다"라는 두 개의 문장은 하나이면서, 서로를 설명해 내고, 동시에 서로를 증거해 낸다. 그런 식으로 하나님께서는 그분의 존재와 사랑의 동일성 속에서 우리를 사랑하시는 동시에 우리에게 계시되고 있는 것이다.… 요한일서 저자가 하나님을 사랑으로 설명하고 있다면, 그것은 그 저자가 하나님을 사랑과 동등하게 놓고 있는 격이 된다. 그렇게 된다면 하나님과 사랑이라는 두 계명은 같은 의미를 지니면서 이제는 그 순서가 전위되어, "사랑은 하나님이시다"라는 말로 정당화될 수 있게 된다. 그러한 의도를 저자가 가졌다는 것은 우리가 그 두 절(요일 4:8, 16) 간의 관련성을 고려해 보면 잘 알 수가 있다.[5]

미국 침례교의 복음주의 신학자 스탠리 그렌츠(Stanley J. Grenz, 1950-2005)는 사랑이 곧 하나님이라는 바르트의 주장에 대해 "세 위격이 연합하여 신적인 본질을 이루고 있는 삼위일체의 존재론적인 통일성이 바로 아가페라는 신약성서(요일 4:7-21)의 진술은 사랑 자체가 하나님이라는 것을 뜻하는 것이 아니며, 사랑은 사랑하는 자와 사랑받는 자 사이의 관계가 존재하지 않는다면 객관적인 존재를 지니지 못하게 되는 사랑의 관계성 측면에서 하나님은 사랑이시지만, 사랑은 하나님이 될 수 없다"는 말로 반박한다.[6]

사랑이 곧 하나님이 될 수 없는 이유는, 하나님은 사랑으로 우주를 통치하시는, 사랑의 근원이신 하나님이지, 사랑 그 자체가 아니기 때문이다. 이 세상에서 우리 인간이 경험하는 사랑의 결핍은, 하나님의 결핍이다. 하나님은 사랑이기 때문이다. 기독교에서 사랑은 아주 독특한 하나님 경험이다. 세계의 어떤 다른 종교도 기독교만큼 신의 존재를 사랑과 동일시하지 않는다.[7]

'예수 그리스도의 복음'과 하나님의 존재 형태인 '삼위일체의 본질'이 사랑이라면, 성경이 증언하는 하나님은 사랑이시다! 사랑은 하나님의 근원적 원천이자 본질적 속성으로, 그분 자체이다. 우리가 매일 삶 속에서 만나 뵙는 하나님은 사랑이시다. 하나님은 태초부터 사랑하셨다.

2장

성경은 무엇을 말하는가?

데이비드 웰스(David F. Wells)는 현대교회의 문제를 '신학의 실종'으로 말한다.

복음주의 세계에서 신학이 실종되었다는 것은 분명하다. 즉 복음주의의 만연된 공허한 예배 가운데서, 믿음의 초점이 하나님으로부터 자아에게 옮겨가고 있다는 사실에서, 이 변화를 따라 행해지는 심리학적인 설교에서, 신앙의 확신이 사라지고 있다는 사실에서, 신앙의 귀에 거슬리는 실용주의적인 강조점에서, 문화에 대해 명쾌하게 생각하지 못하는 무능한

사고력에서 그리고 그 신앙의 비합리성 가운데서 신학이 실종된 현상을 볼 수 있다.[1]

신학의 실종은 곧 '성경에서의 이탈'을 의미한다.

2007년의 어느 봄날, 한 가지 물음이 머리를 스치고 지나갔다. '너는 성경이 말하는 바를 알고 있는가?' 지나간 14년의 목회를 반추해보면서 그제서야 늘 사역의 필요를 위해 성경을 펼쳤을 뿐, 성경의 본질을 탐구하기 위해 제대로 성경을 연구해 본 적이 없었다는 사실을 깨달았다. '나뿐일까?' 일반 성도는 물론이고, 한국교회의 목회자들까지도 영혼 구령의 뜨거운 열정 하나만으로 목회 현장에 뛰어든 필자의 경우와 마찬가지일 것이다.

"당신은 성경의 본질을 알고 있는가?"

한국교회의 회복을 위한 기독교 신앙의 핵심원리를 찾기 위해 우리가 2장에서 묻는 질문은 "성경은 무엇을 말하는가?"이다. 2장에서는 성경의 주요 주제인 '율법의 완성', '온전함의 명령', '완성된 예배', '구원의 본질', '그리스도교 공동체', '성경적 축복'의 고찰을 통해 성경의 본질을 규명한다.

율법은 '사랑'으로 완성되었다

미국의 대표적 복음주의자 앤드류 팔리(Andrew Farley)는 자신의 경험담을 통해 오늘날 우리 삶 속에 깊숙이 침투해 있는 율법주의를 지적한다.

나는 나의 첫 번째 책《벌거벗은 복음》을 집필할 때 소니 노트북을 사용했다. 그런데 그 책을 탈고하기 2~3개월 전부터 컴퓨터가 말썽을 부리기 시작했다.…어느 날 나는 컴퓨터 매장에서 적당한 가격의 몇몇 노트북을 둘러보고 있었다. 애플에서 나온 모델은 맥 북 하나뿐이었다. 그때까지 나는 맥 북을 써 본 적이 없었다. 솔직히 새로운 운영 체제를 익히고 싶은 마음도 들지 않았다. 그런데 다른 회사의 노트북 쪽으로 걸음을 옮기려는 순간 사건이 일어났다. 눈치 빠르고 노련한 직원이 내게 말을 걸어 온 것이다.

"맥 북에서도 윈도를 사용할 수 있어요. 지금 사용하고 계신 운영 체제를 여기에 설치하시면 돼요."

몇 분 후 나는 맥 북을 손에 들고 있었다. 오래되어 익숙한 것과 광이 날 만큼 새로운 것을 절충했다는 점이 나를 사로잡았기 때문이다. 우리의 신앙에서도 사정은 다르지 않다. 많은 사람이 하나님이 보여주신 새로운 길을 가기 위해 율법이 필요하다고 생각한다. 구원에 이르는 데 필요한 것은 Jesus+Nothing, 즉 예수님 외에는 아무것도 없다는 단순한 진리를 접할 때조차 예수님 옆에 율법을 나란히 세워두려고 한다. 마치 맥 북을 살 때 나를 사로잡았던 생각처럼, 우리는 낡은 것과 새것을 섞어 버리고야 만다.[1]

율법이 복음으로 완성된 지 이천 년이 지난 이 시대에도 율법과 복음이 혼재된 신앙의 삶을 사는 사람들이 적지 않다. 신약 초대교회 시절, 할례를 고집하는 유대주의자들에 의해 촉발된 율법 논쟁(행 15:1)은 예루살렘 교회 공의회가 우상의 더러운 것과 음행과 목매어 죽인 것과 피를 멀리하는 네 가지 율법을 허용하는 선에서 타협점을 찾는다(행 15:20). 그러나 예루살렘 공의회가 결정한 네 가지 율법 준수조항은 필수적인 그리스도인의 의무가 아니라, 그러한 음식을 여전히 불법적이고 하나님 보시기에 가증스러운 것으로 간주했던 유대인들의 양심을 감안한 헬라계 그리스도인들과 유대계 그리스도인들 사이의 화합을 위한 임시방편에 불과했다.[2] 율법 논쟁의 근원적이고 본질적인 해법은 바울에 의해 제시된다.

"피차 사랑의 빚 외에는 아무에게든지 아무 빚도 지지 말라 남을 사랑하는 자는 율법을 다 이루었느니라 간음하지 말라, 살인하지 말라, 도둑질하지 말라, 탐내지 말라 한 것과 그 외에 다른 계명이 있을지라도 네 이웃을 네 자신과 같이 사랑하라 하신 그 말씀 가운데 다 들었느니라 사랑은 이웃에게 악을 행하지 아니하나니 그러므로 사랑은 율법의 완성이니라"(롬 13:8-10).

율법의 완성이 되는 사랑 안에서 율법과 복음은 대립하지 않고 하나가 된다. 율법의 완성이 사랑이라는 바울의 선언 속에 율법의 성취에 관한 네 가지 중요한 의미가 함의되어 있다.

율법의 폐지

'율법의 완성이 사랑'이라는 말은 첫 번째, '율법의 폐지'를 말한다. 죄로 타락한 인간의 실상을 고발함으로 구약의 사람들을 그리스도의 구원으로 인도했던(롬 7:10) 율법은 신약시대에 사랑으로 완성되어 그 역할(기능)이 폐지되었다.

"그리스도는 모든 믿는 자에게 의를 이루기 위하여 율법의 마침이 되시니라"(롬 10:4).

바울은 '마침'을 의미하는 헬라어 '텔로스'를 사용해 율법의 모든 요구가 그리스도의 대속으로 인해 종결되었음을 선언한다.

"그 후에 말씀하시기를 보시옵소서 내가 하나님의 뜻을 행하러 왔나이다 하셨으니 그 첫째 것을 폐하심은 둘째 것을 세우려 하심이라"(히 10:9).

메시아로 이 세상에 오신 예수 그리스도는 '첫째 것', 곧 율법의 희생 제사를 폐하고, '둘째 것', 곧 속죄를 위한 그리스도의 영원한 제사를 세웠다(히 10:12).

"또 범죄와 육체의 무할례로 죽었던 너희를 하나님이 그와 함께 살리시고 우리의 모든 죄를 사하시고 우리를 거스르고 불리하게 하는 법조문으로 쓴 증서를 지우시고 제하여 버리사 십자가에 못 박으시고 통치자들과 권세들을 무력화하여 드러내어 구경거리로 삼으시고 십자가로 그들을 이기셨느니라 그러므로 먹고 마시는 것과 절기나 초하루나 안식일을 이유로 누구든지 너희를 비판하지 못하게 하라 이것들은 장래 일의 그림자이나 몸은 그리스도의 것이니라"(골 2:13-17).

14절의 '법조문으로 쓴 증서'는 곧 도덕법(십계명)을 말한다. 바울이 비판을 금하는 16절의 목록에는 십계명의 제4계명인 안식일의 준수가 포함되어 있다. 도덕법(십계명)을 포함한 구약의 모든 율법이 폐지되었다. 예수님이 십자가에 돌아가실 때 위에서부터 아래로 찢어진 성막은 율법의 종식을 알리는 상징이다. 지성소가 만인 앞에 드러났다. 하나님께 가는 길이 모든 이에게 열렸으며, 그림자가 실체로 바뀌었다(골 2:16-17). 율법의 의식, 희생 제사, 안식일 준수, 의례적인 예배, 모두 영원히 폐지되었다.[3] 이제 율법은 신약시대의 그리스도인에게는 그 자체로 효력이 없는 법이 되었다(갈 5:6).

율법에서의 해방

"남편 있는 여인이 그 남편 생전에는 법으로 그에게 매인 바 되나 만일 그 남편이 죽으면 남편의 법에서 벗어나느니라…이제는 우리가 얽매였던 것에 대하여 죽었으므로 율법에서 벗어났으니 이러므로 우리가 영의 새로운 것으로 섬길 것이요 율법 조문의 묵은 것으로 아니할지니라"(롬 7:2, 6).

'율법의 완성이 사랑'이라는 말은 두 번째, '율법에서의 해방'을 의미한다. 바울은 남편이 죽은 여인의 경우를 예로 들면서 율법에서 해방된 의미를 설명한다. 남편 있는 여인이 남편의 죽음을 통해 구속에서 해방되는 것처럼, 십자가를 통해 율법에 대하여 죽은 그리스도인 역시 율법에서 해방되었다. 신약시대의 모든 그리스도인이 율법의 묵은 조문이 아닌, 영의 새로운 것으로 섬겨야 하는 이유는 예수 그리스도의 십자가로 말미암아 모든 율법의 구속에서 해방되었기 때문이다.

"그리스도께서 우리를 자유롭게 하려고 자유를 주셨으니 그러므로 굳건하게 서서 다시는 종의 멍에를 메지 말라 보라 나 바울은 너희에게 말하노니 너희가 만일 할례를 받으면 그리스도께서 너희에게 아무 유익이 없으리라 내가 할례를 받는 각 사람에게 다시 증언하노니 그는 율법 전체를 행할 의무를 가진 자라 율법 안에서 의롭다 함을 얻으려 하는 너희는 그리스도에게서 끊어지고 은혜에서 떨어진 자로다"(갈 5:1-4).

로마서 8장 1-2절에서 생명의 성령의 법, 곧 '사랑의 복음'이 죄와 사망의 법, 곧 '율법의 정죄'에서 모든 그리스도인을 해방시켰음을 선언한 바울은, 갈라디아 교인들에게 율법 전체를 행할 의무를 지우는 할례의 위험성을 경고하면서 대신 그리스도께서 주신 자유를 누리라고 역설한다. 율법에서 해방된 그리스도인들은 율법의 멍에를 지고 가는 삶이 아닌, 복음이 선사하는 진리의 자유를 만끽하는 삶이다. 구원은 자유의 획득이다.

사랑으로 성취된 율법

'율법의 완성이 사랑'이라는 바울의 선언에 내포되어 있는 세 번째 의미는, '모든 율법의, 사랑으로의 성취'다. 바울은 로마서 13장 8-9절에서 이웃을 사랑하는 자가 율법을 다 이루는 자라고 말하면서 그 이유를 간음, 살인, 도둑질, 탐심 등을 비롯한 율법의 모든 계명이 "네 이웃을 네 자신과 같이 사랑하라" 하신 그 말씀 가운데 다 들어있기 때문이라고 설명한다. 율법의 다양한 모든 명령은 '사랑의 실천'에 관한 다른 표현이다. 사랑은 모든 율법의 명령을 포괄하고 있는 계명의 총화이다(딤전 1:5).

"형제들아 너희가 자유를 위하여 부르심을 입었으나 그러나 그 자유로 육체의 기회를 삼지 말고 오직 사랑으로 서로 종 노릇 하라 온 율법은 네 이웃 사랑하기를 네 자신 같이 하라 하신 한 말씀에서 이루어졌나니"(갈 5:13-14).

바울은 자유를 위해 부르심을 입은 그리스도인들이 사랑의 섬김으로 살아야 하는 이유를 율법의 성취로 말한다. 모든 율법이 사랑으로 성취되었으므로(갈 6:2) 그리스도인은 자신에게 허락된 자유까지도 이웃을 사랑하는 도구로 사용해야 하는 것이다. 그리스도인의 진정한 자유는 구약의 모든 율법을 사랑 안에서 발견하고, 사랑을 실천하는 자의 것이다. 사랑하는 자가 자유를 누리는 자다.

최고의 법으로서의 사랑

"너희가 만일 성경에 기록된 대로 네 이웃 사랑하기를 네 몸과 같이 하라 하신 최고의 법을 지키면 잘하는 것이거니와"(약 2:8).

야고보서를 기록한 예수님의 동생 야고보는 이웃 사랑을 '최고의 법'으로 선언한다. 성경의 모든 법 중에 제일의 법이 사랑이라는 것이 야고보의 생각이다.
"그렇다면 왜 야고보는 사랑을 최고의 법으로 보는가?"

"만일 너희가 사람을 차별하여 대하면 죄를 짓는 것이니 율법이 너희를 범법자로 정죄하리라 누구든지 온 율법을 지키다가 그 하나를 범하면 모두 범한 자가 되나니 간음하지 말라 하신 이가 또한 살인하지 말라 하셨은즉 네가 비록 간음하지 아니하여도 살인하면 율법을 범한 자가 되느니라 너희는 자유의 율법대로 심판 받을 자처럼 말도 하고 행하기도 하라 긍휼을 행하지 아니하는 자에게는 긍휼 없는 심판이 있으리라 긍휼은 심판을 이기고 자랑하느니라"(약 2:9-13).

사랑이 최고의 법이 되는 이유는, 율법은 '긍휼 없는 심판'을 가져다주지만, 사랑은 '긍휼 있는 심판'을 통해 구원의 승리를 자랑하게 만들기 때문이다. 사랑은 율법의 모든 심판을 이기고 자랑하는 복음이다. 율법의 성취는 사랑을 비교 불가한 최고의 법으로 만들었다.

"너희 모든 일을 사랑으로 행하라"(고전 16:14).

고린도 교인들의 사랑의 실천을 소망하는 바울 자신의 간절한 바람을 한 문장으로 증류시킨 이 말씀은 바울 서신서의 결론적 명령이다. 구약의 모든 율법이 사랑으로 완성되었으므로, 그리스도인이 행하는 모든 일은 사랑이어야 한다는 것이 바울의 결론이다. 모든 율법은 사랑으로 완성되었다. 신약시대에 약동하는 새로운 권능은 율법의 완성이 되는 '사랑'이다.

한국교회의 잘못된 율법 이해

특히 율법이 폐지되었기 때문에 구약의 율법인 안식일이나 절기 등은 지킬 필요가 없다고 폐지론을 주장하는 개신교회들은 구약의 율법인 십계명은 지킨다. 율법의 폐지론을 완벽히 주장하려면 십계명도 지키지 말아야 한다.…그리고 율법의 폐지론을 주장하려면 일요일 예배도 율법이므로 지킬 필요가 없으며 개신교회들이 행하고 있는 모든 예배도 의미가 없게 된다. 열 보를 양보해 일요일이나 다른 예배들은 율법이 아니라고 치자. 그러면 십일조는 더더욱 행하지 말아야 한다. 오늘날 기성 개신교회에서는 십일조는 반드시 행하라고 가르치면서 안식일은 구약의 율법이라고 지킬 필요 없다고 하는 것은 앞뒤가 맞지 않는, 모순된 주장이라는 결론이다.

하나님의 교회에 소속된 '이단 연구소와 진리 연구소'의 사이트에 실린 글이다. 한기총이 주요 이단으로 규정한 하나님의 교회와 신천지는 안식일과 유대교의 3대 절기인 유월절(무교절), 칠칠절(오순절), 초막절(수장절)과 초막절의 시작인 나팔절 등의 절기를 지키면서 한국교회를 공격하고 있다. 율법이 완성된 신약시대에 구약의 절기를 지키지 않는다는 이유로 정통교단을 비판하는 이단들의 주장은 터무니없지만, 정통교단의 왜곡된 율법론이 그 빌미를 제공했다는 점은 부인할 수 없다.

율법이 완성된 신약시대에 한국의 정통교단에서 준수되고 있는 주일성수와 십일조의 헌금, 그리고 담임목사의 혈통적 세습 등도 율법 해석의 오류이다. "복음으로 시작한 한국교회가 다시 율법으로 돌아가고 있다"는 비판의 중심에는 한국교회의 두 개의 율법론, 곧 '율법 무용론'과 '도덕법 존속론'이 자리하고 있다.

율법 무용론

종교개혁을 일으킨 독일의 성직자 루터(Martin Luther, 1483-1546)가 그리스도인은 모세로 말미암아 기록된 도덕 율법으로부터 전적으로 자유하다고 가르치는 친구 요한 아그리콜라의 주장을 반 율법으로 규정하면서 생겨난 '반(反)율법주의'[1]는 복음이 완성된 신약시대에 율법은 무용하므로 폐지되어야 한다고 주장한다. 예수 그리스도를 믿는 믿음으로 구원에 이르기 때문에 신약시대에 더이상 율법을 지킬 필요가 없다고 주장하는 율법 무용론은 율법의 행위를 통한 구원을 주장하는 율법주의와 상극을 이루는 잘못된 율법론이다. 복음의 강조와 율법의 폐기는 서로 다른 것이다.

율법은 '무용함'으로 폐지되지 않았다.
예수님은 마태복음 5장의 율법강론에서 세상에 오신 목적을 율법의 폐지가 아닌, 율법의 완성으로 말씀하신다.

"내가 율법이나 선지자를 폐하러 온 줄로 생각하지 말라 폐하러 온 것이 아니요 완전하게 하려 함이라 진실로 너희에게 이르노니 천지가 없어지기 전에는 율법의 일점일획도 결코 없어지지 아니하고 다 이루리라"(마 5:17-18).

'율법의 폐지'가 아닌, '율법의 완성'을 위해 오신 예수님은, 율법의 일점일획도 소멸되지 않고 성취된다고 말씀하신다. 갈라디아서 3장에서 바울은 율법의 시기를 "약속하신 자손이 오시기까지"(19절), "믿음의 때까지"(23절)로 제한하면서, 자신이 말하는 율법의 폐지가 '율법의 무용론'이 아닌, '율법의 독자적인 역할의 종식'임을 밝힌다.

신약시대에는 율법이 홀로 자신의 역할을 감당할 수 없다. 율법의 독자적인 기능이 폐지되었기 때문이다. 그러나 율법은 '사랑의 복음 안에서', '사랑의 복음 형태로' 여전히 불순종으로 인한 사망의 심판을 인간에게 경고함으로써, 예수 그리스도의 십자가를 믿게 하는 '복음의 서론' 역할을 담당한다. 반율법주의자들의 주장과 달리, 율법은 '사랑 안에서' 영원하다. 율법은 '복음의 기초'이며, 복음은 '율법의 완성'이기 때문이다.

도덕법 존속(승계)론

한국교회의 또 하나의 왜곡된 율법론은 '도덕법 존속론'이다. 도덕법 존속론은 구약의 율법을 세 가지 형태의 율법, 곧 종교적 예식에 관한 규정인 '의식법'과 이스라엘 공동체의 유지와 관련된 '시민법', 그리고 신앙과 윤리적인 삶의 계명으로서의 '도덕법'으로 구분하고, 시대의 변천으로 인해 의식법과 시민법은 폐지되었지만, 영원불변의 도덕법(십계명)은 신약시대에도 여전히 효력을 가지고 있다고 주장한다.

영국 런던 바이블 칼리지 학장인 어네스트 케빈은 도덕법을 영원히 폐지되지 않는 하나님의 절대적 명령으로 말한다.

> 율법은 (하나님) 의지의 표현이며, 하나님께서 다스리심도 율법을 제정하심에 의해서다. 그러므로 도덕법은 하나님의 공시된 의지다. 그러므로 십계명은 그 명령들의 정당성을 설득하거나 확실하게 하기 위한 어떤 논증도 없이, 다만 명령자의 의지만 제시된 채 절대적으로 지켜져야 한다.[2]

도덕법은 폐지되었다.

바울은 자신의 서신서 여러 곳에서 도덕법(십계명)의 폐지를 분명히 선언한다.

"그가 또한 우리를 새 언약의 일꾼 되기에 만족하게 하셨으니 율법 조문으로 하지 아니하고 오직 영으로 함이니 율법 조문은 죽이는 것이요 영은 살리는 것이니라 돌에 써서 새긴 죽게 하는 율법 조문의 직분도 영광이 있어 이스라엘 자손들은 모세의 얼굴의 없어질 영광 때문에도 그 얼굴을 주목하지 못하였거든 하물며 영의 직분은 더욱 영광이 있지 아니하겠느냐 정죄의 직분도 영광이 있은즉 의의 직분은 영광이 더욱 넘치리라"(고후 3:6-9).

바울이 죽이는 율법의 정죄 직분과 살리는 영의 의의 직분을 비교하면서 말하는 "돌에 써서 새긴 죽게 하는 율법 조문"(7절)은 모세가 시내 산에 올라 여호와로부터 직접 받은 돌비에 새겨진 십계명을 말한다(출 34:28; 신 4:13, 10:4). 신약시대에 영의 직분, 의의 직분을 부여받은 그리스도인은 구약의 도덕법으로부터 자유하다.

"그는 우리의 화평이신지라 둘로 하나를 만드사 원수 된 것 곧 중간에 막힌 담을 자기 육체로 허시고 법조문으로 된 계명의 율법을 폐하셨으니 이는 이 둘로 자기 안에서 한 새 사람을 지어 화평하게 하시고 또 십자가로 이 둘을 한 몸으로 하나님과 화목하게 하려 하심이라 원수 된 것을 십자가로 소멸하시고"(엡 2:14-16).

바울은 율법이 지향하는 새 사람의 창조를 통한 하나님과의 화목을 강조하면서 법조문으로 된 계명, 곧 도덕법의 폐지를 재차 강조한다. 앤드류 T. 링컨(Andrew T. Lincoln)은 도덕법의 폐지에 대해 "율법 구분에서의 폐지라는 도덕법 준수론자들의 반론은 15절 '법조문으로 된 계명의 율법을 폐하셨으니'에 대한 해석으로는 충분하지 않다. 바울이 염두에 두고 있는 것은 분명히 율법 그 자체와 모든 규정이지, 단지 그들 중의 일부가 아니다"라고 잘라 말한다.[3]

얽매였던 것에 대하여 죽고 율법에서 벗어났으며(롬 7:6), 장차 오는 일의 그림자로서의 첫 언약의 율법이 폐하여졌다(히 10:1-9)는 신약성경의 진술들은 신약시대에 율법이 전적으로 폐지되었음을 분명히 선포하고 있다.[4] 도덕법 준수론자들의 주장처럼 구약성경은 율법을 세 가지로 구분하지 않으며, 신약성경에서 세 가지 율법 중 도덕법은 준수해야 한다는 명령은 더더욱 찾아볼 수가 없다.

신약시대에는 '완성된 새 계명'을 지켜야 한다.
"그렇다면 신약시대에는 도덕법(십계명)을 지키지 않아도 된다는 말인가?"

신약시대에 그리스도인들은 '구약의 도덕법'이 아닌, '신약의 완성된 도덕법'을 준수해야 한다. 신약의 완성된 도덕법은 율법의 완성인 '사랑의 새 계명'을 말한다. 간음하지 말라, 살인하지 말라, 도둑질하지 말라, 탐내지 말라는 구약의 도덕법이 다른 모든 율법처럼 완성되어 녹아 있는(롬 13:9), 구체적인 사랑의 모델이 없는 사랑이 아닌, 십자가의 구체적인 사랑으로 예시된, 사랑의 예언이 아닌, 사랑의 완성으로서의 '새 계명'(요 13:34)이 신약시대에 그리스도인이 지켜야 할 '완성된 도덕법'이다.

가톨릭 사도교회 설립에 힘쓴 영국의 복음주의자 헨리 드러몬드(Henry Drummond, 1851-1897)는 '사랑으로 완성된 십계명'을 알기 쉽게 설명한다.

"너는 나 외에는 다른 신들을 네게 두지 말라"(출 20:3). 어떤 사람이 하나님을 사랑한다면, 우리는 그에게 그런 말을 할 필요조차 없을 것입니다. 사랑은 율법의 완성이니까요. "네 하나님 여호와의 이름을 망령되게 부르지 말라"(출 20:7). 여호와를 사랑하는 사람이라면 그분의 이름을 망령되게 일컬을 꿈이라도 꾸겠습니까? "안식일을 기억하여 거룩하게 지키라"(출 20:8). 기쁨이 넘치는 사람이라면 일곱 날 가운데 하루를 떼어 사랑하는 상대에게만 오롯이 바치지 않겠습니까? 사랑은 하나님에 관한 이런 모든 율법을 완성할 것입니다.

마찬가지로 사람을 사랑하는 사람에게라면, 자기 부모를 공경하라는 말을 꺼낼 엄두조차 내지 못할 것입니다.…그런 사람에게 "살인하지 말라"는 말은 터무니없는 것입니다. "도둑질하지 말라"는 말은 모욕으로 들릴 뿐입니다. 사랑하는 사람의 소유를 어찌 훔칠 수 있겠습니까? 누군가를 사랑한다면, 거짓 증언일랑 아예 안중에도 없을 것입니다. "이웃의 소유를 탐내지 말라"는 당부도 꿈조차 꾸지 못할 것입니다. 자기보다는 오히려 이웃이 그것을 갖길 바랄 것입니다. 이런 식으로 사랑은 율법을 완성합니다. 사랑은 모든 법을 완성하는 법이며, 옛 계명 모두를 지키는 새 계명입니다.[5]

율법은 복음(사랑)으로 완성되어 복음에 종속되어 있다. 우리는 복음과 상반된 율법이 아니라 '복음에 종속하는' 율법을 전한다. 히브리서 9장 4절에 있는 대로, 우리는 율법의 판 두 개 모두 궤 속에 놓였음을 발견하는데, 이것은 새 언약에서 그리스도에 의한 구원의 방법과 그것들의 일관성, 그리고 새로운 방법에 대한 그것들의 종속성을 보여 준다.[6]

한국교회의 반(무)율법주의와 도덕법 존속론의 공통적인 문제는 사랑으로 완성된 율법의 의미를 제대로 이해하지 못하는 것이다. 반(무)율법주의는 율법을 부정한다는 점에서 '율법이 배제된 복음'이며, 도덕법 존속론은 율법의 연장이란 점에서 예수 그리스도의 십자가로 완성된 복음을 '미완성의 복음'으로 남겨둔다. 한국교회의 두 율법론은 그리스도의 구속을 통해 완성된 복음을 부인하는 비성경적이고 반 신앙적인 주장이다.

"내가 하나님의 은혜를 폐하지 아니하노니 만일 의롭게 되는 것이 율법으로 말미암으면 그리스도께서 헛되이 죽으셨느니라"(갈 2:21).

바울은 안디옥에서 이방인들과 함께 식사를 하다가 예루살렘에서 사람이 오는 것을 보자 자신에게 미칠지 모르는 부정적인 영향을 두려워하여 슬그머니 자리를 피해 버린 게바(베드로)와 다른 유대인들의 태도를 '하나님의 은혜를 폐하는' 외식적인 행위로 비판한다(갈 2:11-13). 바울에게 있어 신약시대의 율법 준수는, 헐었던 것을 다시 세우는 것, 곧 '그리스도의 죽음'을 헛된 것으로 돌리는 것이다. 율법을 율법답게 복음을 복음답게 하는 것은, 율법의 완성이 사랑이라는 성경적 의미를 온전하게 깨닫는 것이다. 그리스도의 영이 주는 자유(고후 3:17)와 주의 영광(고후 3:18)은 율법의 완성이 되는 사랑으로부터 흘러나온다.

성경의 한 계명

모세가 시내 산에서 부여받은 613개 조항의 율법은 신약시대에 '사랑'으로 완성되었다. 구약의 '첫 계명'은 사랑의 예언이고, 신약의 '새 계명'은 사랑의 완성이다. 구약의 첫 계명이 신약의 새 계명으로 완성되었다는 말은, 성경의 모든 계명이 '사랑의 계명'이라는 것을 의미한다.

구약의 '첫 계명'

"이스라엘아 들으라 우리 하나님 여호와는 오직 유일한 여호와이시니 너는 마음을 다하고 뜻을 다하고 힘을 다하여 네 하나님 여호와를 사랑하라 오늘 내가 네게 명하는 이 말씀을 너는 마음에 새기고 네 자녀에게 부지런히 가르치며 집에 앉았을 때에든지 길을 갈 때에든지 누워 있을 때에든지 일어날 때에든지 이 말씀을 강론할 것이며 너는 또 그것을 네 손목에 매어 기호를 삼으며 네 미간에 붙여 표로 삼고 또 네 집 문설주와 바깥 문에 기록할지니라"(신 6:4-9).

젖과 꿀이 흐르는 약속의 땅 가나안을 마주하고 있는 아라바 광야에서 40년간 이스라엘을 이끌어 온 지도자 모세는 자신의 마지막 설교의 주제를 '하나님 사랑'으로 선택한다. 가나안에 입성할 이스라엘의 2세 자손들에게 이스라엘의 존재 이유이자 신앙의 근간이 하나님 사랑임을 일깨우기 위함이다. 이스라엘 백성들에게 하나님 사랑보다 더 앞서는 계명은 없다.

"원수를 갚지 말며 동포를 원망하지 말며 네 이웃 사랑하기를 네 자신과 같이 사랑하라 나는 여호와이니라"(레 19:18).

구약성경이 '하나님 사랑' 다음으로 중요하게 다루는 계명은 '이웃 사랑'이다. 마음을 다하고 뜻을 다하고 힘을 다하여 하나님 여호와를 사랑해야 하는 이스라엘 백성들은 또한 이웃을 자신처럼 사랑해야 한다. "다른 사람의 피를 흘리면 그 사람의 피도 흘릴 것이니 이는 하나님이 자기 형상대로 사람을 지으셨음이니라"는 창세기 9장 6절은 출애굽기 21장 24절의 '눈에는 눈, 이에는 이'라는 모세 율법으로 연결된다. 이웃에게 입힌 해를 동등하게 보상해야 하는 동해복수법(同害復讐法)의 근거는 '이웃 사랑'이다.

"그중의 한 율법사가 예수를 시험하여 묻되 선생님 율법 중에서 어느 계명이 크니이까 예수께서 이르시되 네 마음을 다하고 목숨을 다하고 뜻을 다하여 주 너의 하나님을 사랑하라 하셨으니 이것이 크고 첫째 되는 계명이요 둘째도 그와 같으니 네 이웃을 네 자신 같이 사랑하라 하셨으니 이 두 계명이 온 율법과 선지자의 강령이니라"(마 22:35-40).

성경에서 '첫 계명'이라는 용어는 예수님에 의해 처음으로 사용된다. 율법의 가장 큰 계명을 묻는 율법사에게 예수님은 구약의 하나님 사랑(신 6:5)과 이웃 사랑(레 19:18)을 첫 계명으로 말씀하신다. 온 율법과 선지자의 강령인 하나님 사랑과 이웃 사랑은 구약성경의 핵심 계명으로, 생명을 다해 하나님을 사랑하고 이웃을 자신처럼 사랑하는 자는 율법 전체의 명령을 준수한 것이고, 구약성경 전체의 가르침을 통달한 것이다. 예수님의 말씀에 따르면 당신이 하나님을 사랑하고 다른 사람들을 사랑할 때 그리스도인의 삶의 나머지 부분들은 자연스럽게 제자리를 찾아가게 되어 있다는 것이다. 계명의 목록 맨 앞에 하나님 사랑과 이웃 사랑이 있다.

신약의 '새 계명'

"새 계명을 너희에게 주노니 서로 사랑하라 내가 너희를 사랑한 것 같이 너희도 서로 사랑하라 너희가 서로 사랑하면 이로써 모든 사람이 너희가 내 제자인 줄 알리라"(요 13:34-35).

"내 계명은 곧 내가 너희를 사랑한 것 같이 너희도 서로 사랑하라 하는 이

것이니라"(요 15:12).

구약성경의 하나님 사랑과 이웃 사랑의 첫 계명은 신약성경의 '새 계명'으로 완성된다. 그리스도 안에서, 그리스도로 말미암아 완성된 구약의 첫 계명이, 바로 신약의 새 계명이다.

새 계명에 하나님의 사랑이 누락되어 있는 이유는, 마태복음 22장 39절의 예수님의 말씀에 나타나 있다. "둘째도 그와 같으니", 예수님은 하나님 사랑과 이웃 사랑을 하나로 말씀하신다. 하나님 사랑과 이웃 사랑은 상호관계의 유사성에서 동일한 계명이다. '새 계명'에 하나님 사랑이 빠져 있는 이유는, 하나님 사랑과 이웃 사랑이 일체를 이루고 있기 때문이다. 하나님 사랑은 '이웃 사랑의 근거'로서 이웃 사랑을 수반하고, 이웃 사랑은 '하나님 사랑의 결과'로서 하나님 사랑을 전제로 한다. 이웃 사랑의 '새 계명'은 하나님 사랑의 실천인 동시에, 적용이다. 하나님을 사랑하는 것은 곧 이웃을 사랑하는 것이요, 참으로 이웃을 사랑하는 것은 곧 하나님을 사랑하는 것이다.

첫 계명과 새 계명의 차이

율법이 사랑으로 완성되었다는 측면에서 첫 계명과 새 계명은 성격상 '지향하는 목적', '사랑의 모본', '사랑의 주체'라는 세 가지 점에서 구별된다.

지향하는 목적

구약의 첫 계명과 신약의 새 계명이 이루고자 하는 목적은 다르다. 율법의 명령과 불순종의 정죄를 통해 메시아의 구원을 바라보게 하는 것이 '첫 계명'의 목적이라면, '새 계명'은 완성된 메시아의 구원을 통해 영생의 삶을 누리게 하는 것을 목적으로 한다. 옛 언약은 '하라!'(to do)이고, 새 언약은 '되라!'(to be)이다. 옛 언약의 '하라'(to do)는 명령을 통해 인간으로 하여금 할 수 없는 불능의 한계를 뼈저리게 느끼게 한 후 예수 그리스도의 십자가를 붙들게 하는 은혜의 복음인 '되라'(to be)의 명령을 내리는 것이다.[1] 구약의 첫 계명은 구원을 위한 명령이고, 신약의 새 계명은 구원받은 자를 향한 사랑의 명령이다.

사랑의 모본

구약의 첫 계명과 신약의 새 계명의 차이는 '사랑의 모본'에 있다. 구약의 첫 계명은 구체적인 사랑의 본이 없이 제시된 명령이지만, 신약의 새 계명은 예수 그리스도가 구체적인 사랑의 본으로 제시된다. "네 이웃을 네 자신 같이 사랑하라"는 명령이 구약 레위기 19장 18절에 있음에도 불구하고 예수님이 '새 계명'으로 명명하신 이유는, 구약의 계명은 계명 자체의 명령이지만, 새 계명의 명령은 하나님이 인간이 되셔서 친히 사랑의 모범을 보여 주신 후에('내가 너희를 사랑한 것같이') 사랑하라는 명령이 제시되는 계명이기 때문이다. 신약성경의 새 계명은 분명한 사랑의 모본을 갖는다.[2]

사랑의 주체

구약의 첫 계명은 사랑이 완성되지 않았던 구약시대에 인간이 본질적으로 '지킬 수 없는' 사랑의 명령이지만, 완성된 새 계명은 성령의 성화를 통해 그리스도인이 실제 '지킬 수 있는' 사랑의 명령이다. 성령 운동을 강조하는 미국 브루클린 태버내클 교회의 담임목사 짐 심발라(Jim Cymbala)는 "도대체 예수께서 우리를 사랑하셨던 것 같이 우리가 다른 그리스도인을 사랑할 수가 있겠는가? 이 세상의 어떤 목사라도 이런 사랑을 하도록 회중을 가르칠 수는 없다. 우리에게 주신 성령으로 말미암아 '하나님의 사랑이 우리 마음에 부은 바'(롬 5:5) 되어야 이런 사랑은 가능하다"[3]는 말로, 성령의 능력으로만 그 실행이 가능한 새 계명의 특징에 대해 말한다.

하나님은 소극적으로 세상을 거부하는 것이 아니라 적극적으로 헌신하는 것을 원하시며, 수없이 많은 계명을 지키는 것이 아니라 오직 하나의 계명, 즉 '사랑'을 원하신다. 산상설교와 그 밖의 예수님의 말씀이 하나님의 지배를 위해 여러 가지 요청을 하고 있는 것처럼 보이기는 하지만, 주된 계명은 하나님 사랑과 이웃 사랑으로 요약될 수 있다.[4] 그 새로움은 새로운 질서에 속한 율법, 그리스도께서 자신을 희생 제물로 내어주심과 지배하는 그의 부활을 통해 세워지는 새 언약의 시대를 염두에 두고 있다. 새 계명은 새로운 시기를 위한 율법일 뿐만 아니라, 새로운 삶을 위한 율법이다.[5]

구약의 첫 계명과 신약의 새 계명이 사랑의 계명이라면, 성경은 '사랑의 말씀'이다. 66권 31,102절(구약 23,145절, 신약 7,957절)로 구성된 신구약 성경은 약 1,500년 동안 40명의 저자가 각기 다른 시대, 다른 언어로 기록했지만, 사랑이라는 한 주제로 통일되어 있다. 창세기로부터 요한계시록까지의 핵심은 '사랑'이다.

'온전하라'의 여러 해석

"아브람이 구십구 세 때에 여호와께서 아브람에게 나타나서 그에게 이르시되 나는 전능한 하나님이라 너는 내 앞에서 행하여 완전하라"(창 17:1).
"너는 네 하나님 여호와 앞에서 완전하라"(신 18:13).
"그러므로 하늘에 계신 너희 아버지의 온전하심과 같이 너희도 온전하라"(마 5:48).

성경에는 온전함에 관한 명령이 기록되어 있다. 죄로 타락한 불완전한 인간이 결코 온전함에 다다를 수 없다는 점에서 온전함에 대한 몇 가지의 해석이 등장한다.

율법보다 더 철저한 순종의 명령

행위의 구원을 강조하는 율법주의자들은 눈이나 손이 방해가 된다면 그것까지 제거하라고 명령하시는 예수님의 결연한 태도(마 5:29-30)를 근거로 온전함의 명령을 '더 철저하고 완전한' 율법 준수로 해석한다. 하지만 예수님은 외형적 행위를 기준으로 율법 준수를 판단하는 율법주의자들의 태도를 가장 심각한 사상으로 책망하신다. 예수님이 말씀하신 완성될 율법의 가르침을 올바로 깨닫지 못한 자들은 그리스도를 모세와 같은 새로운 율법 제정자로 상상하며, 그가 모세의 율법에서 결핍된 부분을 복음의 율법으로 보충하신 것으로 판단한다.[1] 천국에 들어가기 위해서는 서기관과 바리새인의 의보다 더 나아야 한다는 예수님의 말씀(마 5:20)에서 온전함의 명령이 율법의 철저한 준수가 아님을 즉각적으로 알 수 있다. 예수님이 말씀하시는 서기관과 바리새인보다 나은 의는 '행위의 의'가 아니기 때문이다.

십자가 은혜를 묵상하라는 명령

율법주의자들과 달리 성화의 구원을 부정하는 반율법주의자들은 온전함의 명령을 '의미적'으로 해석한다. 예수님이 말씀하시는 미움의 살인, 마음의 간음은 인간이 실제 지킬 수 없는 계명이기 때문에, 마태복음 5장 48절의 '온전하라'는 예수님의 말씀은 율법의 심판에 직면해 있는 인간에게 "십자가의 예수 그리스도를 바라보라!"는 명령이라고 주장한다. 신율법주의의 창시자로 알려진 리처드 백스터(Richard Baxter, 1615-1691)는 "율법주의적 방식이 아닌 복음적인 방식으로 이루어지는 신자의 칭의의 방식은 구약의 법이 실제 지킬 수 없었던 계명을 통해 복음을 지시한 것처럼, 복음 또한 삶의 실제적인 명령이 아닌 십자가의 은혜를 묵상하는 의미적인 명령을 지시한다"고 말한다.[2]

루터는 칭의는 믿음만으로 이루어지지만, 그 믿음이 행위와 동떨어진 것이 아니라는 말로 반율법주의자들의 주장을 정면으로 반박한다. 그리스도의 명령을 온전히 따르는 것으로 성화가 입증되지 않는다면, 그에게 참된 칭의가 이루어졌다고 말할 수 없다는 것이며, 만일 참으로 의롭게 하는 믿음을 가진 사람이라면 그리스도께서 명하신 것에 더욱 힘써 순종하려 할 것이다.[3] 성경의 모든 계명은 그리스도인이 자신의 삶 속에서 실제 지켜야 할 성화의 지침들이다(갈 5:16; 살전 5:23; 벧후 1:4; 히 12:10). 반율법주의자들의 주장처럼 성경의 계명이 십자가의 은혜를 묵상하는 의미적인 명령이라면, 성경의 2/3 이상은 즉각적으로 폐기되어야 할 것이다.

이상적인 계명의 명령

중세 철학과 신학의 총체라고 말할 수 있는 《신학대전》을 저술한 토마스 아퀴나스(Thomas Aquinas, 1224-1274)는 예수님의 가르침을 '계율'(Precepts)과 '권고'(Counsels)로 구분한다. 계율은 십계명과 마찬가지로 모든 윤리와 도덕에 해당하는 것이지만, 분노와 간음의 명령과 같은 보다 숭고하고 이상적인 계명에 대해서는 다른 기준을 적용한다. 즉, 형제에게 바보라고 욕해도 안 되고, 여자를 불순한 마음으로 쳐다보기만 해도 안 된다는 예수님의 계명을 '하나의 본보기'로 받아들인다. 그러한 본보기대로 살아가기 위해 노력해야 하지만, 그것은 계율처럼 도덕적인 강제력을 가지지 않는다는 것이다.[4]

마틴 루터도 그리스도인에게 두 가지 시민권(하나님 나라의 시민권과 세상의 시민권)이 있듯이 산상수훈에서 요구하는 극단적인 계명들은 하나님의 나라에서 절대적으로 적용되는 것이지, 세상에 적용되는 것이 아니라는 입장을 취한다. 하지만 초기교회는 4세기까지 다른 어떤 계명보다 "네 원수를 사랑하라"는 계명을 강조해 가르쳤다. 산상수훈을 그대로 읽어보면 예수님은 계율과 권고로 계명을 구분하지 않았으며, 공과 사에 따라 달리 적용된다는 말을 하신 적도 없다.[5]

율법 준수의 내면적 동기를 강조하는 명령

그랜드래피즈 신학교 성경신학 교수 데이비드 터너(David L. Turner)는 온전하라는 예수님의 명령을 율법 준수의 내면적 동기를 강조하기 위한 '과장법적' 표현으로 설명한다.

예수가 살인하지 말라고 한 것은 살인에 이르게 하는 분노와 모욕적 언사를 암묵적으로 금지하고 있음을 가르친다. 마음속에서 악이 일어나기 때문에 절단한다고 해서 악을 고칠 수도 없으며, 따라서 이 두 명령이 과장법이라는 것은 말할 필요도 없다. 하지만 과장법은 독자들에게 충격을 주어 실제 요점에 이르게 한다. 즉, 음욕 때문에 지옥에 던져지기보다 음욕을 결정적으로 다루는 것이 더 낫다.[6]

하나님이 모세에게 명령한 이웃 사랑은 형제를 마음으로 미워하지 않는 사랑이다.

"너는 네 형제를 마음으로 미워하지 말며 네 이웃을 반드시 견책하라 그러면 네가 그에 대하여 죄를 담당하지 아니하리라"(레 19:17).

구약의 율법 준수 또한 내면적 동기에 초점이 맞추어져 있다. 만일 예수님의 온전함의 명령이 율법의 내면적 동기를 강조하는 것이라면, 예수님이 언급하신 마태복음 5장의 율법은 완성될 새 율법이 아닌 구약 율법의 강조 내지는 반복적 가르침이 되고, 온전하라는 명령은 율법에서의 해방이 아닌, 사람들을 더 큰 율법 준수의 중압감으로 옭아매는 것이 되고 만다.

"온전하라는 명령의 네 가지 해석이 모두 오류라면, 온전하라는 명령이 의미하는 올바른 성경적 해석은 무엇인가?"

'온전하라'의 성경적 의미

온전함의 명령을 받은 제자들은 혼란과 충격에 휩싸인다. '그렇게 살 수 없는', 그러나 '그렇게 살아야 하는' 역설적인 삶의 딜레마에 봉착했기 때문이다. 황망함에 사로잡힌 제자들에게 한 줄기 소망의 빛이 비친다. '십자가의 광선'이다.

'온전하라', 그리스도인을 향한 명령(온전함의 대상)

온전하라는 예수님의 명령을 제대로 이해하기 위해서는 먼저 온전하라는 명령을 받는 '대상'이 누구인지를 알아야 한다. 왜냐하면, 온전하라는 명령은 그것이 가능한 자들에게 내리는 예수님의 실제적인 명령이기 때문이다.

"아브람이 구십구 세 때에 여호와께서 아브람에게 나타나서 그에게 이르시되 나는 전능한 하나님이라 너는 내 앞에서 행하여 완전하라 내가 내 언약을 나와 너 사이에 두어 너를 크게 번성하게 하리라…하나님이 또 아브라함에게 이르시되 그런즉 너는 내 언약을 지키고 네 후손도 대대로 지키라 너희 중 남자는 다 할례를 받으라 이것이 나와 너희와 너희 후손 사이에 지킬 내 언약이니라 너희는 포피를 베어라 이것이 나와 너희 사이의 언약의 표징이니라"(창 17:1-2, 9-11).

하나님으로부터 '완전하라'는 명령을 받은 최초의 인물은 아브라함이다. 아브라함이 하란을 떠나온 지 25년째가 되던 해에(창 12:4) 하나님은 "너는 내 앞에서 행하여 완전하라"는 말씀을 조건으로 아브라함에게 번성의 축복을 약속하신다. 그리고 그 징표로 '할례'(생후 팔 일이 지난 남자아이의 생식기 표피를 잘라 하나님의 백성으로 구별하는 의식)를 명령하신다.

하나님이 아브라함에게 명령하신 완전함은 '할례의 피'와 연관되어 있다. 완전하라는 히브리어 '타밈'(תמים)은 흠이 없는 제물(출 12:5; 레 1:3)이나 완전한 사람(잠 2:21)을 의미하는 것으로, 하나님이 아브라함에게 명령하신 완전함은 '할례의 피'와 연관되어 있다. 할례를 통해 하나님의 백성이 되는 것은, 도덕적 행위의 완전함이 아닌 '할례', 곧 예수 그리스도의 피로 인해 완전한 인간으로 거듭나는 것을 의미한다.

> "이것은 죄 사함을 얻게 하려고 많은 사람을 위하여 흘리는 바 나의 피 곧 언약의 피니라"(마 26:28).

예수 그리스도의 피는 언약의 징표로서 아브라함에게 명령하신 할례의 성취에 해당한다. 바울은 예수 그리스도의 십자가의 피를 '언약의 피'로 지칭함으로 십자가의 대속을 할례의 성취로 귀결시킨다.

> "이것이 노아의 족보니라 노아는 의인이요 당대에 완전한 자라 그는 하나님과 동행하였으며"(창 6:9).

창세기 6장 9절은 노아를 의인이요 당대에 완전한 자, 하나님과 동행한 자로 묘사한다.

왜 노아가 당대에 완전한 의인인가? 바로 앞 8절에 그 대답이 나와 있다.

"그러나 노아는 여호와께 은혜를 입었더라"

노아의 완전함은 도덕적 행위의 무결함이 아닌, 은혜의 완전함이다. 성경에 기록된 세 번의 '온전하라'는 명령이 아브라함과 레위, 그리고 제자들을 향해 있는 것은 온전하라는 명령을 받는 대상이 신구약의 구원받은 모든 그리스도인임을 말해준다. 그리스도인은 예수 그리스도의 보혈로 의인이 된 '완전한 인간'이다.

'온전하라', 완성된 사랑의 실천(온전함의 내용)

"너는 내 앞에서 행하여 완전하라"(창 17:1하).

하나님은 중생의 구원을 통해 완전함에 이르는 법적 신분을 얻은 그리스도인에게 성화를 이루기 위한 구체적인 삶을 명령하신다. 그리스도인이 실제 살아야 할 완전한 삶은 마태복음 5장의 '완성된 율법'과 '하나님의 속성'이 지시하는 '사랑의 삶'이다.

완성될 율법으로 사는 삶

"내가 율법이나 선지자를 폐하러 온 줄로 생각하지 말라 폐하러 온 것이 아니요 완전하게 하려 함이라"(마 5:17).

율법의 폐지가 아닌, 율법의 완성을 위해 이 세상에 오셨다고 말씀하신 예수님은 마태복음 5장에서 구약의 다섯 가지 율법—살인, 간음과 이혼, 맹세, 보복, 이웃 사랑과 원수를 미워함—을 "…하였다는 것을 너희가 들었으나, 나는 너희에게 이르노니"라는 문장 형식을 통해 완성될 율법으로 새롭게 해석해 주신다(마 5:17-44).

• 살인(21-26절): "살인하지 말라"는 구약 율법의 제6계명(출 20:13; 신 5:17)에 마음의 분노와 미움의 살인이 추가된다. 완성될 새 율법은 사람을 살상하는 행위는 물론, 형제에게 화를 내고 미워하는 것도 살인으로 규정한다.

• 간음과 이혼(27-32절): 완성될 율법은 간음을 금지하는 율법의 제7계명(출 20:14; 신 5:18)에 음욕을 품고 여자를 쳐다보는 음란한 마음과 음행의 이유 없이 배우자를 버리는 이혼까지 간음으로 규정한다.

• 맹세(33-37절): 거짓 맹세, 서원(레 19:12; 민 30:2)만이 아닌, 하늘과 땅과 머리로 하는 어떤 맹세도 완성될 율법은 허용하지 않는다. 완성될 율법은 불완전한 인간의 맹세 자체를 인정하지 않는다.

• 보복(38-42절): '눈에는 눈, 이에는 이', 곧 피해자가 받은 피해 정도

와 동일한 보상을 가해자에게 요구함으로 공동체와 개인을 보호했던 구약 율법의 동해보복법(출 21:24)이 악한 자를 대적하지 않고 오히려 악한 자가 요구하는 것 이상으로 도와주는 법으로 완성된다.

- 이웃 사랑과 원수를 미워함(43-47절): '이웃을 사랑하고 원수를 미워하라!'는 명령은 원수를 향한 다윗의 기도(시 139:19-22, 140:9-11)를 근거로 서기관들이 고안해 낸 것이다. 구약성서에는 원수에 대한 증오를 명령하는 구절은 하나도 없고, 대신 원수 사랑의 계명(출 23:4; 잠 25:21; 창 45:1; 삼상 24:7; 왕하 6:22)이 존재한다. 그 해를 악인과 선인에게 비추시며 비를 의로운 자와 불의한 자에게 내려주시는 하나님처럼, "원수를 사랑하며 너희를 박해하는 자를 위하여 기도하라"는 것이 완성될 율법의 명령이다.

완성될 율법의 표본으로 다섯 가지 율법을 새롭게 해석해 주신 예수님은 마태복음 5장 48절을 결론으로 율법강론을 종료하신다.

> "그러므로 하늘에 계신 너희 아버지의 온전하심과 같이 너희도 온전하라"

마태복음 5장 43-45절을 다시 한번 확인하는 의미를 띤 마태복음 5장 48절의 온전하라는 예수님의 말씀은 완성될 율법 전체의 결론이다. 마태복음 5장 48절의 온전하라는 명령은 제자들에게 '완성될 새 율법', 즉 사람을 죽이는 행위는 물론이고 형제에게 분노와 욕조차도 금하는 '완전한 형제 사랑', 마음에 음욕을 품고 여자를 바라보지 않는

'완전한 부부 사랑', 어떤 헛된 말로 이웃을 속이지 않고, 자신에게 해를 끼치는 자를 복수 대신 마음을 다해 도와주는 '완전한 이웃 사랑', 그리고 원수를 위해 기도해주는 '완전한 원수 사랑'의 삶을 실천하라는 예수님의 명령이다. 하나님이 원수들조차 사랑하시는 그 사랑을 본받아 '온전한'(텔레이오스) 존재가 되라는 예수님의 명령은 곧 완성될 율법으로 살아가는 삶이다.

하나님의 성품으로 사는 삶

"또 네 이웃을 사랑하고 네 원수를 미워하라 하였다는 것을 너희가 들었으나 나는 너희에게 이르노니 너희 원수를 사랑하며 너희를 박해하는 자를 위하여 기도하라 이같이 한즉 하늘에 계신 너희 아버지의 아들이 되리니 이는 하나님이 그 해를 악인과 선인에게 비추시며 비를 의로운 자와 불의한 자에게 내려주심이라"(마 5:43-45).

예수님이 명령하신 온전하라의 예증은 원수를 사랑하시는 '하나님의 사랑'이다. 온전한 삶은 '그 해를 악인과 선인에게 비추시며 비를 의로운 자와 불의한 자에게 내려주시는' 하나님의 사랑으로 우리의 이웃(원수)들을 동일하게 사랑하는 것이다. 현대 영어 성경(CEV, Contemporary English Version)은 마태복음 5장 48절을 "But you must always act like your Father in heaven"으로 번역한다. 온전하게 사는 삶은 항상 하늘에 계신 하나님처럼 행동하는 삶이다.

　미국 피츠버그 신학교 명예교수인 더글라스 R. A. 헤어는 온전함의 명령을 하나님의 성품에 근거해 해석한다.

　이런 호소의 궁극적인 근거는 '하나님의 뜻'이 아니라 '하나님의 성품'이다. 자연계의 영역에서 선한 자에게나 악한 자 모두에게 햇빛과 비의 복을 내려주시는 것이 드러났듯이, 선한 자와 악한 자 모두를 관대하게 대하시는 것은 하나님의 성품에 합한 일이다. 하나님의 자녀가 된다는 것은 하나님의 형상에 따라 지어진 모든 자들에게 하나님의 무조건적인 사랑을 나타냄으로써 하나님의 성품에 참여하는 것을 의미한다.[1]

　"오직 너희는 원수를 사랑하고 선대하며 아무것도 바라지 말고 꾸어 주라 그리하면 너희 상이 클 것이요 또 지극히 높으신 이의 아들이 되리니 그는 은혜를 모르는 자와 악한 자에게도 인자하시니라 너희 아버지의 자비로우심 같이 너희도 자비로운 자가 되라"(눅 6:35-36).

　예수님의 온전하라는 명령은 누가복음에는 "자비로운 자가 되라"는 명령으로 기록되어 있다. 누가 역시 '하나님의 온전한 성품'을 은혜를 모르는 자와 악한 자에게 베푸시는 하나님의 인자하심(눅 6:35하)으로 이해하고 있다.

"네가 온전하고자 할진대 가서 네 소유를 팔아 가난한 자들에게 주라 그리하면 하늘에서 보화가 네게 있으리라 그리고 와서 나를 따르라"(마 19:21).

어려서부터 율법의 주요 계명을 다 지켜 부족함이 없다고 말하는 부자 청년(마 19:20)에게 예수님이 최종적으로 내리신 명령은 '모든 재산을 가난한 자들에게 나누어 주라'는 것이다. 온전하고자 한다면 사랑을 실천해야 한다는 예수님의 충고. 부족함이 없는 완전한 삶은 '사랑을 실천하는 삶'이다.

"그러므로 너희는 하나님이 택하사 거룩하고 사랑받는 자처럼 긍휼과 자비와 겸손과 온유와 오래 참음을 옷 입고 누가 누구에게 불만이 있거든 서로 용납하여 피차 용서하되 주께서 너희를 용서하신 것같이 너희도 그리하고"(골 3:12-13).

거룩하고 사랑받는 신자가 위의 것을 추구하는 삶의 내용은 긍휼과 자비와 겸손과 온유와 오래 참음과 용서다. 우리가 주목해야 할 것은 이후에 추가되는 바울의 명령이다. 바울은 골로새 교인들에게 긍휼과 자비와 겸손과 온유와 오래 참음과 용서 위에 "사랑을 더하라!"고 명령한다. 왜 사랑을 더해야 하는가? 긍휼과 자비와 겸손과 온유와 오래 참음과 용서만으로 충분하지 않은가? 바울은 다음 절에서 이렇게 대답한다.

"이 모든 것 위에 사랑을 더하라 이는 '온전하게' 매는 띠니라"(골 3:14).

긍휼과 자비와 겸손과 온유와 오래 참음과 용서 위에 사랑이 더해져야 하는 이유는, 사랑이 그 모든 것을 '온전하게' 하기 때문이다.

"이로써 그 보배롭고 지극히 큰 약속을 우리에게 주사 이 약속으로 말미암아 너희가 정욕 때문에 세상에서 썩어질 것을 피하여 신성한 성품에 참여하는 자가 되게 하려 하셨느니라 그러므로 너희가 더욱 힘써 너희 믿음에 덕을, 덕에 지식을, 지식에 절제를, 절제에 인내를, 인내에 경건을, 경건에 형제 우애를, 형제 우애에 사랑을 더하라"(벧후 1:4-7).

베드로 역시 신성한 성품에 참여하는 자가 되기 위한 마지막 단계를 '사랑'으로 말한다. 믿음, 덕, 지식, 절제, 인내, 경건, 형제 우애 그리고 사랑이다.

온전함의 헬라어 단어 '텔레이오이'는 제한적인 사랑이 아닌 무제한적인 사랑, 의로운 자와 불의한 자에 대한 사랑, 악한 자와 선한 자에 대한 사랑을 의미한다. 천국의 조건이 되는 서기관과 바리새인보다 더 나은 의(마 5:20)는 완전한 사랑의 의를 말한다. 사랑은 존재하는 모든 것을 '완전케 하는' 복음의 진리다.

예수님이 명령하시는 온전한 삶은 '사랑의 새 계명'을 실천하는 삶이다. 지금 당신이 하나님의 사랑으로 세상을 살고 있다면, 당신은 지금 세상을 완전하게 살아가는 것이다.

여러 해 동안 나는 산상수훈이 인간이 지켜야 할 지침을 제시하는 청사진이지만 그것을 지킬 수 있는 사람은 아무도 없을 것이라 생각했다. 하지만 그 말을 다시 읽으면서 나는 예수가 단지 우리에게 신앙에 대한 빚을 지우려고 그런 말을 한 것이 아니라, 우리에게 하나님이 어떤 분인지 알게 하려고 산상수훈을 전한 것임을 깨달았다. 산상수훈에는 하나님이 어떤 존재인지 그 원형이 나타나 있다.

왜 우리가 우리의 원수를 사랑해야 하는가? 그것은 지극히 자비로운 우리의 아버지께서 선인과 악인을 구분하지 않고 햇빛을 비추시기 때문이다. 왜 우리가 온전해져야 하는가? 하늘에 계신 우리의 아버지께서 온전하신 분이기 때문이다.[2]

'온전하라'는 명령의 목적

칭의된 그리스도인에게 부여되는 온전하라는 명령은 '성화의 구원'을 향해 있다. 성령님은 성화의 구원을 통해 그리스도인을 온전한 사랑의 인간으로 새롭게 빚어내신다.

신앙의 주체로서의 성령

"그러므로 이제 그리스도 예수 안에 있는 자에게는 결코 정죄함이 없나니 이는 그리스도 예수 안에 있는 생명의 성령의 법이 죄와 사망의 법에서 너를 해방하였음이라 율법이 육신으로 말미암아 연약하여 할 수 없는 그것을 하나님은 하시나니 곧 죄로 말미암아 자기 아들을 죄 있는 육신의 모양으로 보내어 육신에 죄를 정하사 육신을 따르지 않고 그 영을 따라 행하는 우리에게 율법의 요구가 이루어지게 하려 하심이니라"(롬 8:1-4).

신약시대의 그리스도인들에게 적용되는 새로운 신앙의 패러다임은 성령님이 주관하시는 신앙이다. 성령님은 그리스도인이 영을 따라 행하게 함으로써 율법의 요구를 성취하게 하신다. 하나님의 목적은 그리스도의 죽음이나 심지어 그 죽음을 신자들이 공유하는 것에서 끝나지 않으며, '성령의 새로운 삶으로 섬기고'(롬 7:4-6), '성령에 따라 걷는'(롬 8:4) 인간이다.[1] 갈라디아서 5장 13-15절에서 서로 사랑으로 종 노릇 하는 삶의 이유를 이웃 사랑의 완성으로 언급한 바울은, 16절 이후에서 이웃 사랑을 성취하는 '영적 원리'에 관해 말한다.

"내가 이르노니 너희는 성령을 따라 행하라 그리하면 육체의 욕심을 이루지 아니하리라 육체의 소욕은 성령을 거스르고 성령은 육체를 거스르나니 이 둘이 서로 대적함으로 너희가 원하는 것을 하지 못하게 하려 함이니라 너희가 만일 성령의 인도하시는 바가 되면 율법 아래에 있지 아니하리라"(갈 5:16-18).

갈라디아서 5장 전반부(1-12절)에서 할례를 비롯한 율법의 준수를 강력하게 비판한 바울은, 율법의 구속에서 벗어날 수 있는 유일한 방법은 성령님의 인도를 좇아가는 것이라고 역설한다. 종의 자세로 서로를 섬기는 이웃 사랑이 성령을 따라 행할 때에야 가능한 이유는, 의를 추구하고자 하는 인간의 노력을 수포로 만들어 버리는 육체의 소욕이 오직 성령으로 단절되기 때문이다. 영적 능력의 갱신을 통한 그리스도인의 성화는 성령에 의해 초래되고, 성령에 의해 완성된다.

성령의 '한 가지' 열매

"오직 성령의 열매는 사랑과 희락과 화평과 오래 참음과 자비와 양선과 충성과 온유와 절제니 이같은 것을 금지할 법이 없느니라"(갈 5:22-23).

성령을 통해 육체의 소욕을 끊은 자들에게는 성령의 아홉 가지 열매, 즉 사랑과 희락과 화평과 오래 참음과 자비와 양선과 충성과 온유와 절제가 나타난다. 흥미로운 사실은 바울이 갈라디아서 5장 19절의 육체의 행위들을 '복수'(The acts of the sinful nature, NIV)로, 22절의 성령의 열매는 '단수'(But the fruit of the Spirit, NIV)로 말하는 점이다. 바울이 성령의 열매를 아홉 개의 용어들로 묘사하고 있지만, 사실상 성령의 열매는 단 하나 '사랑'(아가페)이다. 나머지 여덟 개 단어들은 단순히 활동하는 아가페를 묘사한다. 이것들은 단순히 하나님의 자녀들이 세상에 보여주어야 할 아가페의 특성들이다.[2] 가장 먼저 언급되는 사랑의 열매 이후의 나머지 여덟 가지 열매는 '다른 형태의' 사랑의 열매다. 성령의 아홉 가지 열매는 모두 성령을 좇아 이웃을 사랑하는 자들의 삶 속에 나타나는 '사랑의 열매'다.

"사랑은 오래 참고 사랑은 온유하며 시기하지 아니하며 사랑은 자랑하지 아니하며 교만하지 아니하며 무례히 행하지 아니하며 자기의 유익을 구하지 아니하며 성내지 아니하며 악한 것을 생각하지 아니하며 불의를 기뻐하지 아니하며 진리와 함께 기뻐하고 모든 것을 참으며 모든 것을 믿으며 모든 것을 바라며 모든 것을 견디느니라"(고전 13:4-7).

사랑 안에 모든 것이 다 들어 있다는 것이 바울의 생각이다(롬 13:9). 인내와 온유와 겸손과 예의와 헌신과 온유와 선한 생각과 정의, 모두 사랑이다.

"너희가 나를 택한 것이 아니요 내가 너희를 택하여 세웠나니 이는 너희로 가서 열매를 맺게 하고 또 너희 열매가 항상 있게 하여 내 이름으로 아버지께 무엇을 구하든지 다 받게 하려 함이라 내가 이것을 너희에게 명함은 너희로 서로 사랑하게 하려 함이라"(요 15:16-17).

예수님이 열두 제자를 택하여 세운 목적은 사랑의 열매를 맺기 위함이다. 신앙생활은 새 계명의 실천을 통해 사랑의 열매를 맺는 것이다. 19세기 남아프리카공화국의 목회자로서 성령의 극적인 체험을 중시한 앤드루 머리(Andrew Murray, 1828-1917)는 사랑의 열매를 사랑의 하나님과 연결 지어 설명한다.

성령의 열매는 사랑으로 구체적으로 드러난다. "어째서 성령의 열매는 사랑일까?" 하나님이 사랑이시기 때문이다. 오순절의 영과 성부의 영과 성자의 영은 모두 사랑이시다. 그러기에 성령이 우리들에게 임하실 때, 그분은 이미 하나님과 똑같은 사랑의 신이 아니겠는가? 성령의 본질은 변하지 않는다. 하나님의 영은 사랑이요, 성령의 열매도 사랑이다. 성령의 열매가 사랑의 열매라는 사실은 일상생활과 행위로 나타난다. 십자가에 못 박히신 그리스도의 마음에서, 성령이 하늘로부터 가져오신 열매는 무엇보다도 우리 마음에 주시는 사랑이다.[3]

"너희 모든 일을 사랑으로 행하라"(고전 16:14).
"그리스도께서 너희를 사랑하신 것 같이 너희도 사랑 가운데서 행하라…"(엡 5:2).
"너는 그리스도 예수 안에 있는 믿음과 사랑으로써 내게 들은 바 바른말을 본받아 지키고 우리 안에 거하시는 성령으로 말미암아 네게 부탁한 아름다운 것을 지키라"(딤후 1:13-14).

사랑은 오직 '성령을 통해서만' 그리스도인의 삶이 된다(롬 5:5, 15:30). 예수 그리스도 안에서 우리를 위해 행하시는 성령님의 궁극적인 목적은 우리를 사랑의 온전한 인간으로 새롭게 창조하는 것이다. 하나님의 사랑이란 성령의 창조적 역사다. 인간의 삶 안으로 들어오신 성령 하나님이 우리로 하여금 능히 사랑하게 하시고, 사랑하게 될 인간들로 만들어 주신다. 성령의 살리게 하는 권능이 존재하기에 신자가 하나님을 사랑할 수 있게 된 것이다. 성령은 사랑의 보조자가 아니라, 사랑의 내적 원천이요 힘이다. 믿는 자의 사랑의 성화는 성령의 내면적인 사역에 뿌리를 두고 있다(갈 5:6; 롬 5:5).[4]

"어느 때나 하나님을 본 사람이 없으되 만일 우리가 서로 사랑하면 하나님이 우리 안에 거하시고 그의 사랑이 우리 안에 온전히 이루어지느니라 그의 성령을 우리에게 주시므로 우리가 그 안에 거하고 그가 우리 안에 거하시는 줄을 아느니라…이로써 사랑이 우리에게 온전히 이루어진 것은 우리로 심판 날에 담대함을 가지게 하려 함이니 주께서 그러하심과 같이 우리도 이 세상에서 그러하니라"(요일 4:12-13, 17).

요한은 마지막 심판의 날에 온전하게 성취될 사랑을 성령 하나님의 역사로 언급한다. 마지막 심판의 날에 그리스도인이 가지는 담대함은 완전한 사랑에서 기인하는 것으로, 성령님은 사랑의 성화를 통해 마지막 날 모든 그리스도인을 '사랑의 완전한 인간'으로 하나님 앞에 세우신다. 그리스도인의 성화는 성령님이 이루시는 '사랑의 성화'다.

수많은 베스트 셀러로 우리와 친숙한 기독교 유명 작가 필립 얀시(Philip Yancey)는 러시아 문학의 거장 톨스토이(R. Tolstoy)와 도스토예프스키(Fyodor Dostoevsky)의 신앙 비교를 통해 '온전함'의 의미를 설명한다.

톨스토이가 복음서에서 맞닥뜨린 윤리적인 이상들은 톨스토이에게 강렬하게 작용했다.…부자에게 그의 모든 재산을 포기하라고 한 예수님의 말씀을 읽고 톨스토이는 하인들을 놓아주고, 자신의 작품에 대한 저작권을 포기했으며, 가지고 있던 광대한 토지를 처분해 버렸다.…그는 의지력을 키워 줄 규칙과 숭고한 감성은 계발하고 본능은 자제하도록 하는 규칙들을 세워 놓았다. 하지만 그는 그 모든 규칙을 지킬 만큼 자신을 다스리지 못했다. 톨스토이는 여러 번에 걸쳐 성적으로 금욕생활을 하겠노라고 공개적으로 선언한 다음, 아내에게 침실을 따로 쓰자고 말했다. 하지만 그는 그 맹세를 오랫동안 지키지 못해 망신만 크게 당했다.…톨스토이는 완벽주의를 실현하고자 그렇게도 애써 노력했지만, 마음의 평화와 평정은 얻지 못했다.…그는 자살하려는 충동을 이기지 못할까 봐 집 근처의 끈이란 끈은 모두 숨겨야 했고, 갖고 있던 총들은 치워 버려야 했다. 결국 톨스토이는 명예도, 가족도, 재산도, 자신의 정체성도 모두 잃어버린 채, 방랑 생활을 하다가 어느 시골 철길에서 죽고 말았다.…톨스토이의 전기 작가인 윌슨(A. N. Wilson)은 "톨스토이의 신앙은 궁극적으로 영광을 바라보는 것이기보다는 계율에 관한 것이었으며, 타락한 세상을 꿰뚫어 보는 하나님의 눈길보다 어떻게 하면 인간이 더 나은 존재가 될 수 있는지를 강조하는 쪽이었다"고 평가했다.

톨스토이를 읽은 지 얼마 지나지 않아 그와 같은 러시아 작가 도스토예프스키를 알게 되었다.…톨스토이는 더 나은 사람이 되기 위해 금욕적인 수행을 하며 지냈지만, 도스토예프스키는 술과 도박으로 건강과 재산을 모두 탕진한 사람이었다.…러시아 황제, 짜르가 반역적이라고 한 어떤 단체에 가입했다가 체포되어 사형을 선고받고 하얀 수의를 입고 "사격 준비, 조준!"이라는 구령을 듣고 사형 직전에 말을 탄 전령이 달려와 낭독한 짜르의 칙서를 통해 사형 집행을 모면한 도스토예프스키는 강제노역을 위해 시베리아로 가는 호송 열차 안에서 한 신앙심 깊은 여인이 건네준 신약성서를 통해 신실한 신앙인으로 거듭났다.…시베리아 유배 생활은 도스토예프스키에게 또 한 번의 기회를 허락했다. 유배 생활 동안 절도범과 강도들, 알코올 중독 상태의 농부들과 함께 지낸 경험들은 소설 《죄와 벌》에서 전당포 노파를 살해한 라스콜리니코프 같은 인물을 탁월하게 형상화하게끔 했다.…도스토예프스키는 많은 죄를 저지른 사람이었지만, 한 가지 올바른 일을 해냈다. 그의 소설에는 톨스토이가 보여준 신앙의 의지력과 함께 용서와 신의 은총이 나타나 있다.…그는 인간은 사랑을 받게 되면 다른 사람을 사랑할 수 있는 존재라고 믿게 되었다. 그것은 요한의 "우리가 사랑함은 그가 먼저 우리를 사랑하셨음이라"(요일 4:19)는 말과 통하는 것이었다. 나는 그의 소설 안에 신의 은총이 있음을 발견했다.…도스토예프스키의 해답은 '사랑'이었다.

"나는 악에 대한 문제를 어떻게 물어야 하는지 알지 못해요. 오직 내가 알고 있는 것은 '사랑'이죠."

이 두 명의 러시아 작가;…그들을 통해서 나는 신앙인의 삶 한가운데는 오히려 역설이 놓여 있음을 알게 되었다. 톨스토이를 통해서 나는 내면을 들여다보게 되었고,…도스토예프스키를 통해서는 주의 인자하심을 깨달았다.…"죄가 더한 곳에 은혜가 더욱 넘쳤나니"(롬 5:20).…주의 자비는 끝이 없고, 결코 이지러지는 법이 없으며, 미치지 못하는 데가 없다. "아버지여 저희를 사하여 주옵소서 자기의 하는 것을 알지 못함이니이다"(눅 23:34). 예수님은 자신을 십자가에 못 박은 사람들에게도 자비를 베풀었다. 예수님의 완성된 새 율법의 명령을 또 하나의 형식화된 율법으로 변질시키는 것은 가장 큰 비극이다. 산상수훈은 모든 형태의 율법주의에 종말을 고하는 것이다.…우리가 절대적인 이상에 도달하지 못하는 존재임을 절감했다면, 우리에게 하나님의 그 크신 자비로운 품 이외에 다른 안식처는 결코 없다.[5]

인간이 율법을 완전하게 지킬 수 있는 한 가지 방법은 예수님이 십자가에서 완성하신 사랑의 삶을 사는 것이다. "그러므로 하늘에 계신 너희 아버지의 온전하심과 같이 너희도 온전하라"는 마태복음 5장 48절의 말씀은 '칭의된 그리스도인'에게(온전하라는 명령의 대상), '사랑의 새 계명의 실천'을 통해(온전하라는 명령의 내용), '사랑의 성화'를 이루라는(온전하라는 명령의 목적) 예수님의 명령이다.

신약시대의 완성된 예배

하나님의 영광을 찬송하기 위해 창조된 그리스도인(사 43:7, 21; 엡 1:11-12)에게 본질적인 삶이자 특권이 되는 예배는 신약시대에 중대한 변화를 맞이한다. 구약 율법 시대의 짐승의 제물로 드리는 성전의 제의적 제사가 예수 그리스도의 십자가를 통해 '영과 진리'의 예배로 완성된 것이다. 율법의 완성이 '사랑'이라면 신약시대에 완성된 '영과 진리의 예배'는 '사랑의 예배'이다.

요한복음 4장의 '영과 진리의 예배'

유대인의 예배 처소인 예루살렘 성전과 사마리아인의 예배 처소인 그리심 성전[1] 중, 영적 정통성을 지닌 성전이 어디인가를 묻는 여인의 질문(요 4:20)에 예수님은 장소를 초월하는 '영과 진리의 예배'를 지목하신다.

"아버지께 참되게 예배하는 자들은 영과 진리로 예배할 때가 오나니 곧 이 때
라 아버지께서는 자기에게 이렇게 예배하는 자들을 찾으시느니라 하나님은
영이시니 예배하는 자가 영과 진리로 예배할지니라"(요 4:23-24).

영의 예배

요한복음 4장 23절의 '영'(靈)은 '그리스도인의 영'을 지칭한다. 신약 시대에 완성된 '영과 진리의 예배'는 십자가의 대속으로 그 영이 회복된 그리스도인이 하나님께 드리는 예배다. 영과 진리의 예배가 그리스도인으로 제한되는 이유는 타락한 영을 가진 불신자는 거룩하신 하나님 앞에 나아갈 수 없기 때문이다. 히브리서 기자는 가인과 아벨의 제사의 비교를 통해 '신자의 예배'를 부각시킨다.

"믿음으로 아벨은 가인보다 더 나은 제사를 하나님께 드림으로 의로운 자
라 하시는 증거를 얻었으니 하나님이 그 예물에 대하여 증언하심이라 그가
죽었으나 그 믿음으로써 지금도 말하느니라"(히 11:4).

하나님이 '땅의 소산'(창 4:3)으로 드린 가인의 제사는 받지 않으시고, '양의 첫 새끼와 그 기름'(창 4:4)으로 드린 아벨의 제사만을 열납하신 이유는 예배자의 자격 때문이다. 히브리서 기자는 히브리서 11장 4절에서 아벨이 가인보다 더 나은 제사를 드린 이유를 '믿음'이라고 말한다.

"믿음으로 아벨은 가인보다 더 나은 제사를 하나님께 드림으로 의로운 자라 하시는 증거를 얻었으니 하나님이 그 예물에 대하여 증언하심이라"(히 11:4).

히브리서 기자는 하나님이 가인의 제사를 받지 않으시고 아벨의 제사만을 열납하신 이유를 '믿음'으로 말한다. 하나님이 제사를 열납하시는 기준이 '믿음'이라면, 이 믿음은 '어떤 믿음'을 말하는가?

하나님은 선과 악을 알게 하는 나무의 과실을 따먹은 후 벌거벗은 육의 부끄러움을 알게 된 아담과 하와에게 '가죽옷'을 입혀주신다.

"여호와 하나님이 아담과 그의 아내를 위하여 가죽옷을 지어 입히시니라"(창 3:21).

가죽옷은 짐승을 잡아 만든 옷으로, 짐승의 피는 곧 '예수 그리스도의 보혈'을 상징한다. 하나님이 아담과 하와에게 입혀주신 '가죽옷'과 그들의 자식인 '가인과 아벨이 드린 제사'는 아담의 가계가 '오실 메시아'를 통해 성취될 대속의 구원을 예표하는 제사의 의미를 알고 있었다는 사실을 어렵지 않게 추측할 수 있다.

히브리서 기자가 말하는 믿음은 대속의 구원을 이루실, 오실 메시아를 믿는 '신자의 믿음'이다. 아벨이 하나님께 드린 '양의 첫 새끼와 그 기름'(창 4:4)의 제물은 아벨이 오실 메시아를 믿는 신자임을 확증한다.

아벨은 믿음의 제사를 통해 하나님으로부터 '의로운 자'라는 증거를 얻었다(히 11:4). 의로운 자는 곧 '구원받은 신자'를 의미한다. 가인이 하나님께 드린 제사는 불신자의 제사였고, 아벨의 제사는 신자의 제사였다. 하나님이 신자인 아벨의 제사를 받으시는 것은 당연한 일이다. 시기심으로 아벨을 죽인 살인 행위에서(창 4:8), 성경이 전개하는 구속사의 차원에서, 가인이 불신자라는 사실은 명명백백하게 드러난다.

하나님이 기뻐하시는 제사는 예수 그리스도의 보혈에 근거해 있는 '신자의 예배'다. 하나님은 십자가로부터 생성되는 '피의 제사'(레 4:25, 34, 5:9; 히 9:12)를 기뻐 받으신다.

미국 그레이스 커뮤니티 교회 목사이자 유명 강해 설교가인 존 맥아더(John Fullerton MacArthur)는 영의 예배를 신자의 예배로 규정한다.

영으로 예배한다는 것은 무엇을 말하는가? 24절에서 '영'이라는 단어는 '인간의 영', 즉 '내적인 사람'을 가리킨다. 그것은 내면에서, 즉 영 안에서 일어나는 일이다. 로마서 1장 9절을 보면 바울이 "내가 그의 아들의 복음 안에서 내 심령으로 섬기는 하나님이 나의 증인이 되시거니와 항상 내 기도에 쉬지 않고 너희를 말하며"라고 말했다. 헬라어 본문에서 '섬기는'이라는 단어는 '라트류오', 즉 '예배'를 나타낸다. 바울은 자기의 영으로 하나님을 예배했다. 다윗 또한 영으로 예배드렸다. 시편 45편 1절, 시편 103편 1절에서 "내 영혼아 여호와를 송축하라 내 속에 있는 것들아 다 그의 거룩한 이름을 송축하라"고 말한다. 그것은 (신자의) 내면에서부터 나오는, 즉 영으로 드리는 예배를 뜻한다."[2]

진리의 예배

'진리의 예배'는 '말씀의 예배'(요 17:17)다. 하나님의 말씀이 '진리'이기 때문이다(요 17:17). 예배와 말씀은 서로 불가분의 관계다. 따라서 하나님 말씀이 선포되지 않고, 하나님의 말씀을 따르지 않는 예배는 하나님이 인정하시는 예배가 아니다. 진정한 예배의 핵심에는 언제나 진리인 '하나님의 말씀'이 자리하고 있다. 에스라가 모든 사람이 보는 데서 두루마리를 펼치자, 그 즉시 모두 일어섰다(느 8:6). 성경의 진리가 그들로 하여금 고개 숙이고 경배하게 만든 것이다.[3]

우리가 드리는 예배를 받으시는 하나님이 임재해 계신다는 확실한 증거는 진리의 말씀이다. 하나님의 진리의 말씀이 선포되지 않는 예배는 하나님의 임재가 없는 공허한 모임일 뿐이다. 한국교회의 수많은 강단에서 설교가 행해지고 있지만, 말씀의 기갈 현상이 여전한 것은 진리의 말씀이 선포되지 않기 때문이다. 온전한 예배를 위한 철저한 말씀의 검증이 필요하다. 신약시대에 완성된 '영과 진리의 예배'는 하나님의 말씀이 선포되는 예배, 선포된 하나님의 말씀을 따라 살아가는, '말씀의 예배'다.

성령의 예배

'영'은 또한 '성령'을 의미한다. 현대 영어 성경(CEV)은 요한복음 4장

24절을 "God is Spirit, and those who worship God must be led by the Spirit to worship him according to the truth"로 번역한다. 하나님의 영을 소문자 'spirit'가 아닌 대문자 'Spirit'으로 표기함으로써(마 22:43; 행 2:4), 하나님의 영을 '성령'으로 지칭하고, 요한은 요한일서 5장 6절 하반부에서 성령을 진리로 말한다.

"증언하는 이는 성령이시니 성령은 진리니라", 완성된 영과 진리의 예배를 주도하시는 이는 성령님이시다.

사람들이 "예수님의 말씀을 또는 바울의 설교를 그 당시에 직접 들었다면 얼마나 좋았을까"라고 말한다. 그러나 어쩌면 지금 이 시대에 살고 있는 것이 더 복된 일인지도 모른다. 왜냐하면, 모든 사람에게 비취는 성령의 조명이 우리에게 허락되었기 때문이다. 성령님이 함께하시지 않으면 녹음테이프에 담긴 사도 바울의 설교도, 우리 손안에 있는 성경도 무용지물이 되어 버린다.[4]

오늘날 사람들의 눈과 귀를 즐겁게 하는 것을 목표로 하는 인본주의 예배는 예배의 주관자 되시는 성령님을 의지하지 않은 결과이다. 충만한 은혜로 우리의 영성을 회복시키는 성공적인 예배는 우리가 구상하는 예배가 아닌 성령께서 주관하시는 예배가 될 때 가능하다. 신약시대에 완성된 영과 진리의 예배는 '성령님이 주관'하시는, '그리스도인의', '말씀의 예배'이다.

로마서 12장의 '영적 예배'

바울은 성령님이 주관하시는 그리스도인의 말씀의 예배, 곧 '영과 진리의 예배'를 제의적인 용어를 사용해 '영적 예배'(롬 12:1-2)로 구체화시킨다.

삶의 헌신으로 드리는 예배

"그러므로 형제들아 내가 하나님의 모든 자비하심으로 너희를 권하노니 너희 몸을 하나님이 기뻐하시는 거룩한 산 제물로 드리라 이는 너희가 드릴 영적 예배니라"(롬 12:1).

바울이 로마서 12장 1절에서 말하는 '산 제물'은 신약시대의 완성된 예배가 짐승이나 새를 바치는 제의적 예배가 아니라, 하나님과의 관계 속에서 영위되는 헌신적인 삶이라는 것을 나타내기 위한 의도적인 표현이다. 영적인 것과 물질적인 것 사이에 분리가 없다는 점에서 '산 제물'은 '일상적인 삶'을 의미한다.

미국 플로리다 샌포드에 있는 St. Andrew Chapel의 설교자 R. C. 스프롤(Robert Charles Sproul)은 바울이 로마서 전체를 조망하며 구술하는 영적 예배를 삶의 합당한 반응으로 설명한다.

신약성경이 참된 '영적 예배', 곧 하나님을 기쁘시게 하는 예배를 어떻게 정의하는지를 이해하려면, 바울이 로마의 신자들에게 띄운 서신을 주의 깊게 읽어보아야 한다. 바울은 처음 열한 장에서 구원의 역사, 그리스도의 인격과 사역, 하나님의 은혜로운 선택, 긍휼과 은혜로 죄인들을 의롭게 하시는 하나님의 방법에 관해 자세히 설명한다. 그리고 나서 12장부터는 초점이 복음의 내용을 설명하는 데서 그것을 실천하고 적용하는 데로 옮겨간다. 바울은 '그러므로'(롬 12:1)라는 중요한 말을 덧붙인다. 바울은 로마의 신자들에게 이렇게 말한다.

"복음을 생각하라. 그리스도께서 너희를 위해 행하신 일에 어떻게 반응하겠는가? 그리스도는 자신을 조금도 아끼지 않고 자기 백성을 위해 생명을 내주셨으며, 자기 양 떼를 위해 기꺼이 자신을 희생시키셨다. 그것을 어떻게 받아들이겠는가? 거기에 합당한 반응은 무엇인가? 이것이 바로 너희가 드려야 할 합당한 예배, 곧 영적 예배이다."

우리의 삶을 하나님께 드리는 것만이 우리의 구원을 위해 그토록 큰 희생을 감당하신 하나님께 대한 합당한 반응이라는 바울의 주장이다.[5]

"너희가 드릴 영적 예배"는 '너희의 합당한 신앙생활'과 동격이다. 신약시대에 완성된 제사는 실제적인 제의 의식으로부터 신자의 삶으로 옮겨졌다. 영적 예배는 그리스도인들이 구약의 의식적인 제사로부터 탈피하여 자신의 일상생활 속에서 하나님의 뜻을 실천하는 '전인적인' 헌신의 예배다.[6] 영적 예배는 주일 예배를 시작으로 한 주간 내내 우리의 삶을 통해 하나님께 드려진다. 교회에서의 삶과 세상에서의 삶의 이분화는 주일 예배를 드리는 것으로 예배의 의무를 다했다고 생각하는 영적 예배의 무지에서 비롯되는 현상이다.

하나님의 뜻대로 살아가는 예배

바울은 '영적 예배'를 로마서 12장 2절에서 '하나님의 뜻'을 분별하는 것과 연관 짓는다.

> "너희는 이 세대를 본받지 말고 오직 마음을 새롭게 함으로 변화를 받아 하나님의 선하시고 기뻐하시고 온전하신 뜻이 무엇인지 분별하도록 하라"(롬 12:2).

영적 예배의 조건은 영적 갱신을 통해 타락한 세상을 거슬러 올라가는, 하나님의 선하시고 기뻐하시고 온전하신 뜻을 분별하는 것이다. 세상을 하나님의 뜻에 합당하게 살아가는 것이 '영적 예배'이다.

"바울이 영적 예배의 조건으로 말하는 하나님의 선하시고 기뻐하시고 온전하신 뜻은 무엇인가?"

로마서 12장 1-2절에서 신자가 드리는 산 제물의 영적 예배를 명령한 바울은, 이후 로마서 15장까지 '사랑의 봉사'(롬 12:3-8), '원수 사랑'(롬 12:14-21), '권세(자)에 대한 사랑의 태도'(롬 13:1-7), '율법의 완성은 사랑'(롬 13:8-10), '음식 문제를 통한 사랑의 원리'(롬 14:1-23), '하나 됨과 그리스도의 섬김의 도'(롬 15:1-13), '은혜와 자신의 사도적 계획'(롬 15:14-33) 등, 사랑에 관련된 주제를 연이어 언급한다. 바울이 로마서 전체를 통해 말하고자 하는 메시지는 하나님의 선하시고 기뻐하시고 온전하신 뜻이 '사랑'이라는 것이다.

영적 예배, 사랑의 헌신으로 드리는 예배

그리스도인이 성령님의 주관하심으로 드리는 말씀의 예배인 '영과 진리의 예배'는, 그리스도인의 삶의 모든 영역에서 사랑의 헌신으로 드리는 '영적 예배'이다. 영과 진리의 예배가 영적 예배인 이유는, 신약시대의 모든 예배는 '사랑의 예배'로 통일되어 있기 때문이다.

예배에 해당하는 헬라어 '프로스퀴네오'(προσκυνέω)는 '~을 향한'이라는 뜻의 전치사 '프로스'(προσ)와 '입 맞추다'라는 뜻의 동사 '퀴온'(κύων)의 합성어다. 예배는 곧 '하나님을 향한 입맞춤'이다. 입맞춤은 친밀하고 깊은 사랑의 표현으로, 예배의 본질은 '사랑'이다.[7]

헌데, 오늘날의 예배는 예배의 본질이 사랑이라는 사실조차 모른 채 기복적이고, 이벤트적이고, 마케팅적인, 인본주의 예배로 변질되어 있다. 모두 버리거나 극복되어야 할 것들이다. 웅장한 위용을 자랑하는 구약적 성전에서 거대한 오케스트라를 거느린 성가대가 완벽한 화음을 자랑하는 찬양으로 명망 높은 예배자들이 다수 포함된 청중들을 감동시킬지라도, 사랑이 없다면 그 예배는 하나님이 기뻐하시는 영적 예배가 될 수 없다.

한국교회가 예배를 위해 촉각을 곤두세우는 예배의 순서, 성가대의 찬양, 설교자, 참석 인원수, 헌금의 액수 등은 영적 예배의 부수적인 조건일 뿐이다. 영적 예배를 결정짓는 것은 영적 예배의 본질이 되는 '사랑'이다.

신약시대에 완성된 '영과 진리의 예배'(영적 예배)는 하나님께 바쳐진 산 제물로서의 '그리스도인'이 '삶의 모든 영역'에서 '성령님의 인도'하심을 따라 '새 계명의 삶'을 실천하는 '사랑의 예배'다. "그리스도인으로서 사랑의 삶을 살고 있는가?"라는 질문은 "당신이 신약시대에 완성된 '영과 진리의 예배'를 드리고 있는가?"라는 질문과 동일하다. 완성된 '영과 진리의 예배'(영적 예배)는 '예배의 장소', '예배의 날', '예배의 헌금', '예배 인도자'에 대한 대변혁을 불러온다.

완성된 예배의 날

"신약시대에 완성된 '영적 예배'가 '사랑의 예배'라면, 신약시대의 '예배의 날'은 언제인가?"

"너는 이스라엘 자손에게 말하여 이르기를 너희는 나의 안식일을 지키라 이는 나와 너희 사이에 너희 대대의 표징이니 나는 너희를 거룩하게 하는 여호와인 줄 너희가 알게 함이라…이같이 이스라엘 자손이 안식일을 지켜서 그것으로 대대로 영원한 언약을 삼을 것이니"(출 31:13, 16).

하나님은 천지창조의 역사를 종료한 일곱째 날(창 2:2-3)을 거룩한 날로 제정하시고, 하나님과 이스라엘 사이의 영원한 언약의 표징으로 삼으신다. 현재 안식일을 그대로 지키고 있는 곳은 한기총이 이단으로 규정한 제칠일예수재림교, 하나님의 교회, 신천지 등이다. 우리나라의 정통교단들은 안식일을 대치하는 '주일'을 성수하고 있다.
"율법이 사랑으로 완성된 신약시대에도 안식일을 지켜야 하는가?"

안식일의 폐지

"또 범죄와 육체의 무할례로 죽었던 너희를 하나님이 그와 함께 살리시고 우리의 모든 죄를 사하시고 우리를 거스르고 불리하게 하는 법조문으로 쓴 증서를 지우시고 제하여 버리사 십자가에 못 박으시고 통치자들과 권세들을 무력화하여 드러내어 구경거리로 삼으시고 십자가로 그들을 이기셨느니라 그러므로 먹고 마시는 것과 절기나 초하루나 안식일을 이유로 누구든지 너희를 비판하지 못하게 하라 이것들은 장래 일의 그림자이나 몸은 그리스도의 것이니라"(골 2:13-17).

바울은 '안식일의 폐지'를 선언한다. 바울은 안식일이 포함된 절기를 준수하지 않는 것으로 사람들을 비판할 수 없는 이유를 하나님이 예수 그리스도의 십자가를 통해 율법의 증서를 지우고 제하셨기 때문이라고 말한다. 신약성경에는 초대교회가 안식일을 지킨 분명한 기록이 없다.

"그들이 나갈새 사람들이 청하되 다음 안식일에도 이 말씀을 하라 하더라 …그다음 안식일에는 온 시민이 거의 다 하나님의 말씀을 듣고자 하여 모이니"(행 13:42, 44).

초대교회 시절 사도들의 안식일 설교 사역은 '유대인들의 요청'으로 행해진 관례였다.

"바울이 자기의 관례대로 그들에게로 들어가서 세 안식일에 성경을 가지고 강론하며…안식일마다 바울이 회당에서 강론하고 유대인과 헬라인을 권면하니라"(행 17:2; 18:4).

'관례'의 헬라어 '에이오도스'는 습관, 익숙한 일이란 뜻으로, 이는 이미 바울이 새로운 도시에서 회당을 찾아 복음 전하는 일을 습관처럼 여기고 있음을 의미한다. 살라미(행 13:5), 비시디아 안디옥(행 13:14), 이고니온(행 14:1) 등에서 바울은 자신의 습관대로 안식일에 회당을 찾아 복음을 전파했다.[1]

"어떤 사람은 이 날을 저 날보다 낫게 여기고 어떤 사람은 모든 날을 같게 여기나니 각각 자기 마음으로 확정할지니라"(롬 14:5).

날의 절기에 대한 바울의 융통성은 초대교회가 율법의 전통을 따라 구약의 안식일을 준수하지 않았다는 사실을 보여준다. 초대교회가 안식일을 성일로 지켰다면, 초기교회의 행적을 다루고 있는 사도행전이나 바울의 서신서에 안식일 준수에 관한 기록이 분명히 나타났을 것이다. 예루살렘 공의회나 바울의 서신서에서 볼 수 있는 것처럼 초기교회 시대에 율법 준수는 극도로 민감하고 중요한 문제였기 때문이다. 지구촌교회 원로목사 이동원의 말처럼 "왜 안식일을 토요일에 지키지 않는가?"라는 질문은 "오늘날 우리는 왜 양을 제물로 잡아서 하나님께 바치지 않는가?"라는 물음과 동일하다. 율법의 완성으로 안식일은 폐지되었다.

안식일의 완성으로서의 주일성수(?)

신약 초기교회에서 시작된 주일 예배는 A.D. 321년 서로마 제국의 공동 황제 콘스탄티누스(Constantinus, 409~411 재위)가 "태양의 날(일요일)은 쉬라"는 황제법령을 내리면서 본격화되었고, A.D. 1200년경 토마스 아퀴나스(Thomas Aquinas, 1224-1274)에 의해 안식일 성수가 주일 예배에 적용되면서 주일성수의 교리화가 시작되었다.

종교개혁을 이끈 프랑스 출신의 개신교 신학자 칼빈(Jean Calvin, 1509-1564)은 주일을 기독교의 안식일로 선포한 토마스 아퀴나스를 유대교의 미신을 기독교에 접목한 거짓 선지자로 몰아세웠고, 루터는 "제4계명은 과거의 특정한 사람들에게 적용되었던 것이지 현대의 그리스도인들에게 적용되는 것은 아니다. 주일이 '주의 날'이기 때문에 거룩하다고 생각하고 거룩하게 지키는 것은 잘못된 율법주의적 사고다"라는 말로 주일성수를 비판했다. 그러나 종교개혁을 통해 탄생한 개신교회는 긴 세월 동안 종교개혁자들의 전통을 지켜내지 못했다.

이후, 주일성수는 청교도들에 의해 더 확고하게 교회에 뿌리내린다. 청교도들은 율법주의적인 안식일 준수를 교리화하고 아퀴나스의 주장을 승계한다. 청교도들은 세상과 타협하지 않고 거룩한 삶을 살았지만, 강한 배타주의적 성향을 드러냄으로 자신들의 경건을 신앙의 잣대로 삼는 '또 다른 율법주의'를 만들어 냈다.[2]

한국 땅에 처음 복음을 전하고 교회를 설립한 미국 장로교 선교사들은 대부분 웨스트민스터 신앙고백을 신앙의 표준으로 소유한 자들로서 한국교회에 엄격한 청교도적 주일관을 심어 주었다. 한국교회의 율법적인 주일성수는 이런 배경에서 출현했다. 개혁주의 신학자이자 목사인 박윤선은 선교사를 배웅하기 위해 주일날 돈을 주고 택시를 탄 것이 문제가 되어 교단을 떠나야 했고, 대한예수교장로회(고신) 동대구노회는 제10회 제1차 임시회(2001. 6. 22)에서 주일성수 문제를 구실로 목사 박상현을 제명했다.[3] 한국교회의 주일성수의 폐해는 심각하다.

주일성수의 성경적 의미

신약성경은 '안식 후 첫날', 즉 '주간의 첫날'을 특별히 강조한다. 예수님이 부활하신 후 제자들에게 나타나신 날이 주일이었으며(마 28:1; 막 16:2; 눅 24:1; 요 20:1), 성령의 강림하심으로 교회가 세워진 날도 주일이었다(행 2:1-4; 레 23:15-16; 신 16:9-10). 부활을 통해 예수님이 사망의 권세를 깨뜨리고 만유의 주가 되셨고(엡 1:20-22; 벧전 3:21-22) 부활하신 날이 '재림의 날'로 예측되기도 한다(고전 15:23-28, 54-57).

"그 주간의 첫날에 우리가 떡을 떼려 하여 모였더니 바울이 이튿날 떠나고자 하여 그들에게 강론할새 말을 밤중까지 계속하매"(행 20:7).

사도행전은 초기 그리스도인들이 예배 모임을 위해 '안식 후 첫날'에 모였음을 보여준다. 바울과 그의 일행이 드로아에서 이레 동안을 머물면서 '주간의 첫날'까지 기다린 것을 보면, 드로아의 그리스도인들이 주간의 첫날에 함께 모였으며, 그날을 교회의 적절한 예배의 날로 간주하였음을 짐작할 수 있다.

"매주 첫날에 너희 각 사람이 수입에 따라 모아 두어서 내가 갈 때에 연보를 하지 않게 하라"(고전 16:2).

바울이 주간의 첫날에 구제 연보를 하게 한 사실도 매주 첫날이 고린도 교회 성도들에게 '특별한 날'이 되어 있었음을 시사한다.

교회사에서도 주일 예배에 대한 기록이 곳곳에 나타나 있다. A.D. 100년경에 기록된 《디다케》에는 "주님의 주일에 여러분은 함께 모여 떡을 떼고 감사드리십시오. 그러나 여러분의 제물이 깨끗하게 되도록 여러분의 죄를 먼저 고백하십시오"라는 글귀가 나오고, A.D. 112년경 플리니가 보낸 편지와 140년경 저스틴 마터의 변증서에는 이미 기독교 예배의 날이 첫째 날(주일)이었음을 밝히고 있다.

안식일의 완성, '모든 날'의 사랑의 예배

"안식일 이튿날 곧 너희가 요제로 곡식단을 가져온 날부터 세어서 일곱 안식일의 수효를 채우고 일곱 안식일 이튿날까지 합하여 오십 일을 계수하여 새 소제를 여호와께 드리되…이 날에 너희는 너희 중에 성회를 공포하고 어떤 노동도 하지 말지니 이는 너희가 그 거주하는 각처에서 대대로 지킬 영원한 규례니라"(레 23:15-16, 21).

구약은 안식일 당일의 성수만을 명령하지 않았다. '칠칠절'은 안식일에 이어 안식을 '또 한 번' 지키는 날이었다. 또 해마다 일곱째 달의 첫 날인 '나팔절'은 아무 노동도 하지 않고 나팔을 불어 기념하는 성회의 날이었다(레 23:23-25). 일곱째 달 십 일에 지키는 '대속죄일'도 일하지 않으면서 지키는 안식의 날이었고(레 23:26-32), 나아가 일곱째 달 십오일부터 이레 동안 지키는 '초막절'(레 23:33-44)도 첫날과 여덟째 날에 아무 노동을 해서는 안 된다고 규정된 절기였다. 나팔절, 대속죄일, 초막절은 일주일마다 반복되는 안식일에 더하여 지키는 '또 다른 안식일'이었다.

안식일은 토요일에만 한정되지 않는다. 안식일은 토요일에 매이는 것이 아니라 여호와 하나님의 행하심과 명령에 매인다. 토요일이어야 안식하는 것, 주일이어야 안식하는 것이 아니다. 하나님의 은혜가 나타나는 날이 바로 '안식의 날'이다.[4] 구약에서의 안식일 준수는 안식일의 성회를 통해 나머지 '모든 날'을 안식일, 곧 하나님의 은혜를 기억하고 예배하는 성일(聖日)을 만들기 위한 것이었다.

"날마다 마음을 같이하여 성전에 모이기를 힘쓰고 집에서 떡을 떼며 기쁨과 순전한 마음으로 음식을 먹고"(행 2:46).

초대교회는 주일을 주님이 부활하신 특별한 날로 지켰지만, '매일' 성전에 모였다. 율법의 안식일이 목표하는 모든 날의 예배가 실현된 것이다. 예수 그리스도가 진정한 주인이 되는 교회를 꿈꾸고 있는 당당뉴스 칼럼니스트 신성남은 주일성수의 성경적 의미를 다음과 같이 정리한다.

사실 어느 날에 모였나 하는 게 그렇게 중요한 것은 아니다. 문제는 현대의 율법주의자들이 주일을 마치 구약의 안식일처럼 지나치게 강조하고 있다는 점에 있다. 만일 신약시대에 안식 후 첫날이 정말 그토록 성수해야 할 정도로 중요했다면 사도들이 그날을 특별히 구분하여 별도로 강조하지 않았을 리가 없다. 정작 신약성경에 주일을 안식일처럼 중시하여 가르친 구절은 단 한 줄도 없다.

나도 주일을 좋아하고 공예배를 사랑한다. 교우들이 주일마다 모여 함께 예배하고 봉사하고 교제하는 건 매우 귀하고 아름다운 전통이다. 그러나 그게 율법적 규제나 압박이 되어서는 곤란하다. 주일을 율법화하여 그날을 안식일처럼 특별히 신성시하거나 거룩하게 치장하는 건 율법주의와 교회주의의 산물일 뿐이다. 율법의 정신을 지키는 것과 율법의 규정을 지키는 것은 매우 다른 것이다. 주일만 하나님을 만나는 날이 아니다. 신자에게는 매일매일이 주의 날이다.[5]

한국교회 주일성수의 문제는 '주일의 율법화', 곧 안식일이 목표하는 모든 날의 삶의 예배를 여전히 '주일 하루'만의 예배로 제한시키고, 주일예배를 드린 것으로 예배의 의무를 다했다고 여기는 것이다.

"나는 자비를 원하고 제사를 원하지 아니하노라 하신 뜻을 너희가 알았더라면 무죄한 자를 정죄하지 아니하였으리라 인자는 안식일의 주인이니라 하시니라"(마 12:7-8).

사람들이 안식일에 병 고치는 것(마 12:10)을 문제 삼아 예수님을 고발하려 하자, 예수님은 손 마른 사람의 치유를 통해 안식일의 본질이 제사가 아니라 자비를 베푸는 것, 곧 '사랑'이라고 말씀하신다. 안식일의 본질은 '사랑'이다. 신약시대에 완성된 영과 진리의 예배는, '모든 날', 삶의 헌신으로 드리는 '사랑의 예배'다.

완성된 예배의 장소

"신약시대에 완성된 '영과 진리의 예배'(영적 예배)가 '사랑의 예배'라면, 신약시대 그리스도인들의 '예배의 처소'는 어디인가?"

"예수께서 성전에서 나가실 때에 제자 중 하나가 이르되 선생님이여 보소서 이 돌들이 어떠하며 이 건물들이 어떠하니이까 예수께서 이르시되 네가 이 큰 건물들을 보느냐 돌 하나도 돌 위에 남지 않고 다 무너뜨려지리라 하시니라"(막 13:1-2).

언약궤를 안치했던 성소 실로와 솔로몬의 영광이 깃든 '예루살렘 성전'은 B.C. 587년 남 유다의 멸망 당시 바벨론 '네부카드네자르'에 의해 파괴되었고, 사마리아 사람들의 예배처소인 '그리심 산 성전'은 B.C. 107년(또는 128년)경 유대 민족의 대제사장 겸 통치자인 '요한 히르카누스'(B.C. 135/134-104 재위)에 의해, 그리고 유대인의 환심을 사기 위한 정치적 의도에서 예수님 당시 '헤롯'(B.C. 37-4 재위)이 재건한 '예루살렘 성전'은 A.D. 70년 로마 장군 디도에 의해 폐허가 되어버린다. 구약 성전의 파괴는 '성전시대의 몰락'을 예고하는 것이다.

그런데 한국교회는 예수님이 헐어버리신 구약의 성전을 다시 짓고 있다. 교파를 초월해 대다수의 교회가 성전 건축을 교회사역의 제일 목표로 삼고, 성전 건축에 교회의 모든 역량을 쏟아붓고 있다. 예배, 기도회, 심방 등, 교회의 모든 사역이 성전 건축을 위한 수단으로 전락해 버렸다. 성전 건축 신드롬(syndrome)이 한국교회를 통째로 집어삼킨 형국이다.

Y 목사는 신학생 시절이던 지난 1992년, 서울 강남구 개포동 상가 지하에 교회를 개척했다. 2009년 교인은 2,500여 명까지 늘어났다. Y 목사는 기도하던 중에 새 예배당을 지으라는 응답을 받고 상가를 담보로 은행에서 대출을 받아 2010년 판교 신도시에 예배당을 지었다. 새 예배당은 1,264평 부지 위에 지하 5층, 지상 7층, 연건평은 8,000평에 달했고, 본당 규모는 3,000석이 넘었다. 그러나 판교 C 교회는 입당 3년 만에 부채 이자를 감당하지 못해 2013년 법정 경매에 들어갔다. 예배당은 288억 원에 이단 종파인 하나님의 교회로 넘어갔다. Y 목사는 기자와의 인터뷰에서 '다른 교회들이 자신의 교회를 반면교사로 삼았으면 좋겠다'는 말을 남겼다.[1]

최근 통계에 의하면 한국교회 전체가 교회당 건축비로 대출한 총액이 4조 5천억 원이라고 한다. 그런데 미래학자들은 다가오는 10년 사이에 성전 건축 대출금을 감당하지 못해서 표류하는 교회들이 속출할 것이라는 부정적인 전망을 내어놓고 있다.[2]

"너희는 너희가 하나님의 성전인 것과 하나님의 성령이 너희 안에 계시는 것을 알지 못하느냐 누구든지 하나님의 성전을 더럽히면 하나님이 그 사람을 멸하시리라 하나님의 성전은 거룩하니 너희도 그러하니라"(고전 3:16-17).

바울은 고린도 교회 교인들이 음행을 금해야 하는 이유를 완성된 '성전의 개념'을 근거로 설명한다. 음행이 죄가 되는 것은, 음행을 행하는 고린도 공동체가 성령이 거하시는 하나님의 성전이기 때문이다. 본문 16절에 사용된 헬라어 동사의 형태와 인칭대명사가 '2인칭 복수'라는 점을 이해하는 것이 중요하다. 우리 눈에 그려지는 이미지는 개별 그리스도인 안에 거하시는 성령이 아니라, 함께 모인 '공동체' 안에 거하시는 성령의 모습이다. 하나님의 성령은 더이상 성스러운 건물 안에 지역적으로 임재하시는 것이 아니라, 그리스도 안에서 선택된 하나님의 백성들이 모인 공동체 내에서 발견된다.[3] 바울은 고린도후서 6장에서도 하나님의 성전을 믿는 자들의 공동체로 말한다.

"하나님의 성전과 우상이 어찌 일치가 되리요 우리는 살아 계신 하나님의 성전이라 이와 같이 하나님께서 이르시되 내가 그들 가운데 거하며 두루 행하여 나는 그들의 하나님이 되고 그들은 나의 백성이 되리라"(고후 6:16).

'우리'(고전 7:1)라는 표현은 하나님의 성전이 각각의 신자에 적용되는 것이 아니라(고전 6:19) 공동체에 적용된다는 것을 보여준다(고전 3:16). 이것은 그 뒤에 나오는 구약의 인용문들 속에서도 확인된다. 바울은 구약 성전 건물 중에서 가장 신성한 부분인 성소를 영적인 실체로서의 교회와 동일시한다.[4] 구약시대에 성전에 임재하셨던 하나님은 이제 신약시대에 '신자들의 공동체' 안에 내주하신다. 장소로서의 구약 성전은 사라지고, 구약의 선지자들이 예언한 성령이 거하시는 신자들의 공동체가 도래한 것이다(욜 2:28 이하; 겔 36:27; 슥 4:6).

신약시대의 완성된 영과 진리의 예배는 특정한 장소에 국한되지 않는다. 교회당이든, 집이든, 직장이든 신자가 거하는 곳은 어디나 완성된 예배의 처소가 된다. 한국교회의 성전신드롬이 조속히 단절되어야 하는 본질적 이유는 성전 건축에 소모되는 경제적인 손실보다 신약시대에 완성된 교회를 여전히 유형의 성전 개념으로 이해하는 율법주의 때문이다. 한국교회는 이 시대 목회자의 표본이 되는 이전 주님의 교회와 100주년기념교회의 담임목사 이재철이 말하는, 주님의 교회가 예배당을 건축하지 않기로 한 이유를 귀담아 들어야 한다.

교회의 본질은 그리스도를 믿고 따르는 우리 자신이다. 교회가 좀 더 웅장한 예배당을 건축하기 위하여 진력한 때일수록 교회가 실은 가장 내적으로 부패했을 때임을 감안한다면, 교회의 본질인 그리스도인들이 교회 된 자기 자신을 그리스도 안에서 바로 세우는 일보다 더 중요한 일은 없다. 교회가 쉼 없이 비판의 대상이 되고 있음은, 그리고 각종 대형 비리 사건의 한가운데에 늘 그리스도인들이 포진하고 있음은 여러 가지 연유에 기인하겠으나, 그중에서도 가장 큰 이유는 교회의 본질을 사람이 아닌 건물로 오인하고 있는 탓일 것이다.

주님께서는 이 땅에 계시는 동안 예배당 건축을 위하여 벽돌 한 장 쌓은 적이 없으셨다. 어디든지 주님이 계시는 곳, 바로 그곳이 예배당이었다. 교회가 건물이 아니라 바로 교회를 이루고 있는 그리스도인 우리 자신이라는 주님의 말씀에 충실해지기 위해서는, 예배당을 소유하지 않는 교회도 이제는 있어야 할 때가 되었다고 판단한 것이다. 주님의 교회는 여기에서부터 시작되었다.[5]

"성 안에서 내가 성전을 보지 못하였으니 이는 주 하나님 곧 전능하신 이와 및 어린 양이 그 성전이심이라"(계 21:22).

천국에도 외형적인 건물로서의 성전은 존재하지 않는다. 하나님과 예수님이 성전이기 때문이다. 하나님과 어린양이신 그리스도께서 직접 하나님의 백성들 가운데 임재하셔서 그들과 나누시는 천국의 사랑의 예배는 외형적인 성전을 필요로 하지 않는다. 이를 생각하면, 아직도 지역으로서의 예루살렘을 특별하게 생각하는, 소위 '백 투 예루살렘 운동'(BTJ, Back To Jerusalem Movement)이나 유대인들의 예루살렘 귀환 운동들은 여전히 무너져버린 예루살렘 성전을 그 자리에 다시 세우려는 헛된 착각임을 깨닫게 된다.[6] 사람들이 늘어남으로 인해 교회의 협소해진 공간을 넓히기 위한 교회 건축은 당연하지만, 예배의 축복을 위해 우리 모두는 신약시대의 완성된 예배의 장소는 그리스도인들이 살아가는 '삶의 터전'이라는 것을 마음에 새겨야 한다.

페이스북 목회자로 자신을 소개하는 김옥경은 베드로가 짓는 예배당(벧후 1:3-7)을 교회 건축의 성경적 모델로 우리에게 제시한다.

기초공사는 의의 오렌지 옷과 안전모를 쓰고 공짜로 하늘나라에서 내려온 예수라는 분의 피를 섞어서 땅을 깊이 파내고…믿음의 시멘트를 뿌릴 것이다. 믿음의 지하실 위의 1층은 덕스러운 말과 교양으로 포근한 공기가 에워싸며 지식으로 든든하게 빨간 벽돌을 세워줌으로써 어떠한 폭풍우가 불어도 교인들을 지켜줄 수 있는 요새가 되게 하고, 이 소통의 공간에 빛이 멋지게 들어올 수 있도록 스테인드 글라스로 장식된 인내의 창과 경건의 창을 만들고, 2층 발코니에는 아름다운 형제 우애의 카페를 세워 인내·절제·경건의 아름다움으로 모아 He Brew 커피 향을 넉넉하게 마시게 할 것이다. 해달의 가죽보다 더 견고한 사랑의 천장은 비가 오나 눈이 오나 오색찬란한 광채의 크리스털 샹들리에가 되어 형제 우애로 내려가며 인내·절제·경건으로 삶을 묶어 줌으로써…신의 성품에 참여하게 될 것이다. 멋진 교회당 건축이 아닌가?[7]

완성된 예배의 헌금

대부분의 교단이 십일조를 시행하고 있는 한국교회에서 십일조에 대한 다른 입장을 표명한다는 것은 성경적 이견을 잘 포용하지 못하는 한국교회의 풍토로 미루어 볼 때 조심스러움을 지나 위험하기까지(?) 하다. 그러나 한국교회의 회복을 위한 성경 순례에 발을 내디딘 만큼 성경의 온전한 해석을 추구했던 베뢰아 사람들의 자세(행 17:11)로 신약시대의 십일조 시행에 대한 성경적 타당성을 재검토하고자 한다.

구약 성전시대의 예물인 십일조는 1688년 영국 성공회를 시작으로 그리스 정교회, 러시아 정교회, 루터교회, 동방정교회, 로마 가톨릭, 대부분의 개신교 교단 등에서 폐지되었고, 율법을 신봉하는 유대교에서 조차도 십일조를 거두지 않고 있다. 현재 세계적으로 십일조를 시행하는 곳은 한국교회와 미국의 남침례교, 미국 남부의 오순절, 북미의 WCG(Worldwide Church of God)와 한기총이 이단으로 규정하고 있는 여호와의 증인, 몰몬교, 안식교 등이다.

"신약시대에 완성된 영과 진리로서의 '영적 예배'가 '사랑의 예배'라면, 신약시대의 '완성된 헌금'은 무엇인가?", "율법이 완성된 신약시대에 구약 십일조의 시행은 성경적으로 타당한가?"

십일조 승계의 정당성과 그 비판

"화 있을진저 외식하는 서기관들과 바리새인들이여 너희가 박하와 회향과 근채의 십일조는 드리되 율법의 더 중한 바 정의와 긍휼과 믿음은 버렸도다 그러나 이것도 행하고 저것도 버리지 말아야 할지니라"(마 23:23).
"화 있을진저 너희 바리새인이여 너희가 박하와 운향과 모든 채소의 십일조는 드리되 공의와 하나님께 대한 사랑은 버리는도다 그러나 이것도 행하고 저것도 버리지 말아야 할지니라"(눅 11:42).

예수님은 공생애 당시 서기관들과 바리새인들의 형식적인 십일조를 비판하면서 '이것'(정의와 긍휼과 믿음 또는 공의와 사랑)과 '저것'(박하와 회향과 근채 또는 박하와 운향과 모든 채소)을 모두 드리는 온전한 십일조를 명령하신다. 한국교회는 예수님의 십일조에 대한 말씀이 '신약시대'에 선포되었다는 점을 근거로 신약시대의 십일조 시행이 정당하다고 주장한다. 그러나 갈라디아서 4장 4-5절에서 바울은 예수님의 공생애 기간을 '구약시대'로 규정 짓는다.

"때가 차매 하나님이 그 아들을 보내사 여자에게서 나게 하시고 율법 아래에 나게 하신 것은 율법 아래에 있는 자들을 속량하시고 우리로 아들의 명분을 얻게 하려 하심이라"

바울은 예수님이 '율법 아래'서 태어났다고 말한다. 예수님이 탄생하신 시기는 율법이 유효한 '구약시대'였다. 예수님 당시 예루살렘 성전터에서 율법의 제사가 드려지고 있었고, 이스라엘 백성들은 여전히 구약의 율법을 지키고 있었다. 예수님도 '정결 예식'(눅 2:22-27)과 '유월절 제사'(눅 2:41-42)를 준수하셨고, 나병 환자를 고치신 후에는 나병에 관한 적법한 '율법의 절차'(레 14:2 이하)를 따를 것을 명령하셨다(눅 17:14).

신약시대의 정확한 시작은 '예수님의 탄생' 시점이 아닌, 예수님이 십자가에서 죽으시고 부활하신 때다. 바울은 율법의 종결 시기를 갈라디아서 3장에서 '믿음이 도래해 율법의 역할이 종식된 때'(25절), '믿음으로 말미암아 그리스도 예수 안에서 하나님의 아들이 된 때'(26절)로 말한다. 십자가 대속의 구원이 완성된 시점이 바로 인간이 율법의 저주에서 해방된 진정한 '신약시대의 시작'이다.

앤드류 팔리(Andrew Farley)는 "신약시대가 시작되는 시점은 그리스도의 탄생이 아니라 그리스도의 죽음과 부활이다.…신약성경은 마태복음 1장에서부터 시작하고 있지만, 이것은 문헌상의 관습에 불과하다. 신약시대의 진정한 출발점은 예수님의 출생이 아니라 '그분의 죽으심'이다. 그리스도의 십자가는 구약과 신약을 나누는 위대한 분계선이다"라고 주장한다.

만일 한국교회의 주장처럼 신약의 시점을 예수님의 탄생으로 본다면, 십일조 외에도 예수님이 지키신 여러 율법 예식들을 그대로 준수해야 함은 물론이고, 하나님이 영원한 언약으로 제정하신 '할례'(창 17:10-

14)와 '안식일'(출 31:13) 규례는 더더욱 철저하게 준수해야 한다.

초대교회의 십일조 시행

신약시대에 시행하는 십일조 헌금의 정당성을 가리기 위해서는 성경에 나타난 초대교회의 십일조 행적을 주의 깊게 살펴볼 필요가 있다. 초대교회가 십일조를 시행했다면, 사도행전이나 바울 서신서에 그 기록이 분명히 남아있을 것이기 때문이다.

"믿는 무리가 한마음과 한 뜻이 되어 모든 물건을 서로 통용하고 자기 재물을 조금이라도 자기 것이라 하는 이가 하나도 없더라 사도들이 큰 권능으로 주 예수의 부활을 증언하니 무리가 큰 은혜를 받아 그 중에 가난한 사람이 없으니 이는 밭과 집 있는 자는 팔아 그 판 것의 값을 가져다가 사도들의 발 앞에 두매 그들이 각 사람의 필요를 따라 나누어 줌이라 구브로에서 난 레위족 사람이 있으니 이름은 요셉이라 사도들이 일컬어 바나바라 (번역하면 위로의 아들이라) 하니 그가 밭이 있으매 팔아 그 값을 가지고 사도들의 발 앞에 두니라"(행 4:32-37).

사도행전은 초대 예루살렘 교인들이 가난한 자들을 돕기 위해 자신들의 재산을 팔아 내놓은 재물을 '십일조'로 말하지 않고 '연보'로 명명한다.

"성도를 위하는 연보에 관하여는 내가 갈라디아 교회들에게 명한 것 같이 너희도 그렇게 하라 매주 첫날에 너희 각 사람이 수입에 따라 모아 두어서 내가 갈 때에 연보를 하지 않게 하라"(고전 16:1-2).

예루살렘 교회에 흉년이 들었을 때 바울은 고린도 교회에 구제를 위한 연보를 준비하라고 지시한다. 바울은 '너희 각 사람이 수입에 따라 모아 둔 것'(2절)을 '십일조'라고 말하지 않는다. 바울의 서신서에는 시종일관 십일조라는 말 대신 연보라는 용어가 사용된다(롬 15:26; 고후 8:2, 4, 20, 9:5-7, 11, 13). 사도행전 이후에 십일조, 헌금, 예물이라는 단어들이 여러 곳에 기록되어 있으리라는 우리의 생각과는 달리, 십일조의 기록은 전무하다.[2] 신약성경에 등장하는 히브리서 7장 2절의 살렘왕 멜기세덱에게 드린 '아브라함의 십일조'와 히브리서에 일곱 번 언급된 '예물'이라는 단어(히 5:1, 8:3-4, 9:9, 10:5, 18, 11:4)는 모두 구약적 상황과 관련된 것으로, 신약시대의 십일조 시행과는 관련이 없는 말씀들이고, 요한계시록 11장 10절의 '예물'은 새번역과 공동번역에서는 '선물'로 번역되어 있다.

신약성경 어디에도 십일조 시행의 흔적이 나타나지 않는다. 일부의 사람들은 십일조에 대한 언급이 신약성경에 나오지 않는 사실을 인정하면서도 십일조는 구약의 헌금 정신이 승계된 것이고, 십일조 헌금 없이는 한국교회의 운영이 실제적으로 불가능하다는 이유를 들어 신약시대의 십일조 시행이 필요하다는 주장을 한다. 하지만, 구약 헌금의 정신은 사랑의 연보에 녹아 있고, 십일조를 통한 교회 유지는 교회를 이끌어가시는 하나님의 능력을 십일조에 묶어 버린다는 점에서 두 주장 모두 타당성이 없다. 초대교회는 십일조를 시행하지 않았지만, 교회 운영에 아무런 부족함이 없었고, 오히려 사랑의 연보로 재정이 차고 넘쳤다(행 2:44-45, 4:32-35).

'드리는 헌금'이 아닌, '나누는 연보'

초대교회의 행적에서 나타나는 '연보'[捐補: 연(捐)은 '버린다', 보(補)는 '깁다'는 뜻]는 그리스도의 지체들을 섬기는 데 사용된 일종의 구제기금이다.

> "그 중에 가난한 사람이 없으니 이는 밭과 집 있는 자는 팔아 그 판 것의 값을 가져다가 사도들의 발 앞에 두매 그들이 각 사람의 필요를 따라 나누어 줌이라"(행 4:34-35).

자신들이 처분한 밭과 집을 '사도들의 발 앞'에 두었다는 본문의 표현에서 초대교회 신자들은 구약 성전시대처럼 헌금을 하나님께 드리지 않았음을 알 수 있다. "사도들의 발 앞에 두매"에서 '두었다'는 말은 헬라어로 '티데미'인데, 이 말은 단순히 '놓다, 두다 차려놓다, 저축하다'라는 뜻으로 하나님께 돈을 '드리는' 헌금의 개념과는 거리가 멀다.

재산과 소유를 팔아 사도들의 발 앞에 둔 것은 헌금이 아니라 기부에 속하는 연보다.[3]

초대교회는 구약의 십일조 헌금을 드리지 않고, 사랑의 연보를 나누었다. 예수 그리스도의 십자가로 죽고 다시 산 그리스도인은 자신의 생명을 이미 하나님께 드린 자다. 더이상 하나님께 드릴 것이 없다. 생명을 헌신한 그리스도인은 이제 '드리는 자'가 아닌, '나누는 자'가 되어 사랑의 사역을 감당한다. 신약시대의 나누는 연보는 청지기 직분에 고스란히 나타난다.

"충성되고 지혜 있는 종이 되어 주인에게 그 집 사람들을 맡아 때를 따라 양식을 나눠 줄 자가 누구냐 주인이 올 때에 그 종이 이렇게 하는 것을 보면 그 종이 복이 있으리로다"(마 24:45-46).
"주께서 이르시되 지혜 있고 진실한 청지기가 되어 주인에게 그 집 종들을 맡아 때를 따라 양식을 나누어 줄 자가 누구냐"(눅 12:42).

복음서에 등장하는 청지기는 주인의 소유를 맡아 주인을 대신하여 재물을 관리·집행하는 자로, 예수 그리스도를 믿음으로 하나님의 일꾼이 된 모든 그리스도인을 지칭하는 단어다. 예수 그리스도의 십자가를 통해 신자를 산 제물로 받으신 하나님은 그리스도인을 하나님을 대리하는 청지기로 세워 이웃 사랑의 삶을 실천하게 하신다.

"예수께서 이르시되 네가 온전하고자 할진대 가서 네 소유를 팔아 가난한 자들에게 주라 그리하면 하늘에서 보화가 네게 있으리라 그리고 와서 나를 따르라 하시니"(마 19:21).

예수님은 영생을 얻기 위해 찾아온 부자 청년에게 "너의 모든 재산을 나에게 먼저 바치고"라고 말씀하시지 않고, "그것을 (네가) 팔아 이웃에게 나누어 주고 와서 나를 따르라"고 말씀하신다. 바울은 고린도후서 12장 15절에서 "내가 너희 영혼을 위하여 크게 기뻐하므로 '재물을 사용'하고 또 내 자신까지도 내어 준다"고 말한다. 죽어 다시 산 그리스도인은 하나님의 청지기로서 하나님이 자신에게 허락한 소유 전부를 '사랑의 연보'로 사용한다. 구약시대에 제단에 '드리던 헌금'이 신약시대에 '나누는 청지기의 연보'로 완성된 것이다.

미국 캘리포니아에 있는 코스트 힐 커뮤니티 교회에서 일명 '하늘나라 프로젝트'라는 행사가 있었다. 2000년 11월 어느 주일 날, 데니 벨레시 목사는 100명의 지원자를 모집해 100달러씩을 나누어 주면서 세 가지 조건을 주문한다.

"첫째, 이 돈은 내 돈이 아니라 주님의 돈, 곧 하나님의 돈이라는 사실을 명심할 것. 둘째, 이 돈이 어디에 쓰이든지 관계없지만, 하나님 나라를 확장시키는 일에만 사용할 것. 셋째, 그날로부터 90일이 되는 날, 결과를 전 교인에게 보고할 것."

주일 4부 예배를 통해서 1만 달러가 지원자들의 손에 넘겨졌다. 90

일이 지나고 미국의 NBC 방송은 이 장면을 데이트라인(Dateline)이라는 프로그램으로 미국 전역에 방송하기 위해 녹화했고, 2,000명이 넘는 교인이 모여서 귀를 기울였다. 그런데 결과가 아주 놀라웠다. 지원자들이 간증하는 동안 교회는 눈물바다를 이루었고, 감동의 물결이 넘쳤다. 그 100달러가 여러 곳에서 기적을 만들었기 때문이다. 이 프로젝트에 참가한 사람들이 공통적으로 느낀 것이 있는데 그것은 하나님의 돈을 쓰는 훈련을 통해서, 자신의 전 재산, 모든 재능, 모든 시간, 자신이 가진 모든 것이 하나님의 것이며, 자신은 단지 '예수님의 청지기'일 뿐이라는 사실을 깨닫게 된 것이다.[4]

연보(헌금)의 본질

레위기 4장 7절은 예물 드리는 이의 힘이 어린 양을 바치는 데에 미치지 못하면 어린 양 대신에 비둘기를 드릴 것을 규정하고 있다. 즉 예물의 종류 차이는 예배드리는 이의 경제적인 형편의 차이에서 기인한다. 놀라운 것은, 피가 죄를 속한다는 희생 제사의 대원칙(레 17:11; 참고 히 9:22)에도 불구하고 비둘기를 드릴 형편조차 안 되는 이가 고운 가루로 속죄제를 드릴 수 있었다는 점이다(레 5:11-13). 예배자의 형편은 하나님께 나아가 제사드리는 데에 조금도 문제가 되지 않는다.[5]

"솔로몬이 여호와를 사랑하고 그의 아버지 다윗의 법도를 행하였으나 산당에서 제사하며 분향하더라 이에 왕이 제사하러 기브온으로 가니 거기는 산당이 큼이라 솔로몬이 그 제단에 일천 번제를 드렸더니"(왕상 3:3-4).

예레미야로 추정되는 열왕기서의 저자는 솔로몬이 하나님께 드린 일천 번제의 동기를 '하나님을 향한 사랑'으로 말한다. 솔로몬의 일천 번제는 축복을 얻기 위한 수단이 아니라, 하나님을 사랑함이 표현된 제사였다. 예배의 본질로서의 '사랑'이 극대화된 예는 한 과부의 헌금이다.

"예수께서 눈을 들어 부자들이 헌금함에 헌금 넣는 것을 보시고 또 어떤 가난한 과부가 두 렙돈 넣는 것을 보시고 이르시되 내가 참으로 너희에게 말하노니 이 가난한 과부가 다른 모든 사람보다 많이 넣었도다 저들은 그 풍족한 중에서 헌금을 넣었거니와 이 과부는 그 가난한 중에서 자기가 가지고 있는 생활비 전부를 넣었느니라 하시니라"(눅 21:1-4).

예수님이 부자들의 헌금보다 가난한 과부의 헌금을 칭찬하신 것은 여인이 드린 헌금이 '생활비 전체', 곧 '십분의 십'이었기 때문이 아니라, 예수님을 향한 '열렬한 과부의 사랑' 때문이다. 예수님은 수입의 비율, 재정의 크기가 아닌, 하나님과 이웃을 사랑하는 마음의 크기로 헌금을 측정하신다. 어느 유명한 목사의 말과 달리 헌금의 크기는 사랑의 크기와 반드시 비례하지 않는다.

"형제들아 하나님께서 마게도냐 교회들에게 주신 은혜를 우리가 너희에게 알리노니 환난의 많은 시련 가운데서 그들의 넘치는 기쁨과 극심한 가난이 그들의 풍성한 연보를 넘치도록 하게 하였느니라 내가 증언하노니 그들이 힘대로 할 뿐 아니라 힘에 지나도록 자원하여 이 은혜와 성도 섬기는 일에 참여함에 대하여 우리에게 간절히 구하니 우리가 바라던 것뿐 아니라 그들이 먼저 자신을 주께 드리고 또 하나님의 뜻을 따라 우리에게 주었도다"(고후 8:1-5).

바울은 극심한 가난 가운데서도 힘을 다하여 사랑의 연보를 한 마게도냐 교회의 관대함을 칭찬하면서 고린도 교인들에게 그들의 모범을 따를 것을 촉구한다. 마게도냐 지역의 교인들이 극심한 가난 가운데서도 기쁨으로 연보를 드릴 수 있었던 원동력은 이웃을 향한 '사랑'이었다. 사랑의 연보는 이웃을 사랑하는 마음에서 시작된다.

신약시대에 완성된 헌금은 '사랑의 연보'다. 율법이 완성된 신약시대를 살아가는 그리스도인들에게 십분의 일이라는 구약시대 십일조의 규정이 더이상 올무가 되어서는 안 된다. 헌금의 본질이 '사랑'이기 때문이다. '사랑의 연보'는 구약 십일조의 부정이 아니라, '십일조의 완성'이다. 사랑의 연보는 구약 십일조의 용도대로 '사역자의 사례비', '교회의 예배와 교제를 위한 비용', 그리고 '가난한 이웃을 돕는 구제기금'으로 사용된다.

완성된 예배의 집전자

"신약시대에 완성된 영과 진리로 드려지는 '영적 예배'가 '사랑의 예배'라면, 신약시대에 예배를 집전하는 자는 누구인가?"

예수님이 십자가에 못 박히실 때 찢어진 성소 휘장(마 27:50-51)은 완성된 예배의 표징이다. 예수 그리스도의 십자가는 제사장의 중재로만 가능했던 율법 시대의 성전제사를 모든 그리스도인이 언제든지 하나님께 나아갈 수 있는 신약시대의 '열린 예배'로 완성시켰다. 신약시대에 예배를 위한 특별한 집전자는 필요 없다. 왜냐하면, 모든 신자가 제사장이기 때문이다. '만신자 제사장'의 시대가 도래했다.

"사람에게는 버린 바가 되었으나 하나님께는 택하심을 입은 보배로운 산 돌이신 예수께 나아가 너희도 산 돌 같이 신령한 집으로 세워지고 예수 그리스도로 말미암아 하나님이 기쁘게 받으실 신령한 제사를 드릴 거룩한 제사장이 될지니라"(벧전 2:4-5; 참고 벧전 2:9).

베드로는 신약시대의 모든 그리스도인이 신령한 제사를 집전하는 거룩한 제사장이라는 사실을 일깨운다. 이제 그리스도인들은 거룩한 중보자, 즉 사제를 통해 은혜를 간청하기 위해 성전 입구에 서 있는 죄인들이 아니다. 믿고 침(세)례를 받은 신자는 결코 인간적인 중보자를 필요로 하지 않는다. 그리스도는 자신의 희생적 죽음을 통해 이러한 중보를 궁극적으로 성취시켰으며, 모든 사람에게 지성소에 들어갈 수 있는 길을 열어 놓으셨다. 믿음 안에서 그리스도를 통해 은혜에 다가갈 수 있는 길이 모든 자에게 열린 것이다(롬 5:2; 엡 3:12; 히 10:22).[1]

신약시대 예배의 집전자는 모든 그리스도인이라는 성경의 선언에도 불구하고, 일부 목회자들은 여전히 구약 제사장의 권위를 강조하면서 예배의 집전자로 군림하고 있다. 그 대표적인 사례가 전 교단에서 자행되고 있는 '혈통적 세습'이다. K 목사는 지난 2012년 자신이 소속된 감리회 교단이 제정한 세습방지법을 '악법'이라고 주장하면서, "성경에는 자식들이 제사장을 할 수 없는 상황이거나 될 수 없는 경우를 제외하고는 자자손손 제사장을 했다. 그렇기 때문에 목사직을 계승한 것으로 보아야 한다"는 말을 통해 세습의 정당성을 주장했고, 예장통합 총회장 출신의 J 목사는 2019년 1월 13일 주일 낮 예배 설교를 통해 세상의 관심사로 대두된 M 교회의 세습을 지지하는 발언을 했다.

> 공동의회에서 교우들이 기립 박수하고 목사님 아들을 후임자로 모셨다. 그런데 세상의 언론·방송·인터넷과 사람들이 세습한 것 아니냐, 교회를 사유물로 만든 것 아니냐며 막 공격을 한다. 제사장 아들이 제사장 된 게 무슨 세습이냐.

이에 대해 같은 교단에 소속된 높은 뜻 연합선교회 대표 목사 김동호는 자신의 페이스북에서 "목사가 제사장인가? 그렇다. '목사만' 제사장인가? 아니다. 목사만 제사장이라면, 요즘 목사가 레위 지파라면 모든 목사의 자녀는 반드시 목사가 되어야만 한다. 그리고 아비가 목사가 아닌 사람은 절대로 목사가 되어서는 안 된다"[2]는 말로 J 목사의 세습 지지 발언을 강도 높게 비판했다.

목사 직분의 올바른 이해

목회자는 말씀과 기도의 사도적 사역(행 6:4)을 전승하지만, 정경의 완성과 복음 증거를 통해 교회 시대의 문을 연 특별한 권위를 가지는 사도와는 구별되어야 한다.

> "그가 어떤 사람은 사도로, 어떤 사람은 선지자로, 어떤 사람은 복음 전하는 자로, 어떤 사람은 목사와 교사로 삼으셨으니"(엡 4:11).
> "하나님이 교회 중에 몇을 세우셨으니 첫째는 사도요 둘째는 선지자요 셋째는 교사요 그 다음은 능력을 행하는 자요 그 다음은 병 고치는 은사와 서로 돕는 것과 다스리는 것과 각종 방언을 말하는 것이라 다 사도이겠느냐 다 선지자이겠느냐 다 교사이겠느냐 다 능력을 행하는 자이겠느냐 다 병 고치는 은사를 가진 자이겠느냐 다 방언을 말하는 자이겠느냐 다 통역하는 자이겠느냐"(고전 12:28-30).

에베소서 4장 11절의 '목사와 교사'가 고린도전서 12장 28절에서는 '교사'로만 언급된다. 바울이 목사와 교사를 하나의 직분으로 이해하고 있다는 것을 알 수 있다. 바울은 목사에게 사도와 같은 특별한 영적 권위를 부여하지 않는다. 목사는 예수 그리스도의 몸 된 교회의 한 지체로서, 말씀과 기도의 직분을 맡은 사역자이다. 바울은 자신의 영적 아들인 디모데에게 부탁한 목회적 가르침에서 목사를 '말씀과 가르침에 수고하는 이들'(딤전 5:17)이라고 말한다.

칼 바르트와 함께 신정통주의와 변증신학 운동을 주도한 스위스의 신학자 에밀 브루너(Emil Brunner, 1889-1966)는 신약성경에 나타나 있는 사도들의 권위를 서열적, 교회법적인 권위가 아닌, '계시에 의한 권위'로 설명한다.

사도들은 마치 계시와도 같이 우연히, 그리고 오직 단 한 번만 존재하였던 자들이다. 그래서 엄밀하고 절대적인 말씀의 의미에서 그들은 다른 이에게 양도될 수 없는 것이다. 달리 말하자면, 그들은 계시 사건과 함께 일시적이라는 특징을 갖는다. 사도들의 권위는 '사라진다'는 의미뿐만 아니라, 또한 '넘겨진다'의 의미에서도 일시적이다. (초기교회의 율법 분쟁에서) 새로운 사도인 바울은 자신의 영적-신학적인 지식을 가지고 원 사도들에게 그리스도 신앙과 할례에 대한 율법의 요구는 모순되는 것임을 증명하였다. 이 사건은 바울에게 있어 권위의 중요한 기준이 서열적-교회법적 권위인 사도의 권위가 아니었음을 드러낸다. 기준이 되는 권위는 오직 그리스도 복음의 진리, 말씀의 능력이었다. 신약성서의 공동체는 놀랍게도 이런 형식적인 명령 없는, 권한의 제한이 없는, 서열이 없이 세워진

공동체였다.³

예수님으로부터 직접 부름을 받은 사도들은 신약성경을 기록하고, 성령으로부터 탁월한 영적 능력을 부여받은 자들이었지만, 그 누구도 자신의 개인적 권리를 주장하지 않았다. 신약의 모든 직분은 지배의 통치가 아닌, '사랑의 섬김'을 위한 것이다. 옛 계약의 소명—이사야, 예레미야, 사울, 다윗 등—이야기들은 모두 소명이 한 개인에 대한 특별 대우나 특권이 아님을 밝혀 준다. 소명은 오히려 하나님께서 자신의 백성을 위해 봉사하라고 부르시는 것이다.⁴ 그 누구도 교회를 독점할 수 없다. 교회의 주인이 예수 그리스도이시기 때문이다. 모든 그리스도인은 교회의 주인이신 예수님의 통치를 받는 한 지체일 뿐이다. 목사 역시도 마찬가지다.

2018년 11월 18일 주일 예배를 끝으로 목회 일선에서 퇴임한 한국기독교 선교 100주년기념교회 목사 이재철은 자신의 후임을 네 명의 공동목회자로 선정한 이유를 다음과 같이 밝힌다.

청빙위원회에서는 이제 한국교회에서도 한 사람의 제왕적 담임목사에 의해 교회가 좌지우지되던 시대는 끝났다는 데 의견의 일치가 있었다. 제왕적 한 사람의 담임목사가 기업 총수처럼 처신한다면 교회는 기업으로 전락하고, 제왕적 담임목사가 자신의 정치적 성향을 내세우면 교회는 정치집단이 되며, 제왕적 담임목사가 돈이든 이성이든 명예든 욕망의 덫에 빠지면 교회는 이내 분란에 휩싸이고 만다.

이스라엘이야말로 세상을 향한 제사장으로서의 그리스도인들을 가리킨다는 것을 발견하게 되면, 우리가 구약에서 발견하는 제사 혹은 제사장에 관한 모든 언급은 자연스럽게 오늘의 그리스도인 모두를 향한 언급임을 알 수 있다. 그럼에도 여전히 목회자들이 스스로를 일러 제사장이라고 부르는 것은 목회자의 권위를 내세워 교회를 주관하려는 지극히 인간적인 욕망의 발로 그 이상도 이하도 아니다.[5] 성상이나 성물만이 우상이 아니다. 건물이나 사람도 우상이 된다. 가장 사악한 우상은 언제나 가장 거룩한 모습으로 우리에게 다가온다.[6]

우리가 살펴본 신약시대에 완성된 영과 진리의 예배(영적 예배)는, 모든 날(예배의 날), 모든 그리스도인이(예배의 주체), 삶의 터전에서(예배의 장소), 하나님께 드리는 '사랑의 예배'이다(예배의 본질). 걸어가면 길이 되고 살아가면 삶이 되는 그곳에서 그리스도인이 하나님께 드리는 예배는 '사랑의 예배'다.

에큐메니컬의 원리

예수 그리스도를 하나님과 구세주로 받아들이는 교회들의 연대모임인 세계교회협의회(WCC, World Council of Churches) 제10차 총회가

2013년 10월 30일부터 11월 8일까지 세계 347개 교파의 신자 5,000여 명이 참여한 가운데 부산에서 개최되었다. 우리나라에서는 WCC 10차 총회에 한국기독교교회협의회와 기장, 기감, 예장통합, 성공회 4개 교단만 참여하였다. 예장합동을 중심으로 하는 기타 개신교 교단들은 WCC가 종교 다원주의를 지향한다는 이유로 참가하지 않았다. 예수 그리스도를 구주로 믿는 기독교 정통 교단들의 분열된 모습이 드러났다. 교회의 분열은 어떤 이유에서든지 교회의 주인이신 예수님의 뜻이 아니다.

"분열된 교회가 하나 되는 방법은 무엇인가?"

'하나 됨'을 위한 두 가지 실천방안

"몸은 하나인데 많은 지체가 있고 몸의 지체가 많으나 한 몸임과 같이 그리스도도 그러하니라 우리가 유대인이나 헬라인이나 종이나 자유인이나 다 한 성령으로 세례를 받아 한 몸이 되었고 또 다 한 성령을 마시게 하셨느니라"(고전 12:12-13).

고린도 교회가 몇 개의 분파(바울파, 아볼로파, 게바파, 그리스도파)로 분열되었다는 소식(고전 1:10-13)을 접한 바울은 한 몸으로서의 교회는 분열될 수 없다는 원칙을 피력하면서, 교회 일치를 위한 두 가지 방법을 제안한다.

"모든 지체가 하나님의 자녀라는 사실을 기억하라."

고린도전서 8장 1-6절에서 바울은 우상의 허구성과 하나님의 실체를 대비시키면서 신앙의 비본질적인 문제에 해당하는 우상 제물에 대한 성경적 처신을 언급한다.

"그러나 이 지식은 모든 사람에게 있는 것은 아니므로 어떤 이들은 지금까지 우상에 대한 습관이 있어 우상의 제물로 알고 먹는 고로 그들의 양심이 약하여지고 더러워지느니라…지식 있는 네가 우상의 집에 앉아 먹는 것을 누구든지 보면 그 믿음이 약한 자들의 양심이 담력을 얻어 우상의 제물을 먹게 되지 않겠느냐 그러면 네 지식으로 그 믿음이 약한 자가 멸망하나니 그는 그리스도께서 위하여 죽으신 형제라 이같이 너희가 형제에게 죄를 지어 그 약한 양심을 상하게 하는 것이 곧 그리스도에게 죄를 짓는 것이니라"(고전 8:7, 10-12).

바울은 우상의 제물을 거리낌 없이 먹을 수 있는 믿음이 성숙한 고린도 교회 교인들에게, 우상의 제물을 먹지 말라고 권면한다. 믿음이 성숙한 교인들이 우상의 제물을 먹지 말아야 하는 이유는, 믿음이 연약한 교인들을 위해서 예수님이 죽으셨기 때문이다. 교회가 하나 되기 위한 첫 번째 방법은, 비판의 대상이 구원받은 '우리의 형제'라는 사실을 기억하는 것이다. 신앙적 이견을 가진 자들이 그리스도의 몸을 이루고 있는 한 지체라는 사실을 기억할 때 상대를 향한 우리의 비판은 움츠러들 수밖에 없다.

하나 된 교회를 위해 바울은 믿음이 연약한 자들에게도 동일하게 권면한다.

"먹는 자는 먹지 않는 자를 업신여기지 말고 먹지 않는 자는 먹는 자를 비판하지 말라…"(롬 14:3).

믿음이 연약한 신자들 역시 자신의 신앙으로 성숙한 자들이 우상의 음식을 먹는 것을 허식이나 외식으로 비난하지 말아야 한다. 바울이 말하는 교회의 하나 됨의 기초는 '구원'이다. 교회의 연합을 위해서는 음식을 먹는 문제와 같은, 구원과 직접 관련이 없는 부차적인 문제들에 대해 열린 태도가 필요하다. '구원받지 못한 자들'(그들은 우리와 한 몸이 아니다)과는 함께할 수 없지만, '구원받은 자들'(그들은 우리와 한 몸이다)의 이견은 수용하라는 것이 교회의 연합(에큐메니컬)을 위한 바울의 권면이다. 교회는 '구원받은' 자들의 공동체이다.

"성경 해석에 대한 다양한 주장을 허용하라."
스위스의 로마 가톨릭 사제이자 저명한 기독교 신학자인 한스 큉(Hans Küng)은 교회 분열의 원인을 교회의 다양성이 아닌, '배타적 상이성'으로 설명한다.

교회의 통일은 하나라는 숫자의 신화론적인 마술이나 통일, 또는 자연적이거나 도덕적인 일치, 사회학적인 획일성을 의미하지 않는다. 교회의 통일은 지역 교회의 공동체성을 전제한다. 신약성서에서 에클레시아라는 말은 복수로 사용되며, 상이한 세계들을 대변하는 지방 이름들—예루살렘, 고린도, 안디옥, 로마—과 결합되어 있다. 교회의 다양성은 결코 교회 분열을 의미하지 않는다. 나쁜 것은 상이성 그 자체가 아니라, 배타적인 상이성이다. 배타적 상이성들은 서로를 배제하며, 교회 공동체를 불가능하게 만든다.[1]

갈라디아서 4장 10-11절에서 구약 율법의 폐지를 선언한 바울은 로마서 14장 5-6절에서 율법의 날의 절기에 대해 개방적인 태도를 취한다. 그 이유는 날에 대한 사람들의 결정이 모두 '주를 위한 것'이기 때문이다.

"어떤 사람은 이 날을 저 날보다 낫게 여기고 어떤 사람은 모든 날을 같게 여기나니 각각 자기 마음으로 확정할지니라 날을 중히 여기는 자도 주를 위하여 중히 여기고 먹는 자도 주를 위하여 먹으니 이는 하나님께 감사함이요 먹지 않는 자도 주를 위하여 먹지 아니하며 하나님께 감사하느니라"

바울은 절기를 지키는 '날'보다, 절기를 지키는 '동기'에 주목한다. 신약 초기교회는 신앙의 행위를 강압적으로 통일시키지 않았다. 오히려 교리적으로나 실천적으로 서로 대립되어 있었던 개교회들을 포용했다.

16세기 유아 침(세)례를 부정하고 성인의 침(세)례를 주장하는 재침례교도들(아나뱁티스트)을 화장하고 수장시켰던 루터교와 장로교, 로마 가톨릭의 핍박은 신앙의 다양성을 인정하지 않는 배타적인 신앙의 자세다. 하나님은 자신과 성경의 관점이 다르다는 이유로 구원받은 하나님의 자녀들을 핍박하고 살해할 수 있는 권한을 그 어느 누구에게도 허락하지 않으셨다. 신학과 신앙의 다양성은 교회 분열의 이유가 될 수 없다. 신학의 차이를 이유로 상대방을 비판하고 핍박하는 신학적 배타성은 에큐메니컬이 경계해야 할 제일의 적이다. 칼 바르트는 자신의 신학을 추종하는 자들에게 신학의 독선을 경계하라는 당부를 한다.

종파란 사람이 그것을 통과해 가라고 있는 것이지, 거기로 되돌아가 집을 짓고 눌러앉아서 그 입장에서만 생각하고 거기에만 묶여서 사유하라고 있는 것은 아니다. 교회가 고집스럽게 어느 한 사람한테—그게 토마스 아퀴나스든지, 루터든지, 칼뱅이든지—고착되어 그의 학파를 만들고 한 가지 형태의 교리만 내세우는 것은 도움이 되지 않는다. 나는 교회 교의학 전체를 하나의 집이 아니라, 우리가 걸어갈 길에 대한 안내로 여긴다. 이 교회 교의학은 정적인 개념이 아니라 역동적인 개념으로만 표현될 수 있는 어떤 본질의 움직임에 대한 서술인 것이다. 그런데 집은 정적 개념이다.[2]

교회 일치를 위한 에큐메니컬 운동은 또한, '다원화를 통한' 신앙의 분열과 파편화를 경계해야 한다. 바울이 말하는 다양성의 포용은 '좋은 게 좋은 것'이라는 진리의 취사 선택이 아니라, '다양성을 포용하는 하나 됨'이기 때문이다.

'하나 됨'을 위한 원리로서의 '사랑'

"우상의 제물에 대하여는 우리가 다 지식이 있는 줄을 아나 지식은 교만하게 하며 사랑은 덕을 세우나니 만일 누구든지 무엇을 아는 줄로 생각하면 아직도 마땅히 알 것을 알지 못하는 것이요 또 누구든지 하나님을 사랑하면 그 사람은 하나님도 알아주시느니라"(고전 8:1-3).

우상의 제물을 먹을 수 있는 성숙한 신앙에도 불구하고 우상의 제물을 먹지 말아야 하는 이유는, '지식은 교만'하게 하고, '사랑은 덕'을 세우기 때문이다. 바울이 제시하는 하나 됨의 원리는 '지식'이 아닌, '사랑'이다. 지식의 논쟁은 교만의 발로이고, 교만한 지식으로는 교회가 하나 될 수 없다. 바울은 본문에서 성경적이고 신학적인 지식만으로 시시비비를 가리는 사람을 아직도 '마땅히 알아야 할 것'을 알지 못하는 교만한 신앙의 소유자로 판단한다.

바울은 마땅히 알아야 할 것을 아는 자를 '사랑의 지식'을 가진 자로 말한다. 지식이 아닌 사랑으로 교회의 연합을 추구하는 자가 모든 것을 알고 있는 자다. "누가 옳으냐?"를 통해 시시비비를 가리는 것이 아니라, "어떻게 사랑하느냐?"는 입장을 취할 때, 교회는 하나 될 수 있다. 율법에 대한 바울의 부정적인 태도를 불식시키기 위해 예루살렘 교회의 지도자 야고보가 바울에게 권면한 결례 예식을 바울은 불평 없이 수용해 예루살렘 성전에서 율법의 결례를 행하고, 서원의 절차법에 따라 제사장에게 그 종결을 공식적으로 보고한다(행 21:20-25).

율법의 폐지를 주장하면서 율법을 준수하는 바울의 이중적인 태도에 대한 사람들의 의구심을 눈치챈 바울은 고린도전서 9장 20-22절에서 이렇게 말한다.

"유대인들에게 내가 유대인과 같이 된 것은 유대인을 얻고자 함이요 율법 아래에 있는 자들에게는 내가 율법 아래에 있지 아니하나 율법 아래에 있는 자같이 된 것은 율법 아래에 있는 자들을 얻고자 함이요 율법 없는 자에게는 내가 하나님께는 율법 없는 자가 아니요 도리어 그리스도의 율법 아래에 있는 자이나 율법 없는 자와 같이 된 것은 율법 없는 자들을 얻고자 함이라 약한 자들에게 내가 약한 자와 같이 된 것은 약한 자들을 얻고자 함이요 내가 여러 사람에게 여러 모습이 된 것은 아무쪼록 몇 사람이라도 구원하고자 함이니"

율법 아래에 있는 자들에게는 율법 아래에 있는 자같이 되고, 율법 없는 자에게는 율법 없는 자같이 처신하는 율법에 대한 바울의 이중적인 태도는 구원을 갈망하는 '영혼 사랑' 때문이다.

"모든 것이 가하나 모든 것이 유익한 것은 아니요 모든 것이 가하나 모든 것이 덕을 세우는 것은 아니니 누구든지 자기의 유익을 구하지 말고 남의 유익을 구하라"(고전 10:23-24).

바울은 성경의 올바른 지식을 깨닫지 못하는 자들을 힐난하지 않고, 그들이 성경의 의미를 깨달을 때까지 기도하고 기다리면서 사랑으로 포용했다. 자기중심적 신앙이 덕을 세우는 것이 아니라, 이웃을 위해 헌신하는 사랑의 신앙이 교회를 하나로 뭉치게 한다. 신학적 통일과 교회 예식의 표준화, 상시적인 행사의 공동개최 등으로 교회의 일치는 불가능하다. 하나님 사랑의 극치가 되는 '하나 됨'은 그리스도의 사랑에 대한 지식으로 가능하다. 교회의 하나 됨을 추구하는 에큐메니컬은 신학의 일치가 아닌, '사랑의 일치'가 되어야 한다. 한국교회는 하나 됨을 위해 자유와 지식에 앞서 '사랑'이 있음을 기억해야 한다(고전 8:9; 갈 5:13).

그리스도를 향한 사랑은, 모든 종류의 그리스도의 교회에 속한 신자들이 하나로 만나는 공통점이다. 감독교인이나 장로교인이나, 침례교인이나 독립교인이나, 칼뱅주의자나 아르미니우스주의자나, 감리교인이나 모라비안교인이나, 루터교인이나 개혁교인이나, 국교도나 비국교도나 적어도 그리스도를 향한 사랑에 있어서는 동일하다. 형식과 예식, 교회 정치와 예배의 형태는 서로 많이 다르지만, 한 가지 점에서는 분명히 일치한다. 그들 모두 주 예수 그리스도를 변함없이 사랑한다(엡 6:24).[3]

구원, 하나님 사랑의 선택

"인간의 성패를 결정짓는 구원의 원리는 무엇인가?", "하나님은 어떤 기준으로 인간을 구원하시는가?"

사도 바울은 로마서 9장에서 이 질문에 대답한다. 로마서 9장은 바울이 펼치는 성경의 구원론이다.

하나님의 선택

바울은 로마서 9장 1-3절에서 영적으로 사망한 동족 이스라엘을 향한 자기 내면의 영적 고통을 토로하면서 자신이 저주를 받아 그리스도에게서 끊어지는 한이 있더라도 이스라엘이 구원에 이르기를 갈망한다고 고백하면서 이스라엘이 하나님으로부터 받은 말씀, 곧 '양자 됨과 영광과 언약들과 율법을 세우신 것과 예배와 약속들과 메시아 탄생'(롬 9:4)이 여전히 유효하다고 선포한다. 영적 죽음에도 이스라엘을 향한 하나님의 축복이 여전한 것은 이스라엘이 다 이스라엘이 아니기 때문이다.

"그러나 하나님의 말씀이 폐하여진 것 같지 않도다 이스라엘에게서 난 그들이 다 이스라엘이 아니요"(롬 9:6).

하나님의 말씀이 폐해지지 않은 것은 하나님의 축복이 모든 이스라엘 사람에게 주어진 것이 아니라, 하나님의 택하심의 뜻에 따라서 부르심을 받은 영적 이스라엘에게 주어지는 것이기 때문이다. 이스라엘의 소망은 약속의 자녀들이다.

"또한 아브라함의 씨가 다 그의 자녀가 아니라 오직 이삭으로부터 난 자라야 네 씨라 불리리라 하셨으니 곧 육신의 자녀가 하나님의 자녀가 아니요 오직 약속의 자녀가 씨로 여기심을 받느니라"(롬 9:7-8).

바울은 이스라엘을 두 부류, 곧 '약속의 자녀'와 '육신의 자녀'로 구분하고, 하나님이 주시는 영적 특권의 대상을 약속의 자녀들로 제한시킨다. 참 이스라엘은 아브라함의 혈통 중 '오직 이삭으로부터 난 자'들이다. 아브라함의 육정으로 계집종 하갈에게서 태어난 이스마엘은(창 16장) '육신의 자녀'이고, 아브라함과 사라가 늙어 생식의 능력을 상실했을 때 하나님이 잉태하게 하심으로 출생한 이삭은 이스라엘의 '약속의 자녀'이다(창 18:15-22, 21:1-7). 이삭을 이스라엘의 약속의 자녀로 지목한 바울은, 이번에는 이삭의 두 아들을 구별한다.

"그뿐 아니라 또한 리브가가 우리 조상 이삭 한 사람으로 말미암아 임신하였는데 그 자식들이 아직 나지도 아니하고 무슨 선이나 악을 행하지 아니한 때에 택하심을 따라 되는 하나님의 뜻이 행위로 말미암지 않고 오직 부르시는 이로 말미암아 서게 하려 하사 리브가에게 이르시되 큰 자가 어린 자를 섬기리라 하셨나니"(롬 9:10-12).

이삭의 자녀 중 하나님이 선택하신 약속의 자녀는 장자 '에서'가 아닌, 차자 '야곱'이다. 하나님이 그들이 무슨 선이나 악을 행하지 아니한 때에 그렇게 결정하셨기 때문이다.

인간의 구원은 '하나님의 선택'이다. 이스마엘과 에서가 육신의 자녀가 되고, 이삭과 야곱이 약속의 자녀가 되는 이유는 하나님이 그들이 태어나기도 전에 그렇게 '결정'하셨기 때문이다. 인간의 구원은 인간이 획득한 어떤 성취나 여하간의 조건과 상관없이 하나님의 자유로운 선택으로 이루어진다는 것이 바울이 로마서 9장에서 강조하는 구원론이다.

바울은 에서와 야곱에 대한 하나님의 선택 시기를 그들의 출생 전으로 말함으로써(롬 9:11) 인간의 그 어떤 것도 구원과 상관이 없음을 못 박는다. 바울은 하나님의 선택으로 결정되는 인간의 구원을 '바로의 인생'으로 설명한다. 하나님이 세상에 당신의 능력을 드러내시기 위한(롬 9:17-18) 바로의 인생은 인간의 의지가 아닌, 하나님의 작정으로 결정되는 인간 운명의 예증이다.

"그러나 여호와께서 바로의 마음을 완악하게 하셨으므로 그들의 말을 듣지 아니하였으니 여호와께서 모세에게 말씀하심과 같더라"(출 9:12).

출애굽기 저자는 바로의 강퍅함조차도 하나님의 결정이라고 진술한다. 바로가 바로인 것은 하나님이 바로를 바로 되게 하셨기 때문이다. 인간의 구원은 본질적으로 인간의 자유 의지의 결과가 아닌, 하나님의 선택의 결과이다. 인간의 자유 의지 앞에 하나님의 선택이 있다.

로이드 존스는 네 가지 질문을 통해 구원이 하나님의 선택임을 확증한다.

첫째, "기독교 국가와 같은 것이 있는가?" 대답은 '없다'입니다. 둘째, "그리스도인이면 자녀도 반드시 그리스도인인가?" 그에 대한 대답은 '아니오'입니다. 셋째, "세(침)례를 받은 자는 반드시 그리스도인들인가?" 거기에 대한 대답도 '아니오'입니다. 넷째, "교회의 회원으로 되어 있는 모든 사람은 필연적으로 그리스도인들인가?" 그에 대한 대답도 '아니오'입니다.[1]

구원의 문은 밖에서는 열리지 않는다. 구원과 관련해 인간이 할 수 있는 태도는 자신의 구원을 간절히 소원하면서 구원의 문이 열리기를 계속해서 두드리는 것밖에는 없다. 자신을 구원할 문이 열릴 것인지 아닌지는 오로지 하나님의 의지와 능력과 행위에 달려 있다.[2] 그리스도인은 창세 전에 그리스도 안에서 '하나님의 선택'을 받은 인간이다

(엡 1:4-5). 인간의 구원은 그 인간 없는, 하나님 홀로의 선택이다.

하나님의 주권적 선택의 기준

"구원이 하나님의 주권적 선택이라면, 하나님이 인간을 선택하시는 기준은 무엇인가?"

하나님의 주권적인 선택으로 말미암은 참 이스라엘의 조건에 대해 언급한 바울은 이제 하나님의 주권적 선택의 기준을 말한다.

"기록된 바 내가 야곱은 사랑하고 에서는 미워하였다 하심과 같으니라 그런즉 우리가 무슨 말을 하리요 하나님께 불의가 있느냐 그럴 수 없느니라 모세에게 이르시되 내가 긍휼히 여길 자를 긍휼히 여기고 불쌍히 여길 자를 불쌍히 여기리라 하셨으니 그런즉 원하는 자로 말미암음도 아니요 달음박질하는 자로 말미암음도 아니요 오직 긍휼히 여기시는 하나님으로 말미암음이니라"(롬 9:13-16).

바울은 말라기 1장 2-3절의 인용이 되는 로마서 9장 13절을 통해 하나님이 야곱을 약속의 자녀로 선택하신 이유를 '하나님의 사랑'으로 언급한다. 야곱이 이스라엘의 약속의 자녀가 될 수 있었던 것은 하나님이 야곱을 사랑하셨기 때문이다. 반면에 에서가 이스라엘의 육신의 자녀가 된 것은 하나님이 에서를 미워하셨기 때문이다. '하나님의 사랑'이 에서와 야곱의 운명을 갈라놓았다. 인간을 선택하시는 하나님의 기준은 사랑이다.

> "너는 여호와 네 하나님의 성민이라 네 하나님 여호와께서 지상 만민 중에서 너를 자기 기업의 백성으로 택하셨나니 여호와께서 너희를 기뻐하시고 너희를 택하심은 너희가 다른 민족보다 수효가 많기 때문이 아니니라 너희는 오히려 모든 민족 중에 가장 적으니라 여호와께서 다만 너희를 사랑하심으로 말미암아, 또는 너희의 조상들에게 하신 맹세를 지키려 하심으로 말미암아 자기의 권능의 손으로 너희를 인도하여 내시되 너희를 그 종 되었던 집에서 애굽 왕 바로의 손에서 속량하셨나니"(신 7:6-8).

모세는 8절의 '다만'이라는 단어를 통해 이스라엘이 하나님의 보호와 축복을 받는 오직 한 가지 이유가 이스라엘을 향한 하나님의 사랑이라는 사실을 부각시킨다. 신명기에는 언제나 그렇게 그것은 "여호와께서 너희 조상들을 사랑하셨기 때문이었다"라는 말씀이 반복되고 있다(신 4:47, 10:15, 23:5). 하나님은 이스라엘의 구원을 이스라엘의 공로와는 무관하게 행하셨으며, 또한 이스라엘로부터 그러한 공로는 요구하지도 않으셨다. 이스라엘이 배신을 해도, 또한 하나님에 대한 그들의 감사와 신뢰 없음이 극에 달해도, 그리고 이스라엘에 어둠이 드리워져 암흑천지가 되어도, 여전히 하나님은 계시되고 증거된다. 그런 이유는 이스라엘이 '하나님의 사랑' 안에 있기 때문이다.[3]

하나님의 은혜와 인간의 믿음의 조화

"영접하는 자 곧 그 이름을 믿는 자들에게는 하나님의 자녀가 되는 권세를 주셨으니"(요 1:12).

하나님은 스스로 예수 그리스도를 믿는 인간을 구원하신다. 바울은 인간을 구원에 이르게 하는 믿음의 출처를 '하나님의 은혜'로 말한다.

"너희는 그 은혜에 의하여 믿음으로 말미암아 구원을 받았으니 이것은 너희에게서 난 것이 아니요 하나님의 선물이라 행위에서 난 것이 아니니 이는 누구든지 자랑하지 못하게 함이라"(엡 2:8-9).

구원의 믿음은 하나님이 베푸시는 은혜의 결과물이다. 바울은 믿음 앞에 '은혜에 의하여'라는 수식어를 둠으로써 인간을 구원에 이르게 하는(요 1:12) 믿음이 은혜의 역사임을 강조한다. 구원의 믿음은 인간의 독자적인 믿음이 아닌, 하나님이 은혜로 믿게 하시는 믿음이다. 하나님이 선택하신 인간이 반드시 예수 그리스도를 영접하는 이유는 믿음이 은혜로 말미암기 때문이다. 은혜에는 복음을 수용하는 믿음이 내포되어 있다.

그런 점에서 "하나님의 은혜는 진정으로 사람들에게 확장될 수 있다. 그러나 만일 그 은혜가 믿음의 반응을 만나지 않는다면…그 은혜는 전혀 구원의 효력을 갖지 못한다"[4]는 기독교 신학자이자 변증가인 피녹(Clark H. Pinnock, 1937-2010)의 말은 왜곡된 구원론이다. 왜냐하면, 구원은 하나님의 은혜와 인간의 믿음이 함께 빚어내는 상호협력의 역사가 아닌, 하나님의 일방적인 사랑의 선택이기 때문이다. 하나님의 사랑의 부르심을 받은 자는 필연적으로 복음을 수용하고, 하나님의 자녀로 거듭난다. 그러나 그러한 과정은 강제가 아닌, '하나님의 자유' 안에 있는, '인간의 자유' 안에서 성취된다(바울이 언급한 바로의 인생은 하나님의 작정의 결과이지만, 동시에 바로 자신의 자유의지의 결과물이다). 칼 바르트는 인간의 구원을 '전적으로 자유로우나 또한 하나님의 온전한 구속 안에 있는 것'으로 묘사한다.

> 그의 사랑은 기계적인 권세를 행사하려 하지 않으며, 움직여질 수 없는 것을 외부로부터 움직이려 하지 않으며, 꼭두각시나 노예를 지배하려 하지 않는다. 오히려 그 사랑은 신실한 종과 친구들 속에서, 단순히 그들의 굴종이 아니라 그들의 복종에서 그들 자신이 그를 향해 자유로이 결단함에서 승리하려 한다. 그에 의해서 선택받은 자가 그 자신을 다시금 선택할 수 있고 선택하려 하는 것이 하나님의 영원한 은혜의 선택의 의미와 능력이다.[5]

인간은 자신도 모르게 구원되지는 않는다. 인간은 기계처럼 강제에 못 이겨 하나님의 의지에 따르지 않는다. 하나님은 인간이 결국 "예"라고 말하게끔 하려고 많은 수단을 쓴다. 그것은 강요에 의해서가 아니라 완만한 설득에 의해서이다. 그와 같이 하나님의 의지가 인간 안에서 인간에 의해 이루어지는 것은 인간에게 달려 있지 않다. 그러나 하나님은 강요하지 않는다. 그것이 바로 바르트가 '하나님의 자유 안에서 인간의 자유'라고 부른 것이다.[6]

"율법은 진노를 이루게 하나니 율법이 없는 곳에는 범법도 없느니라 그러므로 상속자가 되는 그것이 은혜에 속하기 위하여 믿음으로 되나니 이는 그 약속을 그 모든 후손에게 굳게 하려 하심이라 율법에 속한 자에게뿐만 아니라 아브라함의 믿음에 속한 자에게도 그러하니 아브라함은 우리 모든 사람의 조상이라"(롬 4:15-16).

예수 그리스도를 믿음으로 구원에 이르게 하는 하나님의 방식은 구원의 믿음이 은혜에 속하게 하기 위함이다. 바울은 이스라엘의 조상으로 세워진 아브라함을 민족적이고 종교적인 차원이 아니라 세상 모든 열방 가운데 있는 믿는 자들의 조상으로 확장함으로써, 구원의 믿음이 율법의 행위가 아닌 '은혜의 결과'라는 사실을 만방에 선포한다.

바울은 자신의 서신서에서 그리스도인의 정체성을 '하나님의 사랑하심을 받고 성도로 부르심을 받은 모든 자들'(롬 1:7), '하나님의 큰 사랑으로 인하여 그리스도와 다시 살아난 자들'(엡 2:4-5), '하나님의 사랑하심으로 택하심을 받은 자들'(살전 1:4)로 서술한다. 루터가 임종 직전에 남긴 말은 "We are beggar, it is true"(우리는 모두 거지이고, 그것은 사실이다)이다. 거지는 은혜 받은 자의 표상이다. '사랑 외에' 그리스도인이, 그리스도인이 될 수 있었던 다른 이유는 없다. 유행가로 치면 '사랑밖엔 난 몰라'가 그리스도인의 주제곡이다. 그리스도인이 하나님께 자신의 모든 것을 드리는 이유는 가치 없는 죄인을 구원하신 한량없는 하나님의 사랑 때문이다.

> 천번을 불러 봐도 내 눈에 눈물이 멈추지 않는 것은 십자가의 그 사랑
> 나를 살리려 지신 그 십자가 모든 물과 피 나의 더러운 죄 씻으셨네
> 나를 향한 그 사랑, 생명을 내어주사 영원한 생명을 내게 주심을 감사해
> 천번을 불러도 내 눈에는 눈물이 멈추지 않는 것은 십자가의 그 사랑
> 나를 살리려 하늘 보좌 버리신 나를 사랑하신 분 그분이 예수요
>
> (복음송 "천 번을 불러도")

인간의 항변과 바울의 대답

"그러면 하나님이 어찌하여 허물하시느냐"(롬 9:19a).

하나님의 일방적인 사랑의 선택으로 결정되는 구원의 방식에 일단의 인간들이 이의를 제기한다. '스스로 믿는 인간', '착한 인간', 예수 그

리스도의 십자가 안에서 '모든 인간'을 구원하라는, 아르미니우스주의, 도덕주의, 바르트주의다.

인간의 항변

"스스로 믿는 인간을 구원하라."(아르미니우스주의)

하나님의 구원방식에 가장 먼저 이의를 제기하는 인간은 '아르미니우스주의자들'이다. 16세기 네덜란드 개혁주의 신학자 야코부스 아르미니우스(Jacobus Arminius, 1560-1609)의 가르침을 추종하는 아르미니우스주의자들은 인간의 구원은 하나님이 주시는 선험적 은혜 위에서 인간이 스스로 결단하는 믿음으로 성취된다고 주장한다. 그러나 이는 성경의 심각한 왜곡이다.

아르미니우스주의자들은 로마서 8장 29절("하나님이 미리 아신 자들을 또한 그 아들의 형상을 본받게 하기 위하여 미리 정하셨으니")을 근거로, 인간의 구원은 태초에 하나님이 미리 아신 '복음에 대한 인간의 결정'을 수용하는 '예지 예정'을 주장한다. 하지만 로마서 8장에는 '미리 아신'의 의미가 하나님의 예지 예정이라고 추정할 만한 근거가 나오지 않는다. 로마서 8장 29절과 11장 2절에 나오는 동사 '프로기노스코'는 '미리 아심'이나 '미리 정하심' 중의 하나로 해석할 수 있지만, 강하게 관련된 히브리적 배경과 베드로전서 1장 20절, 사도행전 1장 23절, 그리고 바울의 신학적 전체적인 논조를 고려해 볼 때, 하나님을 주어로 하는 '프로기

노스코'는 '친밀히 알다' 혹은 '미리 사랑하다'는 의미의 은혜를 내포하는 말로 이해하는 것이 적절하다. 하나님이 은혜의 특별한 방식으로 당신의 백성을 아신다고 할 때, 그것은 하나님이 미리 사랑하신다는 뜻이다.[1]

또한 아르미니우스주의자들은 사람이 의롭다 하심을 얻는 것은 율법의 행위에 있지 않고 믿음으로 된다는 로마서 3장 28절에 대해 "믿음은 행위에 속하지 않는다"는 말로 반박한다. 실제 바울은 로마서 4장 2-3절에서 믿음은 행위에 속하지 않는다고 말한다. 문제는 아르미니우스주의자들이 말하는 믿음과 로마서 9장의 믿음이 서로 다르다는 점이다. 바울이 로마서에서 줄곧 말하는 믿음은 전적인 하나님의 은혜에서 발현되는 믿음이고, 아르미니우스주의자들이 주장하는 믿음은 하나님의 선험적 은혜 위에서 인간 스스로 결단하는 믿음이다.

아르미니우스주의자들의 주장이 보편적인 타당성을 가지려면 '복음의 공정성'이 전제되어야 한다. 왜냐하면, 구원이 인간 스스로의 결정이라면 이 세상의 모든 인간에게 복음이 빠짐없이 증거되어야 하기 때문이다. 그러나 우리가 알고 있는 것처럼 복음은 모든 시대, 모든 사람에게 증거되지 않았다. 수많은 인간이 복음을 한 번도 듣지 못한 채로 생을 마감했다. 아르미니우스주의자들의 주장은 복음을 한 번도 듣지 못한 인간에게 "너는 왜 예수를 믿지 않았느냐?"고 따지는 양상이다.

만약 아르미니우스주의자들의 주장처럼 인간의 의지적 믿음으로 구원을 받는다면, 성경에 기록된 하나님의 은혜에 대한 수많은 감사와 찬미는 모두 허황된 고백이 되고, 바울은 은혜에 대한 심각한 집착증을 가진 중증환자로 전락하고 만다. 아르미니우스주의의 치명적 단점은 '하나님의 은혜의 거대한 결함'이다. 구원은 전적인 하나님의 은혜의 역사이자, 성령의 거듭남(요 3:5)이다. 우리는 A.D. 325년의 니케아 종교회의에서 결정된 아르미니우스주의의 이단 선언이 교회의 공식적인 결의로 아직 철회되지 않았음을 기억해야 한다.

"착한 인간을 구원하라."(도덕주의)

"교회에 다니면서 나쁜 짓을 골라 하는 인간은 천당 가고, 교회에 다니지는 않지만 착하고 성실하게 사는 인간은 지옥 가는 게 말이 됩니까?"

우리가 전도하면서 사람들에게 가장 빈번하게 듣는 말이다. 하나님의 사랑의 선택으로 결정되는 인간의 구원에 대해 도덕주의자들은 "착한 인간이 구원받아야 한다"고 목소리를 드높인다. 종교보다 도덕을 우위에 두는 도덕주의가 자연스럽게, 친화적으로 기독교에 발을 들여놓았다. 미국 컬럼비아 대학교 인문학 교수이고, 서구 사상가인 마크 릴라(Mark Lilla)는 프랑스의 계몽주의 철학자 루소(Jean-Jacques Rousseau, 1712-1778)와 독일의 관념주의 철학자 칸트(Immanuel Kant, 1724-1804)가 이룬 도덕 종교의 위험성을 지적한다.

사도 시대부터 수많은 분파와 이단이 그랬던 것처럼 루소는 계시나 성서에 호소하지 않고, (사람들의 관심을) 신에서 신에 대한 인간의 필요성으로 돌리면서 새로운 성격의 신앙을 위한 신학적 기초를 마련했다. 루소와 칸트는 둘 다 신학의 초점을 신에서 신에 대한 인간의 믿음으로, 신성한 계시에서 인간의 정신으로 바꿔 놓으면서 인간의 정신을 이성과 종교의 근원으로 바라보았다. 우리가 주변에 항상 종교적 인간을 둘 수밖에 없다면 수중의 과제는 기독교적 인간을 종교적 인간으로 개혁하는 것이다.[2]

도덕 종교는 하나님을 도덕에 가두어 버렸다. 기독교가 성경이 아닌, 도덕의 가치체계로 진리를 판단하기 시작한 것이다. 신을 위한 도덕이 아니라, 도덕을 위한 신이다.

"우리가 알거니와 무릇 율법이 말하는 바는 율법 아래에 있는 자들에게 말하는 것이니 이는 모든 입을 막고 온 세상으로 하나님의 심판 아래에 있게 하려 함이라 그러므로 율법의 행위로 그의 앞에 의롭다 하심을 얻을 육체가 없나니 율법으로는 죄를 깨달음이니라"(롬 3:19-20).

율법은 하나님 앞에 의롭다 하심을 받을 만한 도덕적 인간은 이 세상에 존재하지 않는다고 못 박는다. 스스로의 깨달음을 통해 하나님을 찾고 선을 행하는, 구원에 합당한 도덕주의자들은 단 한 명도 없다(롬 3:10-12). 성경이 말하는 구원에 이르는 '선'은 인간의 도덕적 선행이 아닌, 영생을 얻은 자들의 진리의 삶(삼하 2:6; 잠 14:22; 요 5:29; 롬 2:7, 10; 골

1:10; 딤후 3:17)을 일컫는다. 천국은 착한 삶을 살았으나 여전히 죄를 가지고 있는 도덕주의자들은 들어갈 수 없는 거룩한 나라다. 도덕 종교의 목표는 '하나님 없는' 도덕이다. 장로교 목회자인 도널드 그레이 반하우스(Donald Grey Barnhouse)는 사탄이 정복한 도시, 곧 도덕 종교가 장악한 교회의 모습을 이렇게 묘사한다.

> 만약 사탄이 필라델피아를 장악한다면, 술집은 모두 문을 닫을 것이고, 도색물들은 자취를 감출 것이다. 깨끗해진 거리는 서로 웃음을 머금은 보행자들로 가득 찰 것이다. 저주 악담도 사라질 것이다. 아이들은 "예, 선생님" 하고 공손하게 말할 것이며, 교회는 매주 문전성시를 이룰 것이다.…그러나 교회에서는 그리스도가 선포되지 않을 것이다.[3]

도덕주의자들은 매 순간 성령도 없고 자신의 지난 죄를 용서해 주는 자비로운 아버지도 없이 그 자신이 중재자 성령의 역할을 대신 감당해야 하는 갈보리 언덕의 삶을 살아가야 한다.[4]

"이스마엘과 이삭도 구원하라."(바르트주의자들)

하나님의 일방적인 사랑의 선택으로 결정되는 인간의 구원방식에 항변하는 세 번째 부류는 '바르트주의자들'이다. 그들은 "예수 그리스도의 속죄로 세상의 모든 인간이 예수 그리스도 안에서 하나님과 화해된 결과로 예수 그리스도 안에서 하나님의 우편에 있는 이삭뿐만이 아니라 하나님의 좌편에 있는 이스마엘도 구원받았다"는 소위 '화해론'을 통해 모든 인간의 구원을 주장한다. 인간을 선택하시는 하나님이요 동시에 선택받는 인간인 예수 그리스도의 십자가 안에서 모든 인간은 하나님과 화해되어 있다는 '화해론'의 주창자인 칼 바르트는 자신의 신학 완결판인 《교회 교의학》에서, "구원이 인간의 행위와 상관없는 하나님의 일방적인 사랑의 선택이라면, 사랑의 하나님이 일부의 인간은 선택(구원)하고 나머지 일부의 인간은 버리신다(유기)는 것은 불가능한 일"이라고 말한다. 칼 바르트에게 있어 불신자는 본질적으로 구원받았으나, 아직 구원의 때가 이르지 않은 잠정적인 신자들일 뿐이다. 예수 그리스도를 통해 인간을 구원하신 사랑의 하나님이 인간에게 지옥의 심판을 내리실 리가 없다는 것이 바르트의 주장이다.

"이스마엘에 대하여는 내가 네 말을 들었나니 내가 그에게 복을 주어 그를 매우 크게 생육하고 번성하게 할지라 그가 열두 두령을 낳으리니 내가 그를 큰 나라가 되게 하려니와"(창 17:20).

바르트는 하나님이 늘 함께하시고(창 21:17-18), 하나님이 큰 민족을 이루게 하실 이스마엘 역시 하나님으로부터 버림받은 자가 아니라 그 나름대로 하나님에 의해, 또 야곱의 백성에 의해 인정받은 한 계약 백성의 조상이라고 주장한다. 그러나 바울의 생각은 바르트와 다르다. 바울은 로마서 9장에서 하나님이 이스마엘에게 허락하신 축복의 목적을 다음과 같이 설명한다.

"호세아의 글에도 이르기를 내가 내 백성 아닌 자를 내 백성이라, 사랑하지 아니한 자를 사랑한 자라 부르리라 너희는 내 백성이 아니라 한 그 곳에서 그들이 살아 계신 하나님의 아들이라 일컬음을 받으리라 함과 같으니라… 그런즉 우리가 무슨 말을 하리요 의를 따르지 아니한 이방인들이 의를 얻었으니 곧 믿음에서 난 의요"(롬 9:25-26, 30).

이스마엘에게 큰 민족(대상 1:29-31)을 이루게 하신 하나님의 축복은 이방인의 구원과 관련되어 있다. 하나님이 이스마엘에게 축복을 주신 이유는 이스마엘이 이룰 큰 민족 안에 하나님이 선택하신 '약속의 자녀들'이 존재하기 때문이다. 이스마엘을 향한 하나님의 축복은 이스마엘을 위한 것이 아니라, 이스마엘의 허리를 통해 태어날 하나님의 자녀들을 위한 것이다.

바르트는 구원을 통해 성취되는 하나님의 나라라는 관점에서 이스마엘의 축복을 보지 못했다. 인간의 유기라는 전통적 예정론이 가지는 결점을 해결해 보려는 바르트의 화해론은 오히려 더 큰 화를 초래했다. 예수 그리스도의 배타적 구원을 부정하면서 모든 종교의 구원을 허용하는 다원주의에 길을 터준 것이다. 바르트의 화해론은 '예수 그리스도 중심'의 성경적 구원론을 '예수 그리스도로 일원화된', '예수 그리스도 없는' 구원으로 왜곡시키고 말았다.

인간의 항변에 대한 바울의 대답

바울은 '스스로 믿는 인간', '착한 인간', 그리고 '모든 인간'을 구원하라는 인간의 항변에 세 가지로 대답한다.

창조주 하나님의 절대 권한

"토기장이가 진흙 한 덩이로 하나는 귀히 쓸 그릇을, 하나는 천히 쓸 그릇을 만들 권한이 없느냐 만일 하나님이 그의 진노를 보이시고 그의 능력을 알게 하고자 하사 멸하기로 준비된 진노의 그릇을 오래 참으심으로 관용하시고 또한 영광 받기로 예비하신 바 긍휼의 그릇에 대하여 그 영광의 풍성함을 알게 하고자 하셨을지라도 무슨 말을 하리요"(롬 9:21-23).

인간이 하나님의 구원방식에 불만을 표할 수 없는 이유는 인간을 구원하시는 하나님이 만물을 창조하시고 우주를 통치하시는 창조주 하나님이시기 때문이다. 토기장이가 토기의 쓰임새를 결정하듯, 인간의 구원은 인간 자신이 아닌 하나님의 전적인 권한에 속해 있다는 것이 인간이 하나님의 구원방식에 이의를 제기할 수 없는 첫 번째 이유다. 피조물인 인간은 자신을 창조하신 하나님의 결정에 대해 수용하는 자유만 갖는다. 인간을 마주 대하고 있는 하나님이 인간을 지으신 창조주이심을 한시도 잊어서는 안 된다. 올바른 신앙은 창조주 하나님과 피조물인 인간의 정상적인 관계 구도에서 가능하다.

은혜의 선물로서의 구원, 응당한 심판으로서의 유기

칼 바르트는 하나님의 사랑의 선택과 미움의 유기는 인간의 이성으로 볼 때 불합리한 결정이라고 주장하면서, "하나님은 원하시는 자에게 자비를 베풀고, 원하시는 자를 완고하게 만든다는 이 계획은 문자적으로 받아들일 때 인간 이성의 죽음의 춤이다"[5]라고 말한다. '사랑'이 구원의 이유라면, 구원받지 못한 이유는 '사랑받지 못함'이 된다는 것이다. 그러나 바울은 바르트의 그러한 논리적 해석에 동의하지 않는다.

> "하나님께서 각 사람에게 그 행한 대로 보응하시되 참고 선을 행하여 영광과 존귀와 썩지 아니함을 구하는 자에게는 영생으로 하시고 오직 당을 지어 진리를 따르지 아니하고 불의를 따르는 자에게는 진노와 분노로 하시리라"(롬 2:6-8).

바울은 구원받지 못하는 인간의 책임을 '인간 자신의 행위', 곧 '당을 지어 진리를 따르지 아니하고 불의를 따르는 행위'로 돌린다. 하나님을 향한 인간의 강퍅함에 대한 심판이 하나님의 유기다. 성경은 구원의 이유를 하나님의 은혜로 말하지만, 심판의 이유를 은혜 없음이 아닌 인간의 불신으로 돌린다. 데살로니가후서 2장 10절에서도 바울은 불의의 모든 속임으로 멸망하는 자들이 심판받는 이유를 그들이 진리의 사랑을 받지 아니한 것으로 말한다. 사람을 죽인 자가 "왜 나를 살인죄로 처벌하느냐?"고 말할 수 없듯이, 구원받지 못한 자들이 자신들의 죄의 심판에 대해 불만을 표시할 수 없다는 것이 인간의 항변에 대한 바울의 두 번째 대답이다.

하나님의 초월적 신비의 역사

요한복음 3장 16절의 복음에 대해, 만약 하나님이 일부 사람들만 구원받도록 택하신다면 이 말씀은 진리일 수 없다고 반박하는 자들에게 미국의 복음주의 지도자인 존 파이퍼(John Stephen Piper)는 하나님의 초월적 역사를 설명한다.

"하나님은 개인들을 무조건적으로 선택하시면서 동시에 모든 사람에게 긍휼을 가지실 수는 없다"라는 명제는 성경에 기초한 게 아니라 일종의 철학적 가설에 기초한다. 성경을 읽노라면 누구나 이 역설적인 상황에 직면한다. 나는 이 역설을 올바로 설명할 수 없다면 차라리 그대로 두는 편을 택하겠다. 내가 보기에 하나님의 무조건적인 선택을 잘못됐다고 지적하는 사람들이야말로 비성경적인 논리에 휘둘리는 듯싶다. 하나님은 우리 인간이 도저히 가늠할 수 없는 그분의 깊은 지혜로부터 통제를 받으신다(롬 11:33-36; 고전 2:9).[6]

하나님의 은혜의 선택과 인간의 자유로운 선택은 '하나님의 초월적 신비'에 속한다. 하나님의 구원은 이론을 통해서는 결코 이해할 수 없다. 구원은 스스로 밝히는 지식이 아니라, 밝혀지는, 증명되는 성령의 지식이기 때문이다. 구원받은 신자는 이성으로는 이해가 불가능한 하나님의 초월적 구원의 신비를 영적으로 알고 있다. 그리스도인이 구원을 논리적으로 입증하려 애쓰지 않는 이유는 자신을 구원한 하나님과 늘 동행하는 삶을 살고 있기 때문이다.

성경은 신비에 가득한 살아있는 인간과의 관계 속으로 들어오시는 하나님을 묘사한다. 바울은 로마서 11장 말미에서 이스라엘의 우둔함이 이방인의 긍휼의 구원으로 이어지는 구원의 경로를 추적하면서 지혜와 지식에 풍성하신 하나님의 판단은 그 누구도 헤아릴 수 없고, 그 길도 알 수 없는 '하나님의 신비'라고 역설한다. 구원이 오직 하나님께 영광이 되는 것은 구원이 하나님의 신비에 속해 있기 때문이다.

"하나님이 불의하다"는 문장은 성립되지 않는다. 하나님과 불의는 서로 짝할 수 없는 상충의 개념이기 때문이다. 창조주 하나님이 행하시는 모든 처사는 완전하고, 정의롭고, 진실하고, 거짓이 없고, 공의롭고, 바르다(신 32:4; 시 92:15).

"왜 제가 하나님의 사랑의 부르심을 받을 수 있었는지 정확한 이유를 알지 못합니다. 제가 알고 있는 것은 다만 죽어 마땅한 죄인 된 이 인간을 하나님이 사랑해 주셨다는 사실뿐입니다. 그것이 제가 세상을 살아가고, 하나님의 놀라운 사랑을 찬송하는 이유입니다. 할렐루야!"

사랑의 부르심을 받은 그리스도인들의 한결같은 고백이다. 구원의 본질은 '사랑'이다.

교회란 무엇인가?

구원은 결코 고립적으로 일어나지 않는다. 구원의 역사는 건물도, 조직도 아닌, 구원받은 믿는 자들의 공동체, 곧 '에클레시아'(ecclesia)를 구성한다. 에클레시아는 그리스어로서 "밖으로 불러 모으다", "부르심을 받은 자들"이라는 뜻이다. "교회는 하나님의 영원한 목적 한복판에 있다. 신약성서의 초점은 하나님과 화해된 에클레시아다.

사랑의 공동체로서의 교회

"교회란 무엇인가?" 이것은 개신교가 아직 풀지 못한 물음이다. 4세기 초 '삼위이체설'을 주장하는 아리우스파를 이단으로 단죄하며 정통 기독교 신앙을 수호하기 위해 교회가 채택했던 '교회는 하나뿐이며, 거룩하며, 보편적이요, 사도적'이라는 니케아 신조에는 성경이 말하는 '교회의 본질'이 누락되어 있다. 에밀 브루너는 장구한 역사 속에서 변질되어 버린 에클레시아의 실상을 고발한다.

마틴 루터는 신약성서의 에클레시아와 제도로서의 교회 사이에 놓인 차이를 가장 분명하게 보았다. 루터는 성서번역을 할 때, 신약성서의 '에클레시아'를 공동체로 번역했다.…이 공동체는 전적으로 성령 안에 있는 하나님의 백성, 예수 그리스도의 살아있는 머리에 붙어 있는, 살아 움직이는 몸이다. 그러나 역사는 '교회'라는 말을 훨씬 선호하여 사용했다. 역사 안에서 인격 공동체인 에클레시아가 1,500년간 변화의 과정을 거치면서 제도로서의 교회로 변질된 것이다. 사람들은 신약성서의 에클레시아, 초기 그리스도인들의 그리스도 공동체가 결코 교회가 아니었다는 것과, 교회이기를 원치 않았다는 사실을 분명히 인식해야 한다.[1]

그리스로 이동해 철학이 되고, 로마로 옮겨가 제도가 되고, 유럽으로 넘어가 문화가 되고, 미국으로 건너가 기업이 되어 버린 에클레시아로서의 교회의 변질은 정체성의 상실에서 비롯된 재앙이다. 바울은 에베소서 1장 21-23절에서 교회를 '예수 그리스도의 몸'으로 정의한다.

"모든 통치와 권세와 능력과 주권과 이 세상뿐 아니라 오는 세상에 일컫는 모든 이름 위에 뛰어나게 하시고 또 만물을 그의 발 아래에 복종하게 하시고 그를 만물 위에 교회의 머리로 삼으셨느니라 교회는 그의 몸이니 만물 안에서 만물을 충만하게 하시는 이의 충만함이니라"(엡 1:21-23).

교회는 하나님이 만물의 주권을 부여하신 '예수 그리스도의 몸'이다. 교회가 예수 그리스도의 몸이라는 의미는, 교회의 주인이 예수님이시고(교회의 주권), 예수님과 교회는 서로 분리될 수 없는 일체이며(교회의 연합), 예수 그리스도의 정체성이 곧 교회의 정체성이라는 것을 말한다.

교회를 예수 그리스도의 몸으로 규정한 바울은 에베소서 2장에서 긍휼이 풍성하신 하나님의 큰 사랑으로 다시 산 자들의 공동체(엡 2:4)인 교회가 하나님의 '은혜의 구원'(엡 2:8)에 기초하고 있음을 밝힌다. 에베소서 3장 17-19절에서 에베소 교인들이 은혜의 구원에 깃들어 있는 하나님의 충만한 사랑의 실체를 깨닫기를 간절히 기도한 바울은, 에베소서 4장에서 에베소 교인들을 향하여 사랑의 실천적 부분, 곧 '사랑으로 용납하는 삶'(엡 4:1-2), 그리스도 안에서 덕을 세우고 서로 용서하는, '은혜의 부르심에 합당한 삶'을 명령한다(엡 4:22-24, 26, 29, 32). 이후 에베소서 5장 1-2절에서 다시 한번 사랑의 실천을 재차 명령한 바울은 에베소서 5장 24-25절에서 예수님과 교회가 맺고 있는 '사랑의 관계'를 부부생활로 풀어내면서(엡 5:24-25) 에베소서 전체를 통해 '사랑이 교회의 정체성'임을 드러낸다.

"교회의 얼굴은 또한 죄인의 얼굴이다"라는 루터의 말처럼 교회의 뿌리는 하나님의 사랑이다. 에클레시아가 사랑 안에서 성장하는 이유가 거기에 있다(엡 4:15-16). '사랑의 하나님'이 세우신, '사랑의 공동체'가 바로 예수 그리스도의 몸 된 교회다.

초대교회가 사랑의 공동체가 될 수 있었던 이유

"또 여러 말로 확증하며 권하여 이르되 너희가 이 패역한 세대에서 구원을 받으라 하니 그 말을 받은 사람들은 세례를 받으매 이 날에 신도의 수가 삼천이나 더하더라 그들이 사도의 가르침을 받아 서로 교제하고 떡을 떼며 오로지 기도하기를 힘쓰니라 사람마다 두려워하는데 사도들로 말미암아 기사와 표적이 많이 나타나니 믿는 사람이 다 함께 있어 모든 물건을 서로 통용하고 또 재산과 소유를 팔아 각 사람의 필요를 따라 나눠 주며 날마다 마음을 같이하여 성전에 모이기를 힘쓰고 집에서 떡을 떼며 기쁨과 순전한 마음으로 음식을 먹고 하나님을 찬미하며 또 온 백성에게 칭송을 받으니 주께서 구원 받는 사람을 날마다 더하게 하시니라"(행 2:40-47).

사람들은 오순절 성령 강림으로 세상에 모습을 드러낸 초대교회를 기적의 역사가 홍왕한 성령 충만으로 말하지만, 사도행전의 저자 누가는 자신들의 재산을 팔아 서로의 물건을 통용하는 초대교인들의 행위를 근거로 초대교회를 '사랑의 공동체'(행 4:33-35)로 규정 짓는다. 누가는 기사와 표적의 서술(40-43절) 이후에 성령 충만한 역사가 일구어놓은 초대교회의 '사랑의 역사'를 소개한다.

"사도들이 큰 권능으로 주 예수의 부활을 증언하니 무리가 큰 은혜를 받아 그 중에 가난한 사람이 없으니 이는 밭과 집 있는 자는 팔아 그 판 것의 값을 가져다가 사도들의 발 앞에 두매 그들이 각 사람의 필요를 따라 나누어 줌이라"(행 4:33-35).

본문을 통해 누가가 강조하는 것은 기적과 부흥의 현상 자체가 아닌, 기적과 부흥의 역사가 이루어놓은 '사랑의 역사'다. 왜냐하면, 초대교인들이 자신들의 소유를 팔아 교회에 재산을 내놓은 이유는 성령 충만한 사도들이 증거한 '권능의 복음'에 은혜를 받았기 때문이다.

하나님은 성령 충만한 역사를 통해 초대교회를 사랑의 교회로 만드셨다. 사랑의 공동체는 '성령 충만'의 결과다. 성령 하나님은 사랑의 본성에 따라 사랑의 공동체를 만드시려는 거대한 이야기 속에 역사의 모든 사건을 정렬시키신다.[2] 초대교회의 상상할 수 없는 사랑의 역사는 성령 충만이 빚어낸 결과이다. 성령 충만한 역사는 '사랑의 공동체'를 목표로 한다.

일부 사람들의 부정적인 말과는 달리 초대교회의 재현은 현시대에도 가능하다. 왜냐하면, 초대교회는 이천 년 전에 실제 존재했던 교회이고, 초대교회를 이끄셨던 성령님이 지금도 한국교회에 임재해 계시기 때문이다. 초대교회의 복원은 충만한 사랑의 복원이다. 사랑 충만한 초대교회와 사랑 없는 한국교회의 차이는 '성령 충만'에 있다.

사랑의 정체성을 잃어가는 한국교회

환난 당한 자, 빚쟁이에게 쫓기는 자, 마음이 원통한 자, 이러한 사람들은 자기가 살던 마을에서 재판을 통해 환난과 원통함을 해결해야 한다. 그러나 이들을 둘러싼 어려움은 그렇게 해결되지 않았고, 세상에서 더는 살기가 힘들었다. 이제는 어떻게 하나? 그때 다윗이 사울에게 핍박당하며 도망 다닌다는 소식이 들려 왔다. 다윗 주위로 스스로 사람들이 모여들었다. 그들은 왜 곤고한 삶 속에서 다윗을 향한 마음이 생긴 것일까? 아마도 자기들 삶의 곤고함과 사울의 세상이 겹쳐 보였기 때문이 아닐까?

오늘날 교회는 이러한 사람들이 스스로 모여드는 곳인가? 괴롭고 힘든 사람들이, 마음이 쓰라리고 분노하는 이들이, 온갖 빚으로 인해 고통당하는 이들이 일치감을 느끼고 모이는 곳인가? 교회는 이 끔찍한 세상을 살아가는 이들에게 대안이 되는 세상으로 비치는가?[3]

경북대학교 법학전문대학원 교수 김두식은 한국교회를 보험회사보다 더 나을 것이 없는 집단으로 비판한다.

지금 교회에서 함께 신앙생활을 하는 형제가 갑작스런 교통사고나 암으로 세상을 떠났다고 칩시다. 이런 경우 교회는 어떤 역할을 하게 될까요? 우선 목사님과 교인들이 장례식장을 방문해 장례를 집전하고 가족들을 위로하며 함께 눈물을 흘리겠지요. 부조를 얼마나 해야 할지 잠시 고민하고, 남겨진 가족이 불쌍하다는 생각에 평소보다 두 배의 돈을 집어넣을지도 모릅니다. 그러나 그것으로 끝입니다. 남겨진 가족에게 가장 중요한 현실적 생계의 문제는 더이상 교회의 책임이 아닙니다. 교인들은 누구도 그런 부담을 지고 싶어 하지 않습니다.

보험회사는 미래의 불확실성에 대한 불안을 팔아 돈을 법니다. 사람들에게 돈을 모아 불행을 겪은 이웃에게 가져다주는 보험회사의 역할은 실상 교회의 몫입니다. 그런데 교회가 그 역할을 하지 않기 때문에, '유사 교회'라 할 수 있는 보험회사들이 그 자리를 차지하게 된 것입니다. 교회는 기도만 하고, 그 이외의 일은 모두 보험회사가 처리하게 된 것이지요. 원래 자신의 책임에 속하는 구제 사역을 보험회사에 넘겨준 교회에 더이상 사람이 쉽게 모여들지 않습니다.[4]

교회는 '사랑의 공동체'다. 교회의 정체성이 사랑이라면—태생적으로 예수 그리스도의 교회는 사랑 아닌 다른 일을 할 수 없다—교회는 사도 바울의 명령처럼 모든 일을 사랑으로 행해야 한다(고전 16:14). 사랑을 자신의 운명으로 여기고 사랑하고자 하는 교회에 사람들이 모여든다. 삼위일체의 하나님이 창조하신 사랑의 공동체가 '교회'라면, 어떤 이유에서든지 교회에서의 분쟁과 갈등과 반목은 허락되지 않는다. 교회의 분쟁과 그리스도인의 반목은 교회와 그리스도인이 자신을 포기하는 것과 같다.

"당신이 지금 다니고 있는 교회는 사랑의 공동체인가?"

만약 그렇지 않다면 교회를 떠날 생각을 멈추고 사랑의 공동체를 만들기 위해 당신이 할 수 있는 일들을 계획하라. 당신이 그렇게 해야 하는 이유는, 사랑 없는 공동체의 책임이 당신에게 있고, 사랑의 공동체를 만드는 것이 예수님이 당신에게 부여한 중요한 사명이기 때문이다.

교회의 사명

"그가 우리를 대신하여 자신을 주심은 모든 불법에서 우리를 속량하시고 우리를 깨끗하게 하사 선한 일을 열심히 하는 자기 백성이 되게 하려 하심이라"(딛 2:14).

사랑으로 태동한 교회는 하나님으로부터 '부르심을 받은' 믿음의 공동체인 동시에 '보내심을 받은' 선교공동체다.

"또 이르시되 너희는 온 천하에 다니며 만민에게 복음을 전파하라"(막 16:15).

예수님은 교회의 사명을 세상에 복음을 전파하는 것이라고 말씀하신다. 예수 그리스도의 몸 된 지체로서 우리가 해야 할 일은 '사랑의 선포'와 '사랑의 실천'을 통한 복음 증거다. 하나님이 그분의 일을 하시기에 우리도 우리의 사명에 열심을 내야 한다.

복음의 선포

예수 그리스도의 몸 된 교회는 "때를 얻든지 못 얻든지"(딤후 4:2a) 복음 증거에 최선의 노력을 경주해야 한다. 바울은 3차 선교 여행의 경로인 밀레도에서 3년간의 에베소 사역을 회고하면서 성령님이 예고하시는 환난의 위험을 무릅쓰고 자신이 로마로 들어가려는 이유를 밝힌다.

"내가 달려갈 길과 주 예수께 받은 사명 곧 하나님의 은혜의 복음을 증언하는 일을 마치려 함에는 나의 생명조차 조금도 귀한 것으로 여기지 아니하노라"(행 20:24).

바울에게 고난이 장애가 될 수 없는 것은 복음에 헌신했기 때문이다. 바울이 죽음을 각오하고 로마행을 고집한 이유는 세상에 복음을 증거하기 위해서다. 바울이 세상에 살아있는 이유는 오직 하나, 복음 증거를 위해서다. 그리스도인이 세상을 살아가는 이유도 동일하다.
복음 증거를 위한 생명의 헌신은 교회 시대 내내 계속되고 있다.

하나님께 기도합니다. 이 쓸모없는 나무개피에 불을 붙여 주소서. 그리고 주를 위해 타게 하소서. 나의 삶을 소멸하소서. 나의 하나님이여, 이것은 주의 것이니이다. 나는 오래 살기를 원치 않습니다. 오직 풍성한 삶을 살게 하소서. 당신과 같이, 주 예수님이여.[1]

수백 년 동안 외부인들을 다 죽여 온 에콰도르 원주민 아우카 부족을 전도하려다 원주민들의 독침 공격을 받아 순교한 미국의 침례교회 선교사 제임스 엘리엇(Philip James Elliot, 1927-1956)의 대학 시절 일기장에 기록되어 있는 헌신의 기도문이다. 제임스 엘리엇의 헌신은 그의 아내 엘리자베스에 의해 이어진다. 엘리자베스는 남편이 순교한 지 2년이 지난 1958년 가을에 남편이 이루지 못한 복음 증거의 사명을 위해 목숨을 걸고 어린 딸 밸러리와 함께 아우카 부족을 찾아갔다. 엘리자베스는 그들에게 예수의 복음을 전하고 미국으로 돌아온 후 1961년 《The Savage, My Kinsman》이란 책을 펴냈다.[2]

바울은 고린도전서 1장 17절에서 자신의 사명이 침(세)례를 주는 것이 아니라, 복음을 전하는 것이라고 말한다(고전 1:17). 바울은 복음으로 고린도 교인들을 낳았다(고전 4:15). 복음 전도는 바울에게 있어 늘 일차적인 관심사였다. 바울은 "만일 복음을 전하지 아니하면 내게 화가 있을 것이로다"(고전 9:16)라고 절규한다. 복음에 관한 이러한 바울의 열정은 바울의 서신 사역 전체에 걸쳐 변함이 없다.[3] 바울과 우리의 차이는 복음 증거의 철두철미한 사명의식에 있다. 복음의 부담, 태만은 불분명한 사명 의식에서 비롯된다.

"누구든지 주의 이름을 부르는 자는 구원을 받으리라 그런즉 그들이 믿지 아니하는 이를 어찌 부르리요 듣지도 못한 이를 어찌 믿으리요 전파하는 자가 없이 어찌 들으리요 보내심을 받지 아니하였으면 어찌 전파하리요 기록된 바 아름답도다 좋은 소식을 전하는 자들의 발이여 함과 같으니라"(롬 10:13-15).

교회가 복음을 증거해야 하는 이유는 복음은 교회를 통해서만 들을 수 있기 때문이다. 복음 증거는 그리스도인의 특권이다. 바울은 복음 증거의 특권을 "좋은 소식을 전하는 자들의 아름다운 발"이라는 말로 표현한다. 복음 증거의 특권을 부여받은 교회가 복음을 전하지 않는 것보다 더 서글픈 일은 없다. 왜냐하면 복음 증거의 기쁨이 신앙의 절정이고, 복음을 증거하지 않는 교회는 실상 죽은 교회와 다름없기 때문이다. 영적 무기력(태만)에 해당하는 헬라어 '아케디아'(Akedia)는 곧 교회의 실질적인 죽음을 의미한다. 살아있는 교회의 징표는 복음의 열정이다.

복음의 삶

교회가 세상에 선포하는 사랑의 복음은 세상 사람들의 눈에 보여져야 한다. 예수님은 "이같이 너희 빛이 사람 앞에 비치게 하여 그들로 너희 착한 행실을 보고 하늘에 계신 너희 아버지께 영광을 돌리게 하라"(마 5:16)고 명령하신다. 복음은 그리스도인의 착한 행실로 증명된다. 세상 사람들은 그리스도인의 삶을 근거로 복음을 판단한다. 우리가 사랑의 삶을 살아갈 때, 복음은 '사랑의 복음'이 되고, 우리가 미움의 삶을 살아갈 때 복음은 '불화의 복음'이 된다. 예수님은 공생애 기간에 병든 자들, 귀신 들린 자들, 소외된 자들을 사랑으로 돌보시는 사역을 통해 하나님 나라의 임재를 세상에 알리셨다. 복음으로 세상에 나타난 사랑은 이론적이고 추상적인 사랑이 아니라, 죽은 자를 살리는 십자가의 사랑의 재현이다.

"곧 내가 그들 안에 있고 아버지께서 내 안에 계시어 그들로 온전함을 이루어 하나가 되게 하려 함은 아버지께서 나를 보내신 것과 또 나를 사랑하심 같이 그들도 사랑하신 것을 세상으로 알게 하려 함이로소이다"(요 17:23).

본문에서 예수님이 말씀하시지 않은 것이 무엇인지 주목하라. 예수님은 교회가 세상처럼 행동할 때, 또는 교회가 개인적으로 흩어질 때 세상이 아버지의 사랑을 알게 될 것이라고 말씀하시지 않는다. 오히려 예수님은 교회가 하나 된 삶을 살 때 세상이 아버지의 사랑을 알게 될 것이라고 말씀하신다. 이것이야말로 예수님이 제자들에게 "내가 너희를 사랑한 것같이 너희도 서로 사랑함으로써 너희가 내게 속한 줄 세상이 알 수 있게 하라"라고 말씀하신 이유이다(요 13:34-35).[4] 교회가 하나 되어야 하는 이유는 세상에 십자가의 사랑을 전하기 위해서이다.

미국의 휘트워스 대학 종교철학 교수인 제럴드 싯처(Gerald L. Sittser)는 사랑의 삶으로 증거되는 복음을 강조한다.

세상은 그리스도인들이 서로 사랑하는 것을 보면서 그들이 진정한 그리스도의 제자임을 확인하게 될 것이다. 예수님은 이 명령의 중요성을 여러 번 강조하셨다. 그는 제자들이 세상에 가장 크게 영향을 미칠 수 있는 방법이 '서로 사랑'하는 것이라고 말씀하셨다(요 13:35).…그것은 그들이 예수님을 믿는 진정한 성도라는 것을 증명해 주며, 그들의 증거에 대한 진정성을 확정해 주고, 복음 전도의 일차적 전략이 될 것이다.…사랑 안에서 그들의 '하나 됨'은 성부가 자기 아들을 보내셨음을 세상이 믿게 할 것이다(요 17:20-23).…다시 말해서 서로를 위한 사랑이, 예수님이 실제로 하나님께로부터 오셨으며 실제로 하나님이 인간이 되셨다는 것을 증거해 준다는 것이다.[5]

복음을 전하려는 우리 노력이 종종 실패로 점철되는 이유가 무엇인가? 가장 중요한 이유는 우리의 모습이 그리스도 같아 보이지 않기 때문이다.
"여러분, 예수 믿는 사람처럼 그렇게 서로 사랑하는 사람을 보신 적이 있습니까?"
이것이 기독교의 교부이자, 평신도 신학자인 터툴리안(Tertulian, 155-240)의 전도였다고 한다. 세상 사람들은 그리스도인들의 사랑의 삶을 직접 확인하고 복음의 진위를 따지고 싶어 한다. 로마 시대에 전염병이 돌면 로마인들은 너도나도 할 것 없이 그 마을을 떠났다. 하지만 크리스천은 병든 자들을 돌봐주고 가난한 사람들을 집으로 데려가 먹이고 재우며 옷을 입혔다. 로마 사람들에게 크리스천은 자신과 다른 삶을 사는 자들이었다. 궁금증을 자아내는 삶, 그것은 믿지 않는 세상을 향해 보여 준 크리스천의 사랑의 행위가 만들어 낸 삶의 양식이었다. 즉 사람들은 그들을 그렇게 만든 복음에 대해 의문을 가지고 질문할 수밖에 없었다.[6]

자신의 제자 중 한 명이 그리스도인임을 알게 된 힌두인 교수는 "그리스도인들이 예수 그리스도처럼 산다면, 인도는 내일이면 너희 휘하에 있을 것이다"[7]라고 말했다고 한다.

세상 사람들이 복음을 믿지 않는 이유는 복음의 사랑을 직접 보지 못하기 때문이다. 교회에 다니는 사람은 부지기수인데, 예수의 사랑을 실천하는 사람은 보기 힘들다. 한국교회는 "예수쟁이들은 말은 참 잘하지"라는 세상 사람의 말을 흘려 지나치지 말아야 한다. 이천 년 전의 세상은 초대교회를 통해 십자가의 사랑을 직접 눈으로 목격했다. 누가는 초대교회 신자들의 믿을 수 없는 사랑을 목격한 사람들이 날마다 초대교회로 들어왔다고 기록한다(행 2:44-47).

"나와 같이 모든 일에 모든 사람을 기쁘게 하여 자신의 유익을 구하지 아니하고 많은 사람의 유익을 구하여 그들로 구원을 받게 하라"(고전 10:33).

자신의 유익을 구하지 않는 사랑의 행위에서 구원이 발생한다. 교회는 사랑으로 세상을 품어야 한다. 복음의 현존으로서의 교회가 감당해야 할 사명은 말과 삶을 통한 '사랑의 복음 증거'이다.

교회의 은사

나는 유명한 전도자가 하나님께서 자기에게 보이시고 기름 부으신 귀중한 것을 나눈다고 하면서 33.33달러만 송금하면 기도문과 성물을 보내주겠다는 전형적인 사기 편지를 받은 일이 있다. 그뿐 아니라, 만약 내가 그 3배나 되는 99.99달러를 보내면 '3배나 기름 부음'을 받게 될 것이라고 했다.…나는 이 편지를 우리 교회 회중에게 읽어주고, 이렇게 송금만 하면 하나님의 은혜와 신유와 기름 부음이 있으리라는 말은 그것이 누구의 제안이든지, 무슨 제안이든지 모두 사기 행각이며 부끄러운 짓이니 주의하라고 경계했다. 이들은 거짓말하는 자들이다.[1]

"형제들아 신령한 것에 대하여 나는 너희가 알지 못하기를 원하지 아니하노니 너희도 알거니와 너희가 이방인으로 있을 때에 말 못하는 우상에게로 끄는 그대로 끌려 갔느니라 그러므로 내가 너희에게 알리노니 하나님의 영으로 말하는 자는 누구든지 예수를 저주할 자라 하지 아니하고 또 성령으로 아니하고는 누구든지 예수를 주시라 할 수 없느니라"

고린도전서 12장 1-3절에서 바울은 성령의 현상은 신비스럽게 보이며 우리를 황홀경에 빠지게 하는 체험이 아니라, 우리로 하여금 예수를 주로 고백하게 하는 것이라고 가르친다. 디오니소스 종교 등에서 황홀경에 빠지는 체험을 많이 한 고린도 교인들에게 바울은 그들이 말 못 하는 우상에 의해서도 황홀경에 빠진 옛 경험을 상기시키면서, 모든 신비스럽고 황홀하게 보이는 것이 모두 성령의 역사가 아님을 강조한다.[2] 바울은 고린도전서 12-14장에 걸쳐 고린도 교회의 은사 문제를 해결하기 위한 성경적 은사론을 제시한다.

은사의 출처

"이 모든 일은 같은 한 성령이 행하사 그의 뜻대로 각 사람에게 나누어 주시는 것이니라"(고전 12:11).

바울이 제시하는 은사 분쟁의 첫 해결책은 '은사의 출처'를 추적하는 것이다. 교회의 모든 은사의 출처는 '성령님'이다. 성령님은 자신의 뜻대로 각 사람에게 필요한 은사를 나누어 주신다. 교회 안에 다양한 은사들이 있지만, 서로 간에 공통된 기원을 가지고 통일성을 이룰 수 있는 것은 은사의 출처가 교회를 끌어가시는 성령님이기 때문이다.

한때, 특정한 문장을 계속 반복함으로 나타나는 혀 꼬임 현상을 방언으로 가르친 방언 학교의 출현은 은사의 출처를 알지 못하는 성경적 무지가 빚어낸 웃지 못할 해프닝이다. 신비적이고 체험적인 은사에 열광하는 한국교회는 특별히 은사의 출처를 면밀하게 검토해야 한다. 고린도 교회의 경우에서 볼 수 있듯이 사탄이 교회를 미혹하는 주요 수단 중의 하나가 초자연적이고 신비로운 은사이기 때문이다. 히브리서 기자는 한 번 빛을 받고 하늘의 은사를 맛보고 성령에 참여한 바 되고 하나님의 선한 말씀과 내세의 능력을 체험한(히 6:4-6) 가인, 이스라엘 백성, 고라, 발람, 사울, 가룟 유다와 같은 사람들의 타락을 예시한다(삼상 19:24; 마 10:4; 유 1:5, 11). 신비로운 영적 체험이나 현상이 아닌, 성령의 출처가 성경적 은사를 구별하는 기준이 되어야 한다.

은사의 목적

성경적 은사의 출처를 밝힌 바울은 이제 '은사의 목적'에 대해 말한다.

"은사는 여러 가지나 성령은 같고 직분은 여러 가지나 주는 같으며 또 사역은 여러 가지나 모든 것을 모든 사람 가운데서 이루시는 하나님은 같으니 각 사람에게 성령을 나타내심은 유익하게 하려 하심이라"(고전 12:4-7).

성령님이 신자에게 은사를 주시는 목적은 '교회의 유익'을 위해서다. 성령님이 신자들에게 나누어 주시는 다양한 은사는 그리스도의 몸을 지탱하게 하는 도구들로서, 교회는 서로의 은사를 활용하는 봉사를 통해서만 건강하게 성장할 수 있다. 바울은 고린도전서 14장 13절("그러므로 방언을 말하는 자는 통역하기를 기도할지니")에서 의미를 분별할 수 없는 방언의 무용성을 지적하면서, 교회의 유익을 끼치기 위한 방언 통역의 필요성을 강조한다. 바울이 고린도의 교인들에게 방언보다 예언을 하라고 권면하는 이유는 예언이 방언보다 교회에 유익을 끼치기 때문이다(고전 14:4).

한국교회가 은사주의자들로 입는 심각한 폐해는, '교회의 분열'이다. 교회의 유익을 위해 성령님이 주신 은사를 자신의 영성을 자랑하는 도구로 사용하는 은사주의자들로 인해 한국교회가 은사파와 비은사파로 나누어져 있다. 존 맥아더는 은사주의자들로 인해 자신이 느낀 영적 소외감을 털어놓는다.

아마도 당신은 그들 속에서 소외를 느낄 것이다. 당신은 하나님이 당신을 이류 그리스도인으로 간주하고 계신 것은 아닌가 하는 의구심이 들 것이다. 하나님이 정직하게 당신을 돌보신다면, 왜 당신은 특별한 기적을 경험하거나 굉장한 은사를 받지 못했을까? 왜 당신은 영적인 축복의 보다 높은 차원으로 올라가지 못했을까? 왜 당신은 예수님의 음성을 두 귀로 생생히 듣지 못했을까? 은사주의 운동은 그리스도인들의 공동체를 영적인 '가진 자'와 '못 가진 자'로 분리시킨 듯하다. 나는 모든 신자의 삶 속에 나타나는 성령의 역사를 핵심으로 하는 건전한 성경적 교리를 설교로 전하는 일에 평생을 바쳐왔지만 은사주의자들의 정의에 따르면 못 가

진 자에 속한다는 사실을 고백하지 않을 수 없다.³

당신의 은사는 교회를 유익하게 하는가? 성령님이 주시는 은사는 어떤 은사든 반드시 교회를 유익하게 한다. 우리의 은사로 인해 교회가 하나 되고, 섬기는 예수 그리스도의 몸 된 공동체가 튼튼히 세워져 가는지를 항상 점검하는 것이 은사자의 바람직한 태도다.

은사의 본질

바울은 "너희는 더욱 큰 은사를 사모하라 내가 또한 가장 좋은 길을 너희에게 보이리라"(고전 12:31)는 말로 은사론의 핵심이자 결론이 되는 '은사의 본질'에 대해 언급한다.

> "내가 사람의 방언과 천사의 말을 할지라도 사랑이 없으면 소리 나는 구리와 울리는 꽹과리가 되고 내가 예언하는 능력이 있어 모든 비밀과 모든 지식을 알고 또 산을 옮길 만한 모든 믿음이 있을지라도 사랑이 없으면 내가 아무것도 아니요 내게 있는 모든 것으로 구제하고 또 내 몸을 불사르게 내줄지라도 사랑이 없으면 내게 아무 유익이 없느니라"(고전 13:1-3).

바울은 예언의 은사, 지식의 은사, 구제의 은사, 심지어 자기 몸을 불사르게 내주는 순교의 은사가 있을지라도, '사랑이 없으면' 아무 소용이 없다고 잘라 말한다. 성령님으로부터 발현한(은사의 출처) 교회를 유익하게 하는(은사의 목적) 은사는 반드시 '사랑의 은사'여야 한다. 모든 은사가 갖추어야 할 절대조건이자, 은사의 결론이 사랑이기 때문이다. 바르트는 은사의 절대조건이 되는 사랑을 찬탄(讚歎)한다.

아무리 자신의 능력이 모든 종류의 성공과 업적의 열매를 명백하게 드러내고, 경이와 놀라움을 자아낸다고 할지라도 실로 '사랑 없는' 사랑도 있고, 또한 내어줌이 없는 내어줌도 있다. 실로 이러한 자기 사랑은, 비록 그가 가진 모든 것을 내어놓고 심지어 자기 자신까지 내어놓는다고 하더라도, 그러한 만큼이나 자기도취와 무제한의 자기 영웅주의에 빠지게 되는 것이다. 사랑이 없이 방언 속에서 울려 나고 있는 것은, 방언을 하고 있는 자의 극단적인 자아 향유나 지적인 자아 표현 외에는 아무것도 아니다. 주님의 영광은 그러한 곳에 임재해 있을 수가 결코 없다. 바울이 문제 삼는 것은 바로 은사의 본질로서의 사랑의 유무다. 방언도, 내용 있는 극적인 말도 유효하지 못하다. 오직 사랑만이 유효한 것이다.[4]

"만물의 마지막이 가까이 왔으니 그러므로 너희는 정신을 차리고 근신하여 기도하라 무엇보다도 뜨겁게 서로 사랑할지니 사랑은 허다한 죄를 덮느니라 서로 대접하기를 원망 없이 하고 각각 은사를 받은 대로 하나님의 여러 가지 은혜를 맡은 선한 청지기같이 서로 봉사하라"(벧전 4:7-10).

베드로는 소아시아에 흩어져 있는 그리스도인들에게 종말의 삶에 대한 경각심을 불러일으키면서 더불어 '사랑의 삶'을 명령한다. 그리스도인들이 말세를 예비하는 삶은 서로 뜨겁게 사랑하고, 서로 대접하며, 그리고 선한 청지기로서 봉사하는 것이다. 베드로가 말하는 은사의 수칙은 사랑의 봉사로, 베드로 역시 은사의 필수 조건을 사랑으로 말한다.

고린도 교회 신자들은 특별한 사람들만이 방언을 하거나 하나님의 비밀을 알 수 있다는 생각으로 예언, 방언, 하나님의 비밀을 아는 지식을 지나치게 높이 평가했지만, 반면 그들은 사랑은 누구나 할 수 있다고 생각했다. 교회의 분열은 바로 거기서 시작되었다. (예언과 방언과 같은 은사가 주는) 황홀경은 개인적 쾌감이고, 간혹 소수의 사람들에 의해 향유되지만, 사랑은 모든 은사자들의 보편적 임무이며, 언제나 모든 사람에게 열려 있다. 바울은 사랑이 최고의 은사라고 말한다.[5]

지혜의 말씀이든, 지식의 말씀이든, 믿음이든, 병 고치는 은사이든, 능력 행함이든, 예언이든, 영들 분별함의 은사든, 각종 방언이든, 방언들 통역함이든, 성령님이 주시는 은사는 모두 본질적으로 사랑의 은사이다. 우리가 목숨을 걸고(?) 격렬히 논쟁하는, 소리 방언과 언어 방언의 문제는 바울의 관심사가 아니다. 방언에 관한 바울의 결론은 소리 방언이든 언어 방언이든, '사랑의 방언'이어야 한다는 것이다.

바울은 '가장 좋은 길'(고전 12:31)이라는 말로 탈혼 상태의 체험들이 아닌, '사랑'이 최고의 은사임을 강조한다. 성령님은 놀라운 은사를 주실 때보다, 신령한 사랑을 산출하고 촉진할 목적으로 자신을 부으실 때 더 탁월한 방식으로 역사하신다. 은사의 본질이 '사랑'이기 때문이다.

교회의 사역자

한국교회의 후임 목회자 청빙 조건은 한결같다. 목사의 학력, 목회 경력, 최근에 행한 설교 두세 편, 목회자의 추천서 등을 받고, 1차 서류 심사를 통과한 몇 명의 목회자를 강단에 세워 설교를 듣고, 전 교인들의 투표로 후임 목회자를 선발한다. 한국교회가 심혈을 기울여 선발한 후임 목회자들은 어디에 내어놓아도 손색이 없는, 한국교회를 단번에 부흥시킬 것 같은 능력의 종들이지만, 한국교회의 부흥은 아직도 요원하다. 이재철은 은퇴설교에서 한국교회의 후임 목사 청빙의 문제점을 다음과 같이 지적한다.

대부분의 교회가 담임목사를 청빙할 때 우선 고려하는 것은 누가 현재보다 교세를 더 확장시킬 수 있느냐는 것이다. 그것은 기업체가 CEO를 채용하는 기준은 될 수 있어도, 교회의 기준일 수는 없다. 교회의 그런 기준은 교회가 주인이신 하나님의 '테바'(모세의 갈대 상자나 노아의 방주)가 되기를 스스로 포기하는 것이다. 교회가 담임목사를 청빙하는 기준은 교인의 증가 혹은 감소와는 상관없이, 누가 교회를 하나님의 이끄심만 좇는 '테바'로 지켜낼 수 있느냐 하는 것이어야 한다.

현상과 본질 모두의 측면에서 한국교회의 후임 목사 청빙이 잘못되어 있다는 것이 사실로 드러나고 있다.

예수님이 세우시는 사역자

예수님의 십자가 죽음을 생생하게 목격한 제자들이 귀향한 후 디베랴 바닷가에서 고기를 잡고 있을 때 부활하신 예수님이 나타나신다. 밤새도록 그물을 던졌지만 한 마리의 고기도 잡지 못한 제자들에게 배 오른편에 그물을 던지게 함으로 153마리의 큰 물고기를 잡게 하신 예수님은 제자들과의 조반 석상에서 베드로를 향해 세 번의 동일한 질문을 던지신다.

"요한의 아들 시몬아 네가 이 사람들보다 나를 더 사랑하느냐?"(요 21:15), 또 두 번째 이르시되 "요한의 아들 시몬아 네가 나를 사랑하느냐?"(요 21:16), 세 번째 이르시되 "요한의 아들 시몬아 네가 나를 사랑하느냐?"(요 21:17).[1]

사랑을 묻는 세 번의 질문에 베드로 역시 세 번 모두 "예수님을 사랑한다"고 고백한다(요 21:15, 16, 17). 베드로의 세 번의 사랑 고백을 들으신 예수님은 "내 양을 먹이라"(요 21:17)고 말씀으로 사역을 허락하신다. 예수님의 세 번의 사랑에 관한 질문은 곧 도래할 초대교회의 지도자로 세워질 베드로에게 사역자의 자격, 사역의 본질이 '사랑'임을 일깨우는 말씀이다.

예수님이 세우시는 사역자는 '사랑의 목회자'다. 예수님은 우리가 원하는 유창한 언변으로 탁월한 설교를 행하고, 탁월한 조직 운영 능력과 사람들을 능수능란하게 다루는 사교술을 지닌 사람이 아닌, 예수님을 진정으로 사랑하는 사람에게 당신의 사역을 허락하신다. 왜냐하면, 사랑의 공동체가 행하는 사랑의 사역은 예수님을 사랑하는 자만이 감당할 수 있기 때문이다. 어느 시대나 하나님이 자신을 사랑하는 자를 들어 쓰시는 이유는 그 때문이다.

19세기 영국의 위대한 복음주의자로 손꼽히는 청교도 목사 J. C. 라일(John Chales Ryle, 1816-1900)은 교회사에서 성령의 위대한 도구로 사용된 인물들을 '사랑의 사람'으로 특징 짓는다.

모두가 팽개치고 떠난 선교지에 들어가서 세상을 뒤집어 놓는 위대한 사역자들은 모두 그리스도를 향한 탁월한 사랑을 가진 사람들이었다. 오웬과 백스터, 그리고 러더퍼드와 조지 허버튼, 레이턴과 허비, 윗필드와 웨슬리, 헨리 마틴과 아도니람 저드슨, 비커스테스와 시므온, 휴윗슨과 맥체인, 바런 스토웰과 휴 맥닐 같은 사람들의 특징을 보라. 이들의 공통적인 특징은 모두 그리스도를 사랑했다는 것이다. 그들 모두 예수님을 사랑했다.[2]

토마스 아퀴나스는 비서인 피페르노의 레지날드로부터 《신학대전》
의 집필을 왜 중단하느냐는 압력을 받을 때 이렇게 말했다고 한다.

"지금까지 쓴 모든 것은 내가 지금 깨달은 것에 비하면 지푸라기에
불과하다."

전해진 바에 의하면, 비전을 통해 주님은 그에게 이렇게 물으셨다고
한다.

"토마스, 너는 지금까지 나에 대해서 호의적으로 글을 썼다. 네가 받
을 상급이 무엇이 되면 좋겠느냐?"

그때 그는 "다른 어떤 상급보다 주님 당신을 원합니다"라고 대답했
다고 한다.[3]

예수님은 우리의 섬김이 사랑의 마음으로부터 흘러나오기를 원하신
다. 그것은 반드시 사랑의 흘러넘침과 그분에 대한 사랑의 표현이어야
만 한다. 예수님을 섬기는 것은 항상 예수님을 사랑하는 것 다음에 온
다.[4] 예수님이 사역자의 조건으로 제시하는 하나의 기준은 '사랑'이다.

한국교회의 '사랑 없는' 목회자들

한국교회 추락의 일등공신은 '예수님을 사랑하지 않는' 목사들이
다. 교회 재정 횡령, 성 추문과 간통, 돈으로 취득한 박사학위, 교권 장
악, 금권과 탈법으로 얼룩진 교단의 총회장 선거 등, 한국교회 목사들
의 부끄러운 신앙의 일탈이 끊이지 않고 있다. 검찰청 범죄분석 통계

자료에 의하면 1993년부터 2012년까지의 종교별 범죄자 수는 전 인구의 18.32%를 차지하는 개신교 신자가 2,170건으로 가장 많았고, 상담 현장에 접수된 교회 내 성폭력의 가해자는 대부분이 목회자로 밝혀졌다.[5]

한기총(한국기독교총연합회)의 한 회장은 10당 5낙(10억이면 당선, 5억이면 탈락)의 유언비어를 막기 위해 금권 불법 선거 금지 선포식을 가지고 공명정대한 선거의 혁신을 천명했다.[6] 필자는 실제 가까운 목사로부터 총회장에 출마한 어떤 목사의 억대 선거비용 경비를 직접 전해 들었다. 한국교회 목사들의 윤리적 탈선은 예수님을 사랑하지 않는 목회의 결과물이다. 예수님을 사랑하지 않음으로 자신의 명예와 돈과 세상의 쾌락을 사랑하는 것이다. 선한목자교회 담임목사인 유기성은 한국교회 목회자들의 본질적인 문제는 예수님을 사랑하지 않는 데 있다고 말한다.

한국교회의 문제는 예수님을 믿지만 예수님을 사랑하지 않는 데 있습니다. 주님에 대한 사랑에 문제가 있는 것입니다. 프롤이드 맥클랑이 《제자도의 본질》에서 아프리카 목회자들을 보며 크게 가슴 아파한 대목이 있습니다.…그는 아프리카 사람들이 에이즈와 말라리아와 전쟁이라는 참혹한 현실뿐 아니라 부패한 관리들과 포악한 정부 지도자들과 심지어 교회 목회자들로부터 고통당하고 있다고 썼습니다.
"교회 목회자들 때문에 고통을 당하다니 목회자들이 어때서요?"

"목회자들이 너무 잘 삽니다. 마치 왕처럼 군림합니다. 너무 명예를 좋아합니다."

프롤이드 맥클랑이 아프리카의 교회를 보며 절망합니다.

그럼 한국교회와 비교해서 어떻습니까? 비슷합니다. 우리는 다 하나님을 믿습니다. 목회하고 사역할 때 정말 믿는 것은 주님 한 분이고 기도도 많이 합니다. 그렇지만 주님을 사랑하는 데 문제가 있습니다.…저에게도 목회를 열심히 해서 교회가 부흥되면 좋겠다고 생각했지 주님을 사랑하는 것이 아니라는 것을 깨달은 일화가 있습니다. 큰 대표회사가 교회에 등록해서 교인이 되면 마음이 기쁘고 그를 만나러 가는 길이 즐거우면서, 시장에서 장사하다가 부도를 내고 구치소에 수감된 새신자 여성도를 돌아보는 일에는 시간도 마음도 내지 않는 저를 주님이 깊이 책망하신 사건이었습니다. 제가 왜 두 사람에게 다른 반응을 했을까요? 주님을 사랑하지 않았기 때문입니다.[7]

사랑의교회 설립자이자 제자훈련의 거장 옥한흠(1938-2010)도 생전에 한국교회 추락의 주범을 목회자로 단정한다. 교회 갱신을 위한 목회자협의회(교갱협) 10차 모임에서 "한국교회가 너무 돈을 사랑한다. 한국교회 지도자들이 너무 음란하다. 한국교회 너무 거짓말 잘한다. 모든 교회 책임은 교역자가 져야 한다. 교역자가 돈을 사랑하지 않는데 교인들이 사랑하려고 하겠는가? 간음죄 교역자가 짓지 않는데 교인들이 범하겠는가? 오늘날 한국교회 총체적인 위기는 교역자가 책임져야 한다. 입만 살았지 실상은 주님 앞에 죽은 자와 같다"고 일갈했다. 예수님을 사랑하지 않는 한국교회 목회자들의 회개가 절실히 요청된다.

죽음에서 부활하신 예수님은 베드로에게 "네가 나를 믿느냐?", "회개했느냐?", "이제 제대로 순종하겠느냐?"라고 물으실 수도 있었지만, "요한의 아들 시몬아, 네가 나를 사랑하느냐?"(요 21:15-17)는 질문만 세 번 물으셨다. 예수님의 세 번의 사랑의 질문은 가장 못 배우고 가난한 사람도 이해할 만큼 쉽고 분명한 물음이지만, 가장 탁월한 사도가 가진 신앙의 실재를 가늠할 수 있는 물음이기도 하다. 만약 어떤 사람이 진실로 그리스도를 사랑한다면, 모든 것이 옳다. 하지만 그렇지 않다면, 모든 것이 잘못된 것이다.[8] 하나님은 인간에 대하여 꼭 한 가지만을 보고 계신데 그것은 그 인간이 사랑에 걸맞을 수 있는지, 혹은 인간이 사랑을 실현할 수 있는지, 혹은 인간이 사랑을 마다하거나 싫어하는지를 보고 계신다.[9]

그리스도를 향한 사랑이 사역자의 유일한 기준이다. 사랑의 공동체는, '사랑의 사명'을 감당하고, '사랑의 은사'로 하나 되고, '사랑의 사역자'가 섬기는 예수 그리스도의 몸 된 교회로 정의된다.

한국교회의 부흥 진단

12,000평의 부지에 대규모의 성전을 완공한 Y 교회에서 2005년

모 교단의 정기총회가 개최되었다. 총회 첫날 축사자로 참석한 C 기독교방송국 사장이 전국에서 모인 교단 목사들에게 이런 질문을 던진다.

"여러분, 세계에서 제일 큰 교회가 어디입니까?"

교단 목사들 대다수가 여의도의 S 교회를 생각하고 있을 때 C 기독교방송국 사장이 말했다.

"지금 세계에서 제일 큰 교회는 여의도의 S 교회가 아니라 지금 교단총회가 개최되고 있는 Y 교회입니다. 그 이유는 Y 교회의 예배당 좌석이 S 교회보다 몇천 석이 더 많기 때문입니다."

세계에서 가장 큰 교회가 자신들의 교단에 소속되어 있는 Y 교회라는 말을 들은 목사들은 박수를 치며 환호했다. 아마 총회 기간 내내 교단의 적지 않은 목사들이 제2, 제3의 Y 교회를 꿈꾸며 마음속으로 목회적 열정을 불태웠을 것이다.

'메가처치'(mega-churches) 현상이란, 한국교회 전체에서 1.7%에 불과한 대형교회가 성경적 모델교회가 되는 것을 일컫는 말이다. 한국교회 대다수 목회자가 대형교회의 담임목사가 되는 목회 비전을 품고 있다. 엄청난 수의 목회자들이 앞을 다투어 세계적인 모델교회로 부상한 미국의 윌로우크릭 교회나 새들백 교회를 성지 순례하듯 탐방하고 그 교회에서 시행한 다양한 프로그램들을 목회에 접목시키면서 메가처치의 설립을 꿈꾸고 있다. 대형교회는 문제 많은 교회이고, 소형교회는 무조건 좋은 교회라는 것이 아니라, 메가처치 비전에 숨어 있는 목사의 개인적인 욕망과 외형적인 교세로 부흥을 판단하는 한국교회의 비성경적인 기준을 지적하는 것이다. 대형교회 목회자는 성공한 목회자이고, 미자립 교회 목회자는 실패한 목회자라고 생각하는, 한국교회의 잘못된 부흥관이 빚어낸 어두운 그림자가 한국교회를 뒤덮고 있다.

필자가 30대 후반, 서교동의 C 회사에서 사목으로 사역할 때의 일이다. 강남의 S 교회에서 부목으로 사역하는 친구로부터 C.W.T.(Continuing Witness Training, 연쇄전도훈련)를 시행하는 기간에 회사 직원들을 전도하게 해달라는 요청을 받고, 점심시간에 시간을 내어 S 교회에서 파견된 집사가 나의 집무실에서 복음을 증거하게 했다. 그런데 놀라운 일이 벌어졌다. 필자가 여러 번 복음을 증거했지만, 미동도 하지 않던 한 여직원이 드디어 예수님을 영접한 것이다. 여직원을 전도한 집사의 의기 당당한 태도가 조금은 거슬렸지만, 전도자가 누구든 복음 증거를 통해서 한 영혼이 구원받았다는 사실을 기뻐하면서 그 여직원을 불러 축하의 말을 전했다.

"자매님, 제가 전도할 때는 그렇게 예수 안 믿는다고 하더니 결국 예수님을 영접하셨네요. 축하합니다!"

필자의 말이 채 끝나기가 무섭게 퉁명스러운 대답이 들려왔다.

"목사님, 점심시간 내내 저를 붙들고 예수 믿으라고 안 놔주는데, 점심 먹고 일을 하려면 예수 믿는다고 해야지 별도리가 없잖아요?"

외형적인 수를 목회의 목표로 삼고 있는 한국교회의 강압적이고 논리적인 복음 전도가 빚어낸 촌극이다. 어떤 사람은 전도 집회에 참석해 무려 다섯 번이나 결신을 했다고 한다. 예수는 상품이고, 죄인은 소비

자이고, 복음 전도자는 예수라는 상품을 파는 마케터(marketer)다. 인간들은 빚진 자라기보다는 오히려 복음의 구매자들이다.[1] 구원은 전적인 성령의 역사다. 결단을 위한 거룩한 분위기를 연출하지 않아도, 은은한 성가를 틀면서 반복해서 초청을 하지 않아도 성령님이 믿게 하시는 자는 예수님을 영접한다.

누가복음 14장의 잘못된 해석

"종이 이르되 주인이여 명하신 대로 하였으되 아직도 자리가 있나이다 주인이 종에게 이르되 길과 산울타리 가로 나가서 사람을 강권하여 데려다가 내 집을 채우라 내가 너희에게 말하노니 전에 청하였던 그 사람들은 하나도 내 잔치를 맛보지 못하리라 하였다 하시니라"(눅 14:22-24).

한국교회가 추구하는 교회성장제일주의의 이면에는 누가복음 14장 23절의 잘못된 성경 해석이 자리 잡고 있다. 한국교회는 "'강권하여' 내 집을 채우라"는 23절 본문을 근거로 교회마다 무작정 사람들을 끌어모으는 총동원 주일을 시행하고 있다. 교구마다 집회에 참석해야 할 인원수가 배당되고, 교구에 속한 교인들은 자기에게 할당된 인원을 채우기 위해 동분서주한다.

누가복음 14장은 천국 비유로서, 메시아로 오신 예수 그리스도를 거부하는 이스라엘의 강퍅함을 지적하고 있다. 비유에서 혼인 잔치에 청함을 받았지만, 이런저런 핑계를 대고 오지 않은 사람들은 '이스라엘 백성들'이고, 그들 대신 잔치에 참석하게 된 사람들은 '이방인들'이다. 누가복음 14장과 동일한 비유인 마태복음 22장에 총동원 주일의 근거가 되는 "강권하여 내 집을 채우라!"는 말씀의 성경적 의미가 나타나 있다.

> "종들이 길에 나가 악한 자나 선한 자나 만나는 대로 모두 데려오니 혼인 잔치에 손님들이 가득한지라 임금이 손님들을 보러 들어올새 거기서 예복을 입지 않은 한 사람을 보고 이르되 친구여 어찌하여 예복을 입지 않고 여기 들어왔느냐 하니 그가 아무 말도 못하거늘 임금이 사환들에게 말하되 그 손발을 묶어 바깥 어두운 데에 내던지라 거기서 슬피 울며 이를 갈게 되리라 하니라 청함을 받은 자는 많되 택함을 입은 자는 적으니라"(마 22:10-14).

종들의 강권에 마지못해 혼인 잔치에 참석한 하객 중 한 사람이 잔치를 개최한 임금에 의해 바깥 어두운 곳으로 쫓겨난다. 예복을 입지 않았기 때문이다. 그러한 임금의 추방 명령은 혼인 잔치에 참석한 사람들의 입장에서는 부당한 조치다. 왜냐하면, 혼인 잔치에 참석한 사람들은 자기 스스로 원해서가 아니라 종들의 강권 때문에 마지못해 잔치에 참석한 사람들이기 때문이다.

비유의 핵심은 교회에 있는 모든 사람이 아니라 오직 예복을 입은 그리스도인만이 천국에 들어갈 수 있다는 것이다. 천국 비유의 대상은 '청함을 받은 자'가 아닌, '택함을 입은 자'다. 수의 부흥에 집착해 있는 한국교회가 끌어모은 모든 사람이 천국에 들어갈 수 있는 그리스도인이 아니다. 한 사람이라도 더 초청해서 복음을 증거함으로 구원에 이르게 하겠다는 전도의 열정은 바람직한 자세이지만, 교세의 확장을 위한 총동원 주일은 비성경적인 행사라 할 수 있다. 총동원 주일을 통해 몇 명이 구원받았더라는 말보다는 어느 교회의 총동원 주일에 엄청난 수의 사람들이 모였다는 말이 더 강조되는 것이—한국교회는 총동원 주일의 동원목표 달성을 자랑한다—현실이다. 고려신학대학원 교의학 교수 박영돈은 한국교회 목회자들의 메가처치 비전을 목회자의 성공 욕망으로 단정 짓는다.

얼마 전, 우연히 기독교 케이블 방송에서 한 목사님의 설교를 들었습니다. 그분은 교단에서 상당히 존경받는 목회자로, 겸손하고 인격적인 분으로 알려져 있었습니다. 그런데 설교 중에 교회 건물을 크게 지어 놓은 상태에서, 만 명을 목표로 한다고 말했습니다.…성경은 그 어디에서도 숫자를 목표로 말하지 않습니다. 그것은 실용주의적 가치에서 나온 것이지, 건강한 목회 비전일 수 없습니다. 결과는 우리의 영역이 아닙니다. 복음을 전해야 하지만, 어떤 숫자를 목표로 하는 것은 바람직하지 않습니다. 그러나 오늘날 교회들이 숫자를 목표로 하는 세상과 똑같이 하고 있습니다. 왜 그럴까요? 왜 목사들이 숫자에 목을 맬까요? 목사들이 실용주의적인 성공 곧 숫자적 성과에 집착하는 것은, 숫자적 성과를 사역 성패의 척도로 인식하기 때문입니다.[2]

성경은 구원을 집단적으로 취급하지 않는다. 바울은 로마서 9장 27절에서 이스라엘 민족의 구원을 '집단적인 구원'이 아닌, '남은 자의 구원'으로 말한다. 하나님은 한 사람, 한 사람의 회개의 눈물과 믿음의 고백을 일일이 점검하신다. 예수님은 "모든 민족을 제자 삼으라"(마 28:18-20)고 하셨지, "대형교회를 세우라"고 말씀하시지는 않았다.

"예수님은 큰 수를 모으려고 하셨는가?"

예수님은 한 소년의 도시락으로 모든 사람을 먹이신다. 저녁 식사가 끝나자 사람들은 다음날에도 설교를 듣기 위해 그 자리에 캠프를 친다. 대단한 팬들이다. 이튿날 잠이 깬 사람들은 또다시 주린 배를 움켜쥐고 두리번거리며 예수님을 찾는다. 그들이 원한 것은 예수님이었을까?

"예수께서 이르시되 나는 생명의 떡이니 내게 오는 자는 결코 주리지 아니할 터이요 나를 믿는 자는 영원히 목마르지 아니하리라"(요 6:35).

갑자기 메뉴판에서 산해진미가 모두 사라지고 예수님만 남는다. 이제 결정을 내려야 한다. 예수님만으로 만족할 것인가?

"그 때부터 그의 제자 중에서 많은 사람이 떠나가고 다시 그와 함께 다니지 아니하더라"(요 6:66).

그렇게 열광적이던 팬들 대부분이 집으로 돌아가고 있다. 하지만 예수님은 쫓아가 붙잡을 생각을 하지 않으신다. 예수님은 추락하는 인기에 손톱만큼도 연연하지 않으신다.[3]

우리는 수만 채울 수 있다면 어떤 방법을 써서라도 사람들을 데리고 오려 하지만, 예수님은 오히려 모인 군중들을 내어 쫓으셨다. 그들의 신앙 목표가 '배부름'이라는 것을 아셨기 때문이다. 성공과 사회 권력계층과의 결탁을 통해 교회 안에 대중화 현상이 초래되었다. 예수님은 제자들에게 자신을 따르는 자들이 적은 무리임을 알렸다. 밀가루 반죽 안에 있는 누룩, 수프 속에 있는 소금, 이리떼 가운데 있는 양 및 다른 많은 이미지가 그러하다. 예수님은 항상 내적인 것을 변화시키고 영적으로 작용하는 은밀한 힘을 우리에게 보여주시며, 하나의 공동체 외에는 다른 아무것도 될 수 없는 공동체를 보여주신다. 단 한 명의 참된 그리스도인만 있어도 충분히 기독교의 실재가 부여된다. 심지어 기독교는 숫자에 반비례한다. 모두가 그리스도인이 되었을 때, 그리스도인이라는 개념은 없어진다.[4]

세계의 10대 교회 중 5개 교회, 50대 교회 중 23개를 소유하고 있는 한국교회가 성경적 부흥의 모델이 되지 못하는 이유는 한국교회의 부흥이 체계적인 조직과 인간의 열정이 일군 인본주의적 부흥으로 평가

받기 때문이다. 초대 예루살렘 교회는 수만 명의 신자를 보유한 대형 교회였지만, 조직과 전략의 결과로 이루어진 부흥이 아니었다. 성령의 충만함으로 오로지 기도하고, 담대히 복음을 증거한 결과였다. 장구한 기독교 역사에서 불길같이 일어났던 부흥은 모두 성령님이 주도하신 역사였다. 교회가 성장할 수만 있다면 어떤 방법이라고 상관없다고 말하는 한국교회는 요한계시록에 나오는 일곱 교회 중, 숫자가 적다는 문제로 예수님께 책망받은 교회가 하나도 없었다는 사실을 기억해야 한다.

부흥의 본질

신흥 강대국 바벨론이 앗수르와 애굽을 차례로 멸망시키고 중근동의 신질서를 재편하던 요시야 왕 후대시기에 활동한 선지자 하박국의 간절한 기도 제목은 '이스라엘의 부흥'이다.

"시기오눗에 맞춘 선지자 하박국의 기도라 여호와여 내가 주께 대한 소문을 듣고 놀랐나이다 여호와여 주는 주의 일을 이 수년 내에 부흥하게 하옵소서 이 수년 내에 나타내시옵소서 진노 중에라도 긍휼을 잊지 마옵소서"(합 3:1-2).

하박국의 간구는 B.C. 537년부터 시작된 이스라엘의 3차 포로귀환과 오순절 성령 강림으로 인한 초대교회의 부흥으로 응답된다(행 2장). 성경적 부흥의 모델이 되는 초대교회의 부흥은 지상에 존재하는 모든 교회에 부흥의 중요한 두 가지 원리를 제공해 준다.

부흥의 첫 번째 원리: '교회 안에서 시작되는 부흥'

초대교회 부흥의 역사는 "성령의 충만을 받아 내 증인이 되라"(행 1:8 참고)는 예수님의 명령을 받고 '오로지 기도'한 제자들에 의해 일어났다. 로이든 존스는 초대교회 부흥을 '교회 안에서' 시작된 부흥으로 특징 짓는다.

부흥의 전체적인 본질은, 그 일이 교회에, 교회 안에 있는 사람들에게 일어난다는 데 있습니다. 부흥의 본질은, 함께 모인 다수의 사람, 교회 전체, 또는 다수의 교회, 지역, 나라 전체에 성령이 임하신다는 데 있습니다. 부흥의 즉각적인 영향은 그 자리에 있는 사람들이 영적인 것들을 인식하기 시작하며 전과는 달리 그것들을 명확히 보기 시작하는 것으로 나타납니다. 죄에 대한, 깊고 무서운 인식, 극심한 죄책감으로 연결되며, 모든 사람들이 스스로 악하고 부정하며 심히 무가치한 존재라고 느끼게 되며, 특히 하나님 앞에 자기 자신이 얼마나 무력한 존재인지 깨닫게 됩니다. 교회에서 부흥이 일어나면 보통 사람들뿐 아니라 그 친구들까지 전부 교회로 몰려온다는 사실을 기억해야 합니다.

성령이 사도들에게 임하였고, 그들이 이상한 언어로 말한다는 소문이 퍼져 나갔습니다. 사람들은 "이 어쩐 일이냐?"(행 2:12)라고 물었습니다. 아시다시피 그 일이 그들의 관심을 끌었고 소문은 계속해서 퍼져 나갔습니다. 이것이 과거에 사람들이 교회 안으로 들어온 방식입니다. 역사적으로 볼 때 한 개인이나 교회 안의 작은 모임에 어떤 역사가 일어납니다. 우리는 "아, 최소한 2-3천 명은 되어야지"라고 말합니다. 아니, 그렇지 않습니다! "두세 사람이 내 이름으로 모인 곳에는 나도 그들 중에 있느니라"(마 18:20).

역사와 부흥의 이야기를 읽어 보십시오. 성도들이 함께 모여 있던 한 작은 모임에서 부흥이 시작되었음을 발견할 것입니다.…부흥은 (그렇게) 교회 안에서 시작됩니다.[1]

교회의 부흥을 결정 짓는 요소를 교회 안에서 시작되는 성령 충만으로 언급한 로이드 존스는 연이어 부흥의 원동력이 되는 성령 충만을 불러일으키는 '기도의 원리'에 대해 설명한다.

100년 전과 200년 전을 포함한 모든 부흥과 각성의 때에 그랬던 것처럼 지금도 하나님의 능력이 터져 나오기를 절박하게, 집중해서 구하기 전까지 부흥의 희망이란 없습니다. 그러나 우리가 기도하는 순간 부흥의 희망이 생겨납니다. 우리의 노력과 수고는 전부 헛되다는 사실과 오직 하나님의 능력을 구하고 기도하는 일만이 필요하다는 사실을 먼저 깨달을 때, 비로소 부흥에 대한 관심이 생기게 될 것입니다.[2]

"또 여러 말로 확증하며 권하여 이르되 너희가 이 패역한 세대에서 구원을 받으라 하니 그 말을 받은 사람들은 세례를 받으매 이 날에 신도의 수가 삼천이나 더하더라 그들이 사도의 가르침을 받아 서로 교제하고 떡을 떼며 오로지 기도하기를 힘쓰니라"(행 2:40-42).

오로지 기도함으로 성령의 충만을 받은 사도들의 복음 증거에 엄청난 부흥의 역사가 일어났다. 초대교회는 부흥을 위해 사람들을 어떻게 동원할 수 있는지, 어떤 복음이 사람들을 더 믿게 할 수 있는지, 광고는 무엇으로 해야 효과를 볼 수 있는지 스태프들을 모아 전략회의를 열지 않았다. 부흥을 위한 인간의 노력, 방법 자체는 필요하더라도, 그것이 부흥의 핵심이 되어서는 안 된다. 사도행전은 초대교회 부흥의 원인이 기도를 통한 성령 충만의 역사라고 간단하게 기술한다.

부흥을 원하는가? 초대교회처럼 오로지 기도하고 성령의 충만을 받아 세상에 복음을 증거하면 된다. 다른 방법으로의 부흥을 꿈꾸지 말아야 한다.

부흥의 두 번째 원리: '사랑이 일으키는 부흥'

영혼 사랑의 전도

때로는 멸시받고, 조롱당하고, 권리를 박탈당하고, 소유물과 집과 가족까지 빼앗기는 일이 벌어져도 초대교인들은 복음 전도를 중단하지 않았다. 심지어 죽음 앞에서도 예수를 부인하지 않고, 오히려 죽음으로 복음을 증거했다.

"그토록 뜨거운 열정은 어디서 나온 것일까? 그처럼 지칠 줄 모르고 복음을 전하게 만든 동인은 도대체 무엇인가?"

초대교회 부흥을 일으킨 복음의 열정은 '영혼 사랑'이 그 동인이다.

> "나의 형제 곧 골육의 친척을 위하여 내 자신이 저주를 받아 그리스도에게서 끊어질지라도 원하는 바로라"(롬 9:3).

바울은 이스라엘을 향한 극단적인 열정을 고백한다. 자신이 버려질지라도 동족 이스라엘의 구원을 갈망한다. 이스라엘의 구원을 위해 자신이 지옥의 나락에 떨어지려 하는 것은 이스라엘을 향한 사랑 때문이다. 영혼을 사랑하는 자가 복음 증거에 자신의 생명을 바칠 수 있다. 성경적 부흥은 '사랑'이 일으키는 부흥이다.

2세기의 저술을 보면 '영혼 사랑'이 줄곧 기독교 사역의 주요 동기였음을 알 수 있다. 사람들에게 진리를 전달하고 싶어 하는 '사랑'은 곧 하나님에 대한 사랑에서 나오는 산물이다.³ 하나님은 전도자의 마음을 보신다. 하나님은 대형교회를 세우려는 야심이 아니라, 심령 속에서 불붙듯이 일어나는 영혼 사랑의 갈망을 보시고 전도의 결실을 거두게 하신다.

필자가 1990년대 아름다운 교회(서울, 명일동)에서 부목으로 사역하던 시절, 매년 11월경에 한 해의 전도사역을 결산하는 '대각성 전도집회'가 개최되었다. 두 달 전부터 교인들에게 일일이 전화를 걸어 전도 대상자를 점검할 때마다 전도에 대한 하소연이 들려왔다.

"전도사님, 전도하기가 너무 힘듭니다. 이제 눈을 씻고 봐도 '오이코스'('사는 곳'이라는 뜻의 헬라어로 '확장된 가족이나 친교 집단'을 의미한다) 대상자가 없습니다."

맞다. 매년 전도 대상자 5-10명 이상을 선정하고, 그들을 찾아가 전도하는 일이 결코 쉬운 일은 아니다. 관계가 한정되어 있고, 전도 대상자 대부분이 복음을 외면하기 때문이다. 그러나 어떤 핑계를 대든, 전도에 대한 부담은 우리의 영성이 메말라 있다는 증거이다. 전도가 힘든 진짜 이유는 전도의 환경 때문이 아니라, 식어진 전도의 열정 때문이라는 것을 부인하기 어렵다.

세상에서 가장 힘든 일은 사랑 없이 하는 전도다. 전도는 곧 영혼 사랑이다. 영혼 사랑은 사랑 공동체의 사역이다.

사랑 공동체의 삶

"또 여러 말로 확증하며 권하여 이르되 너희가 이 패역한 세대에서 구원을 받으라 하니 그 말을 받은 사람들은 세례를 받으매 이 날에 신도의 수가 삼천이나 더하더라 그들이 사도의 가르침을 받아 서로 교제하고 떡을 떼며 오로지 기도하기를 힘쓰니라 사람마다 두려워하는데 사도들로 말미암아 기사와 표적이 많이 나타나니 믿는 사람이 다 함께 있어 모든 물건을 서로 통용하고 또 재산과 소유를 팔아 각 사람의 필요를 따라 나눠 주며 날마다 마음을 같이하여 성전에 모이기를 힘쓰고 집에서 떡을 떼며 기쁨과 순전한 마음으로 음식을 먹고 하나님을 찬미하며 또 온 백성에게 칭송을 받으니 주께서 구원받는 사람을 날마다 더하게 하시니라"(행 2:40-47).

구원받는 사람이 날마다 더하여진 초대교회 부흥의 역사는 '사랑 공동체'가 가져다준 결실이었다. 도저히 이해할 수 없는 사랑의 삶을 목격한 세상 사람들이 초대교회에 몰려든 것이다. 부흥은 성령님이 사랑의 공동체에 사람들을 끌어 오시는 역사다. 하버드대 신학부 교수의 자리를 버리고 지적 장애인이 모여 있는 라르쉬 공동체에서 1996년 9월 심장마비로 세상을 떠나기까지 정신 장애인들을 섬긴 헨리 나우웬(Henri Nouwen, 1932-1996)은 사랑의 부흥을 확신한다.

내가 사랑받는 자로 살고 있고 사람들을 향한 긍휼이 있다면, 당장 눈에 띄든 그렇지 않든 간에 많은 사람이 치유되리라는 것을 우리는 신뢰해야 한다. 사역에 대한 우리의 질문은 "어떻게 내가 이 사람들을 다 예수께 인도할 것인가?", "어떻게 내가 이 사람들을 믿게 만들 것인가?", "어떻게 내가 이 사람들을 다 도울 것인가?"가 아니다. 사역이란 그냥 되는 것이다. 당신과 내가 하는 일은 거의 없다. 나는 사람들을 교회에 가게 만들거나 나와 함께 기도와 성찬에 동참시키려고 하지 않는다. 그냥 일단 기도를 시작하고 성찬을 베푼다. 그리고 누가 오는지를 본다.[4]

하루에도 수십 명의 사람들이 자신의 목숨을 끊는 처절한 생존 경쟁 속에서 사는 세상 사람들이 십자가의 사랑으로 살아가는 공동체를 목격한다면, 그들은 교회로 발길을 돌릴 것이다. 한국교회의 부흥이 다시 일어나기 위해서는 간절한 기도가 불러오는 성령 충만을 통해 부흥의 본질이 되는 사랑을 강력하게 체험해야 한다. 사랑이 동인이 되는 복음 증거, 사랑의 헌신으로 하나 된 공동체에 성령께서 강력한 부흥의 역사를 일으키기 때문이다.

"시기오늣에 맞춘 선지자 하박국의 기도라 여호와여 내가 주께 대한 소문을 듣고 놀랐나이다 여호와여 주는 주의 일을 이 수년 내에 부흥하게 하옵소서 이 수년 내에 나타내시옵소서 진노 중에라도 긍휼을 잊지 마옵소서"(합 3:1-2).

부흥을 위한 하박국의 기도는 철저히 '하나님의 긍휼'을 의지하고 있다. 하나님이 긍휼을 베풀어 일으키시는 사랑의 충만한 역사가 부흥이다. 부흥의 본질은 '사랑'이다!

한국교회의 기복적 축복론

"하나님이 아브라함에게 약속하실 때에 가리켜 맹세할 자가 자기보다 더 큰이가 없으므로 자기를 가리켜 맹세하여 이르시되 내가 반드시 너에게 복 주고 복 주며 너를 번성하게 하고 번성하게 하리라 하셨더니"(히 6:13-14).

그리스도인을 향한 하나님의 축복 의지는 결연하다. 하나님은 그리스도인에게 '반드시' 복을 주신다(신 30:9; 렘 32:41). 모든 그리스도인의 삶에 평생 베풀어지는 은혜의 역사는 그 사실의 예증이다.

2015년 3월경에 C 기독교 방송에서 지금 우리나라에서 가장 부흥하고 있는 M 교회의 특별 새벽 집회를 실황 중계했다. 대부분의 사람들이 잠들어 있는 새벽 시간임에도 넓은 예배당의 빈자리를 찾기 힘들었다. M 교회를 세계적인 초대형교회로 부흥시킨 K 목사는 고린도전서 1장 18-25절 본문을 근거로 대략 다음과 같은 내용의 설교를 했다.

지금 이 시대의 특징으로 나타나는 성형수술, 학벌 중심, 결혼하지 않는 풍조는 세상 사람들의 불안과 실패감에서 비롯되는 현상입니다. 그런 현상들이 나타나는 이유는 세상 사람들이 십자가가 아닌, 유대인의 표적과 헬라인의 지식을 의지하기 때문입니다. 세상 사람들이 모두 표적을 바라고 세상의 지혜를 의지하는 어리석은 삶을 살아가더라도, 우리 성도들은 세상 사람들에게 미련하게 보이지만 실제적으로는 하나님의 능력이 되고 축복이 되는 십자가를 붙들고 살아가야 합니다.

여기 하나님의 축복으로 크게 성공한 두 사람이 있습니다. 두 사람 모두 불행한 환경에서 태어나 세상적으로는 내놓을 것이 별로 없는 사람들이지만, 두 사람 모두 십자가를 의지하는 신앙으로 세상에서 큰 성공을 이루었습니다.…지금 세상을 떠들썩하게 만들고 있는 성완종 로비 사건은 세상의 권력에 로비를 하는 것이 얼마나 어리석은 짓인가를 우리에게 여실히 보여주고 있습니다. 우리 성도들은 세상을 의지하는 헛된 삶을 버리고, 새벽기도에 나와서 하나님께 기도해야 합니다. 기도는 하나님께 드리는 신앙의 로비입니다. 십자가를 의지하는 큰 믿음을 갖고 기도하면 여러분들도 그 두 사람처럼 하나님께 크게 축복받고 쓰임 받게 될 줄로 믿습니다.

믿음의 기도를 통한 삶의 용기와 성공의 소망을 불어넣는 K 목사의 설교에 많은 회중이 '아멘'으로 화답했다. 그런데 설교를 듣는 내내 필자의 마음속에 한 가지 의문이 떠올랐다.

'기도하면 반드시 그 두 사람처럼 세상에서 성공할 수 있는가? 그것

이 사실이라면 세상에서 성공을 이루지 못한 다수의 성경의 인물들과 그리스도인들은 신앙의 실패자란 말인가?'

"십자가의 도가 멸망하는 자들에게는 미련한 것이요 구원을 받는 우리에게는 하나님의 능력이라…유대인은 표적을 구하고 헬라인은 지혜를 찾으나 우리는 십자가에 못 박힌 그리스도를 전하니 유대인에게는 거리끼는 것이요 이방인에게는 미련한 것이로되 오직 부르심을 받은 자들에게는 유대인이나 헬라인이나 그리스도는 하나님의 능력이요 하나님의 지혜니라"(고전 1:18-24).

십자가를 하나님의 능력이자 하나님의 지혜로 보는 그리스도인들과는 달리, 유대인과 헬라인은 십자가를 미련하고 거리끼는 대상으로 판단한다. 이 같은 상반된 차이는 십자가가 추구하는 목적 때문이다. 유대인과 이방인이 신봉하는 표적과 지혜는 세상의 성공을 목표로 하지만, 십자가는 인간의 구원과 또 다른 구원을 위한 생명의 헌신을 목표로 한다. 이 세상에서의 자신들의 행복과 영광을 추구하는 유대인과 헬라인이 십자가를 꺼리는 것은 당연하다.

그러나 K 목사는 바울이 말하는 본문의 의미와 상반되는, 십자가를 의지해 열심히 기도하면 하나님이 세상의 성공을 가져다준다는 메시지를 통해 십자가를 세상의 성공을 추구하는 수단으로 만들었다. 만약 K 목사의 말대로 십자가가 세상의 성공을 가져다준다면, 십자가의

도는 유대인의 표적과 헬라인의 지혜와 본질적으로 다를 것이 없고, 유대인과 헬라인이 십자가를 미련한 것으로 여기지도 않을 것이다. 왜냐하면, 십자가의 도나 유대인의 표적이나 헬라인의 지혜 모두 세상의 성공을 추구하기 때문이다.

바울은 본문에서 하나님의 능력이요 하나님의 지혜가 되는 십자가가 가져다주는 세상의 축복에 대해 어떤 말도 하지 않았다. K 목사의 말대로라면, 세상의 부와 건강과 성공의 어떤 것도 소유하지 못하고 심한 고난 가운데서 사명의 삶을 살다가 로마에서 참수형으로 삶을 마감한 바울은 신앙의 실패자가 틀림없다.[1]

성경이 증언하는 아브라함, 요셉, 다니엘, 솔로몬 등의 성공은 모두 하나님 나라의 성취를 위한 것이고, 기복신앙주의자들이 성공의 사례로 내세우는 성경의 인물 중에 어느 누구도 K 목사가 설교한 십자가가 가져다주는 세상의 성공과 축복에 대해 말하지 않았다. K 목사의 새벽 설교는 말씀의 왜곡이자, 교회 성장을 위한 교묘한 영적 술책이다. 부에 대해 강력한 경고를 하시고, 부자의 천국 입성이 기적에 가깝다고 말씀하시는 예수님이 어떻게 십자가를 통해 세상 성공을 이루라고 말씀하시겠는가? 기복신앙의 축복론은 완전한 난센스(Nonsense)다. 마태복음 5장의 팔복에도 기복신앙주의자들이 그토록 바라는 소위 삼박자의 축복은 전무하다.

"내가 궁핍하므로 말하는 것이 아니니라 어떠한 형편에든지 나는 자족하기를 배웠노니 나는 비천에 처할 줄도 알고 풍부에 처할 줄도 알아 모든 일 곧 배부름과 배고픔과 풍부와 궁핍에도 처할 줄 아는 일체의 비결을 배웠노라 내게 능력 주시는 자 안에서 내가 모든 것을 할 수 있느니라"(빌 4:11-13).

K 목사가 인용한 성경본문의 저자 사도 바울이 강조하는 삶은 '자족의 신앙'이다. 바울은 비천과 배고픔과 궁핍의 환경 속에서 참고 기도했더니 하나님이 세상의 큰 성공을 허락하셨다고 말하지 않는다. 《사랑에 이르는 신학》의 저자이자 얼바인 온누리교회 담당 목사인 권혁빈은 세속적 성공주의와 진정한 기독교의 승리주의를 확실히 구분 짓는다.

사실 크리스천의 가치관도 개인적 형통이나 성취를 배제하지 않는다. 크리스천도 자녀가 좋은 학교에 가고, 사업이 잘되고, 생명을 위협하던 병이 낫는 것을 바란다. 그러나 참된 기독교 영성은 개인적 성공이나 성취 자체를 목표로 삼지 않는다. 하나님은 우리의 필요를 채워주시지만, 우리의 사적 욕심을 채우길 원하지는 않으신다. 우리를 당신의 청지기로 사용하시기 위해 더 많은 물질과 권한을 우리에게 맡겨 주실 수는 있지만, 그것은 욕심을 채우는 것과는 다르다.[2]

이스라엘 역사에서 심각한 문제는 '산당'이었다. 여리고 평원의 농업혁명 이후로 성공과 물질 축복을 기원하는 종교적 표상이 산당이었다.

남왕국 유다 왕 요아스는 예루살렘 성전을 보수하고 바알 숭배를 청산하였지만, 산당을 철폐하지는 못했다. 이스라엘의 왕들은 하나같이 산당을 철폐하지 못하였다. 이스라엘을 망하게 한 주요한 요인 중 하나가 산당이었다고 신명기 사가는 서술한다. 포로기 이후에 디아스포라는 "산당을 헐라!"는 하나님의 명령이 시내 산에서 주어졌다는 과거사를 회고하면서 산당을 헐어버리지 못했던 그들의 죄책을 고백했다(레 26:30).[3]

한국교회 역시 돈을 버리지 못하고 있다. 돈의 신 맘몬이 한국교회를 장악한 형국이다. 맘몬은 인간과 세상에 신적 영향력을 행사하는 돈을 말한다. 예수님이 당시 돈을 지칭하는 통상적인 단어들을 사용하지 않고 굳이 아람어인 맘몬이란 단어를 선택하신 이유는 돈이 단순한 물질이 아니라 인격성과 영적 속성을 지닌 하나님의 대항마라는 점을 보여주고자 하셨기 때문이다(마 6:24; 눅 16:13). 기복신앙은 '탐욕의 복음'이다. 탐욕의 복음이 조장하는 맘몬 숭배의 핵심은 아우구스티누스가 일찍이 잘 정의한 것처럼 돈을 향유하기 위해 하나님을 단지 이용하는, 즉 하나님을 위하여 돈을 사용하지 않고 돈을 위하여 하나님을 예배하는 왜곡된 신앙이다.[4]

예수님은 성공신화를 추구하는 한국교회에 "어느 것이 크냐? 금이냐, 금을 거룩하게 하는 성전이냐, 아니면 성전의 주인이신 하나님이냐?"를 진지하게 물으신다. 축복과 성공의 번영신학은 윤리적 문제가 아닌, 성경 밖의 신학적 문제라는 사실을 유념해야 한다.

기독교는 세속적이며 자기중심적인 면으로는 전혀 작동하지 않는 종교다. 디트리히 본회퍼는 그리스도께서 한 사람을 부르실 때 그리스도는 그 사람에게 와서 죽으라고 말씀하시는 것이라고 말한다.[5] 예수님은 자신을 따르는 자들에게 세상의 성공을 보장하지 않으신다. 예수님이 보장하시는 것은 십자가를 통한 구원과 십자가의 삶이다. 그리스도인은 세상의 종말 이후에 들어가게 될 천국에서 '영원토록' 복락을 누릴 자들이다.

십자가, 신자의 영광

"기독교란 무엇인가?"라는 문제를 핵심으로 다루고 있는 누가복음 9장에서 예수님은 오천 명의 군중을 먹이신 직후에 제자들의 본질적인 삶에 대해 언급하신다.

> "또 무리에게 이르시되 아무든지 나를 따라오려거든 자기를 부인하고 날마다 제 십자가를 지고 나를 따를 것이니라"(눅 9:23).

그리스도인이 되어 예수님의 제자로 살기 원하는 사람의 본질적인 삶은 십자가의 삶이다. 매일 자기 자신을 부인하고, 자기 십자가를 지고, 예수님을 따라 사는 것이 공생애 기간 내내 예수님이 제자들에게 일관되고 반복적으로 가르치신 제자의 삶이다.

"세베대의 아들 야고보와 요한이 주께 나아와 여짜오되 선생님이여 무엇이든지 우리가 구하는 바를 우리에게 하여 주시기를 원하옵나이다 이르시되 너희에게 무엇을 하여 주기를 원하느냐 여짜오되 주의 영광중에서 우리를 하나는 주의 우편에, 하나는 좌편에 앉게 하여 주옵소서"(막 10:35-37).

세상이 새롭게 되어 인자가 자기 영광의 보좌에 앉을 때(마 19:28) 예수님의 좌, 우편 자리를 요구하는 야고보와 요한의 모습 속에서 세상 영광을 바라보고 있는 제자들의 영성이 확연히 드러난다. 예수님은 자신의 영광을 구하는 야고보와 요한에게 십자가의 잔을 내미신다.

"예수께서 이르시되 너희는 너희가 구하는 것을 알지 못하는도다 내가 마시는 잔을 너희가 마실 수 있으며 내가 받는 세례를 너희가 받을 수 있느냐 그들이 말하되 할 수 있나이다 예수께서 이르시되 너희는 내가 마시는 잔을 마시며 내가 받는 세례를 받으려니와 내 좌우편에 앉는 것은 내가 줄 것이 아니라 누구를 위하여 준비되었든지 그들이 얻을 것이니라"(막 10:38-40).

야고보와 요한이 갈망하는 하나님 나라의, 영광의 자리는 예수님의 십자가 고난과 죽음에 동참하는 자들의 것이다. 십자가 없는 신자의 영광은 존재하지 않는다. 신자의 영광은 십자가 삶의 결과물이다. 앨리스터 맥그래스(Alister McGrath)는 복음의 핵심을 십자가로 규정한다.

> 만일 우리가 예수 그리스도에 대한 이야기 가운데 어느 한 측면이 바울의 사상을 지배했다고 말할 수 있다면, 그것은 부활이 아니라 십자가일 것이다.…예수 그리스도의 사역과 기독교적 실존 자체에 대한 바울의 이해는, 죽음을 통한 생명, 연약함을 통한 강함이라는 십자가 중심의 주제들에 의해 지배받는다. 만일 우리가 바울의 가르침을 죽음에도 불구하고 생명을 가질 수 있으며 연약함에도 불구하고 강함을 가질 수 있다고 해석할 경우, 그의 관점에 대한 온전한 의미는 상실된다. 바울에게 십자가의 신비가 갖는 놀라운 의미는, 생명은 죽음을 통해서 오며 강함은 연약함을 통해서 온다는 데에 있다. 십자가의 신비는 놀랍고도 역설적인 방식을 상징해 주며 이 방식을 통해 하나님은 그가 사랑하는 자들의 구원을 이루신다.…바울은 부활 생명의 풍성함은 '미래의 실재'라고 주장함으로써 현재 이 세상에서 부활 생명의 풍성함을 가진다는 이론을 조심스럽게 배제한다.[1]

복음은 십자가를 부활을 위한 도구로 설명하지 않는다. 오히려 부활을 십자가의 결과물로 소개한다. 복음의 중심, 핵심은 '십자가'다. 그런 점에서 십자가보다 강조되는 부활은 복음의 분리이며, 복음의 변질이다. 하나님의 능력, 신자의 영광은 십자가다.

"자녀이면 또한 상속자 곧 하나님의 상속자요 그리스도와 함께 한 상속자니 우리가 그와 함께 영광을 받기 위하여 고난도 함께 받아야 할 것이니라 생각하건대 현재의 고난은 장차 우리에게 나타날 영광과 비교할 수 없도다"(롬 8:17-18).

자신이 받게 될 상급을 확신하는 바울(고전 9장)은 고난을 신자가 받게 될 '영광의 조건'으로 말한다. 그리스도인이 주를 위해 이 세상에서 받는 십자가의 고난은 실패의, 소망 없는 고난이 아니라, 이 세상의 그 무엇과도 비교할 수 없는 천상의 영광을 위한 축복이다. 십자가 고난의 대가로 주어지는 천국의 상급이 바울이 고린도후서 11장에서 자신의 고난을 부끄러워하지 않고 자랑스럽게 여기는 이유다.

"나로 말미암아 너희를 욕하고 박해하고 거짓으로 너희를 거슬러 모든 악한 말을 할 때에는 너희에게 복이 있나니 기뻐하고 즐거워하라 하늘에서 너희의 상이 큼이라 너희 전에 있던 선지자들도 이같이 박해하였느니라"(마 5:11-12).

예수님은 자신을 따르는 제자들에게 "십자가의 고난을 기뻐하라!"고 말씀하신다. 십자가의 고난을 받는 자들에게 하늘의 큰 상이 준비되어 있기 때문이다. 모든 그리스도인이 갈망하는 하늘의 큰 상은 '십자가의 삶'으로 결정된다. 그러므로 최후의 승자는 십자가의 삶을 산 그리스도인이다. 만약 당신이 지금 십자가의 때를 지나고 있다면 "영광을 얻었다"라고 말하라! 그리스도인의 자존감은 십자가에서 힘을 발휘한다. 십자가가 우리의 자존심이며 영적인 능력이다.[2]

십자가 안에, 이 땅에서 그리스도인이 누릴 수 있는 모든 은혜의 복이 총집결해 있고, 또 장차 영원한 세상에서 우리가 누리게 될 영광의 첫 열매가 피어난다. 십자가를 가까이하는 것! 이것이 모든 그리스도인의 규범이어야 하지만, 안타깝게도 소수의 그리스도인만이 유지하고 있는 예외적인 상태가 되어 버렸다. 십자가 곁에 서 있는 것! 이것이 모든 그리스도인이 예외 없이 누리는 특권이어야 하지만, 실제로는 소수의 그리스도인만이 그러한 특권을 누린다.[3] 그런 점에서 그리스도인이 진정으로 고민해야 할 문제는 고난 있는 삶이 아니라, 고난 없는 삶이다. 그리스도인의 표지, 그리스도인에게 주어지는 영광은 예수 그리스도의 '십자가'다.

"당신은 지금 십자가의 영광을 누리고 있는가?"

십자가, 하나님의 능력

복음서는 벽촌 갈릴리에서 성장한 유대인 예수가 다름 아닌 하나님의 아들로서 악과의 싸움을 이끌도록 하늘로부터 파견된 분이었다고 단언한다. 악과의 싸움이라는 이 임무를 놓고 볼 때, 최우선 과제는 질병을 치유하고 죽은 자를 일으킬 권능이 예수에게 있다는 것을 증명하는 것이다. 광야에서의 사탄의 유혹(마 4장)은 예수의 동포들의 마음에 끈질기게 달라붙어 있던 질문 그 자체였다.

메시아란 어떤 인물이어야 하는가? 돌들을 떡 덩이로 만들어 수많은 자들을 먹일 수 있는 백성들의 메시아? 성전 지붕 꼭대기에 우뚝 서 있는 토라의 메시아? 이스라엘은 물론 지상의 모든 나라들을 다스리는 왕으로서의 메시아? 그 무엇이 됐든 사탄은 예수에게 엄청난 만능의 메시아가 될 수 있는 기회를 제공했다. 그리고 우리 스스로도 그런 메시아를 원한다. 우리는 분명 고난받는 메시아를 원하지 않는다.

"사탄아 내 뒤로 물러가라 너는 나를 넘어지게 하는 자로다 네가 하나님의 일을 생각하지 아니하고 도리어 사람의 일을 생각하는도다"(마 16:23). "주여 그리 마옵소서 이 일이 결코 주께 미치지 아니하리이다"(마 16:22). 예수는 베드로의 말 속에서, 쉬운 길을 제시하는 사탄의 유혹을 또 한 번 읽어 냈던 것이다. 그러나 구원은 없었다. 기적도, 쉽고 고통 없는 길도 없었다.[1]

"그들이 예수를 십자가에 못 박은 후에 그 옷을 제비 뽑아 나누고 거기 앉아 지키더라 그 머리 위에 이는 유대인의 왕 예수라 쓴 죄패를 붙였더라 이 때에 예수와 함께 강도 둘이 십자가에 못 박히니 하나는 우편에, 하나는 좌편에 있더라 지나가는 자들은 자기 머리를 흔들며 예수를 모욕하여 이르되 성전을 헐고 사흘에 짓는 자여 네가 만일 하나님의 아들이어든 자기를 구원하고 십자가에서 내려오라 하며 그와 같이 대제사장들도 서기관들과 장로들과 함께 희롱하여 이르되 그가 남은 구원하였으되 자기는 구원할 수 없도다 그가 이스라엘의 왕이로다 지금 십자가에서 내려올지어다 그리하면 우리가 믿겠노라"(마 27:35-42).

로마의 압제로부터 이스라엘을 해방해 줄 메시아로 기대를 모았던 나사렛의 청년 예수가 로마 군병들에 의해 무기력하게 십자가에 못 박히자, 군중들은 십자가에서 내려오라고 소리친다. 군중들이 원하는 메시아 상은 저 세상보다는 이 세상에서, 하나님의 뜻보다는 자신의 욕망을 성취해 주는 능력자다. 그러나 나사렛의 청년 예수는 끝내 십자가에서 내려오지 않는다.

"제육시로부터 온 땅에 어둠이 임하여 제구시까지 계속되더니 제구시쯤에 예수께서 크게 소리 질러 이르시되 엘리 엘리 라마 사박다니 하시니 이는 곧 나의 하나님, 나의 하나님, 어찌하여 나를 버리셨나이까 하는 뜻이라"(마 27:45-46).

십자가형은 먼저 손과 발에 못을 박아 죄수를 십자가 틀에 고정시킨다. 그 못은 두꺼우며 길이는 약 7인치(약 18cm) 정도다. 못 박힘은 양손과 발의 주 신경이 끊기는 고통, 즉 손과 발이 잘리는 듯한 고통을 준다. 그 후에는 살벌한 채찍의 고통이 뒤따른다. 보통 사형수는 십자가에서 처형되기 전에 심한 채찍질을 당하기 때문이다. 면도날처럼 예리한 뼈와 납덩어리로 만들어진 채찍은 그 채찍질 하나가 주어질 때마다 죄수의 몸을 핏덩어리로 만들며 부르르 떨게 한다.

십자가에 매달려 있는 동안 주기적으로 뼈마디가 끊어지는 고통을 체험한다. 숨을 쉬기 위해 발에 힘을 주어 가슴을 앞으로 내밀어야 하기 때문이다. 찢겨나간 등이 십자가의 나무 판에서 위아래로 움직일 때마다 온몸을 도려내는 고통이 임한다. 몸이 십자가에 걸려 있으면 허파 주변의 늑간 근육과 가슴 근육이 멈추게 되어 정상적으로 숨을 쉴 수 없게 된다. 그렇게 힘들게 숨을 쉬다가 중력으로 오랜 시간에 걸쳐 몸이 아래로 처지게 되면, 처진 몸이 횡격막을 압박하게 되어 질식사한다. 이러한 극심한 고통으로 죽음에 이르기까지는 보통 2, 3일이나 소요된다. 십자가형의 희생자들은 못 박힌 상태에서 대략 1,000번 정도 기절했다 깨었다를 반복하며 죽음에 이르게 된다. 십자가 형벌은 사람들이 보는 앞에서 수치스럽게 죽는, 서서히 진행되는 신경의 자극과 탈진이라는 극심한 고통을 수반하는 사형제도였다.

골고다 언덕의 십자가는 하나님이 당신의 아들을 인간의 죄의 속죄물로 심판하신 사건이다. "나의 하나님, 어찌하여 나를 버리셨나이까?", 예수 그리스도의 외침은 죄의 심판 앞에서 고통으로 절규하는 모든 인간의 고백이다. 존 파이퍼와 더불어서 현재 가장 영향력 있는 목회자로 인정받고 있는 뉴욕시 리디머 장로교회의 설립 목사 팀 켈러(Timothy J. Keller)는 뉴욕 시민들에게서 "예수님이 꼭 죽어야 할 필요가 있었을까요?"라는 질문을 "하나님은 살아계신가요?"보다 훨씬 더 자주 듣는다고 말한다. 그들이 다들 입을 모아 하는 말은 "하나님이 인간의 죄악을 그냥 용서해 주시면 안 되나요?"라는 것이라고 한다.[2] 예나 지금이나 그리스도인들의 마음 한구석에 있는 공통된 의문은 "하나님이 인간을 구원할 방법이 꼭 십자가여야만 했는가?"라는 것이다.

"왜 십자가인가?"

"하나님이 세상을 이처럼 사랑하사 독생자를 주셨으니 이는 그를 믿는 자마다 멸망하지 않고 영생을 얻게 하려 하심이라 하나님이 그 아들을 세상에 보내신 것은 세상을 심판하려 하심이 아니요 그로 말미암아 세상이 구원을 받게 하려 하심이라"(요 3:16-17).

요한이 기록한 복음의 정의에는 십자가의 당위성이 나타나 있다. '왜 십자가인가?' 하나님이 십자가를 통해 인간을 구원하시는 필연적인 이유는, 사랑이신 하나님이, 사랑으로 인간을 구원할 수 있는 '가장 합당하고 완전한' 방법이 십자가이기 때문이다. 만일 하나님에게 세상을 구원하는 동시에 세상을 심판할 다른 방법이 있었다면, 하나님은 그것으로 인간을 구원하셨을 것이다.

전지하신 하나님이 인간의 배신을 몰랐겠는가? 철썩같이 믿고 있던 아담이 선악과를 따먹자 하나님이 화들짝 놀라셔서 긴급하게 조치를 취하신 것이 십자가의 대책이었겠는가? 하나님은 인간을 창조하실 필요조차 없으셨다. 하나님은 스스로 완전하신 분, 충족하신 분이다. 우리가 생각해도 골치 아픈 인간을 만드실 어떤 이유도 없었다. 하나님이 인간을 창조하신 것은 '인간을 사랑'하셨기 때문이다. 인간에게 뺨을 맞고, 조롱당하고, 비참하게 살해되는 십자가, '당신이 하나님이라면 그런 십자가를 선택하겠는가?' 십자가는 오직 사랑의 하나님만이 질 수 있다.[3] 사랑의 하나님이 필연적으로 십자가의 하나님이 되시는 이유는 하나님이 사랑이시기 때문이다. 하나님의 완전한 능력은 사랑이다. 필립 얀시는 십자가의 무능을 하나님의 사랑으로 전환시킨다.

주피터와 같이 강한 신을 섬기던 로마인들은 나무에 매달려 비비 꼬인 자세로 죽은 시체에서 신성을 알아볼 재간이 없었다. 여호와의 힘을 드러내는 이야기로 교육받은 경건한 유대인들 또한 이 무력하고 수치스럽게 죽은 신을 떠받들 만한 아무것도 발견할 수 없었다. 왜냐하면 유대인들에게 나무에 매달려서 죽었다는 사실은 곧 하나님의 저주를 받았다는 사실을 의미하기 때문이다.
그러나 이 언덕 위의 한 죽음이 이 세상의 도덕적 조망을 다르게 만들었다. 십자가는 하나님에 대해 '사랑 때문에' 힘을 포기할 수도 있는 분으로 재정의하게 했다. 도로티 죌레의 표현을 빌리자면, 예수는 '하나님 편의 일방적인 무장해제'가 된다. 힘이란 아무리 의도가 좋아도 고통을 낳게 마련이다. 그러나 '사랑'은 스스로 약해짐으로써 그 고통을 자기가 흡

수해 버린다. 갈보리 언덕이라는 한 집합 점에서 하나님은 다른 이들을 위해 이 한 사람을 단절하셨던 것이다.[4]

전능하신 하나님을 뜻하는 히브리어 '엘 샤다이'에서 '엘'(El)은 전능하신 하나님이란 뜻이고, '샤다이'(Shadday)는 어머니의 젖가슴을 의미한다. 그러므로 '엘 샤다이'는 어머니 젖가슴처럼 따뜻한 가슴으로 기적을 행하는 전능하신 하나님이라는 뜻이다.[5] 우는 아기의 울음을 멈출 수 있는 것은 어미의 젖이다. 죄로 고통당하는 인간의 눈물을 근원적으로 그치게 하는 것은 십자가로 나타난 '사랑의 능력'이다. 하나님의 능력은, 하나님의 아들이 인간의 발을 씻어주고, 하나님의 아들이 인간의 죄를 대신해서 십자가에 못 박히는, 사랑의 능력이다. 하나님의 능력이 모든 것을 초월하여 만물의 중심에 있는 권능이 되기 위해서는 아가페적 사랑이 될 수밖에 없다. 아가페의 사랑이 하나님의 완전한 사랑이기 때문이다.[6]

사랑이 하나님의 본질이라면, 고통도 그분의 본질이다. 사랑의 하나님은 십자가에서 고통당하시는 하나님이다. 사랑의 하나님은 필연적으로 십자가의 하나님이 되신다.[7] 사랑이신 하나님이 예수 그리스도의 십자가를 통해 세상에 보이신 하나님의 완전한 능력은 '사랑'이다. '왜 십자가인가?' 하나님은 사랑이시기 때문이다.

십자가, 사랑의 치유

2014년 4월 16일, 설레는 마음으로 수학 여행길에 오른 안산 단원고 학생 325명을 포함하여 총 476명의 승객을 태우고 인천을 출발해 제주도로 향하던 세월호가 전남 진도군 팽목항 앞바다에서 침몰했다. 온 나라가 혼돈과 충격 속에 빠졌다. TV를 통해 오열하는 세월호 유족들의 모습을 비통한 마음으로 바라보며 하늘을 쳐다본다. '오, 하나님, 어떻게 이런 일이…' 서울에 소재한 M 교회의 K 목사는 주일 낮 예배 설교(2014년 5월 11일)에서 세월호 사건의 영적 의미를 이렇게 말한다.

하나님이 (세월호를) 공연히 이렇게 침몰시킨 게 아닙니다. 나라가 침몰하려고 하니 하나님께서 대한민국은 그래선 안 되니 이 어린 학생들, 이 꽃다운 애들을 침몰시키면서 국민에게 기회를 준 것입니다. 무슨 누구 책임, 이런 식으로 수습하지 말고 온 나라가 다시 한번 반성하고 애통해하고 눈물 흘리고 우리 잘못이라고 생각하면서 새로운 전기를 만들어야 되는 것입니다. 우리나라도 선진국의 꿈을 가지고, 이번에 (하나님이) 추락시킨 실종된, 침몰한 세월호와 함께 다시 한번 일어나는 기회가 만들어졌으면 합니다.

세월호 참사에 대한 K 목사의 진단은 두 가지 점에서 잘못되었다. 첫째는 '세상의 빛과 소금이 되라'는 예수님의 명령을 거부하고 오랜 기간 불의한 정권과 손을 잡고[1] 세상을 탐해온 한국교회의 직무 유기를 '국민', '우리나라'라는 이름으로 감추어 버렸다. 세월호 참사의 일차적인 책임은 한국교회에 있다. 두 번째 K 목사의 오류는 세월호 참사를 하나님의 심판으로 규정한 것이다. 대한민국을 일깨우기 위해 하나님이 수백 명의 꽃다운 어린아이들의 생명을 제물로 삼았다는 것이다. K 목사의 주장이 사실이라면, 그 하나님은 하나님이 아니시다.

성경이 증언하는 하나님은 온 인류를 살리기 위해 자신의 아들을 십자가의 제물로 바친 '사랑의 하나님'이시기 때문이다. 사랑의 하나님은 타락한 한국교회를 일깨우기 위해 무고한 생명을 죽이지 않으신다. 세월호 참사는 인재(人災)다. 타락한 한국교회를 필두로 부패한 사회, 무능한 정권, 세월호의 불법 증축과 과적을 눈감아 준 비리 공무원, 종교를 이용해 자신의 재물의 욕심을 채우려 했던 사이비 교주, 자신만 살기 위해 배와 승객을 버리고 도망쳐 나온 사이비 신자(선장)가 합작해서 세월호 참사를 일으켰다.

세월호 참사의 치유

"내 하나님이여 내 하나님이여 어찌 나를 버리셨나이까 어찌 나를 멀리하여 돕지 아니하시오며 내 신음 소리를 듣지 아니하시나이까"(시 22:1).

시편 22편은 그리스도의 수난을 예언한 다윗의 애가다. 하나님께 절규하는 다윗의 신음 소리는 모든 인간의 죄를 짊어진 메시아의 고통을 대변한다. 인간을 살리기 위해 십자가의 극심한 고통의 심판을 대신 받으신 분이 예수님이라면, 죽음으로 인한 인간의 공포와 절망은 대속자이신 예수님 자신의 것이다. 어린 학생들을 포함한 304명의 승객이 침몰하는 세월호에서 고통스럽게 죽어갈 때 예수님은 그들 곁에 계셨고, 그들과 함께 죽으셨다. 십자가는 세상의 고통받는 자들과 함께 하시는 사랑의 하나님의 현현이다. 세월호 참사는 '십자가 안에' 있다. 십자가는 죽음의 절망 속에서 인간을 다시 살리는 부활의 능력이다. 예수 그리스도의 십자가는 죽은 인간을 다시 살린다(롬 8:11; 고후 4:14).

"예수께서 이르시되 돌을 옮겨 놓으라 하시니 그 죽은 자의 누이 마르다가 이르되 주여 죽은 지가 나흘이 되었으매 벌써 냄새가 나나이다…돌을 옮겨 놓으니 예수께서 눈을 들어 우러러 보시고 이르시되 아버지여 내 말을 들으신 것을 감사하나이다…이 말씀을 하시고 큰 소리로 나사로야 나오라 부르시니 죽은 자가 수족을 베로 동인 채로 나오는데 그 얼굴은 수건에 싸였더라 예수께서 이르시되 풀어 놓아 다니게 하라 하시니라"(요 11:39, 41, 43-44).

사랑하는 나사로의 죽음을 애통해하신 예수님은 하나님께 감사의 기도를 드린 후에 이미 죽은 지 나흘이나 지나 죽음의 냄새를 풍기고 있는 나사로를 다시 살리신다. 나사로의 부활은 십자가의 복음을 믿는 모든 인간은 다시 살아난다는 영생의 징표다.

"예수께서 이르시되 나는 부활이요 생명이니 나를 믿는 자는 죽어도 살겠고 무릇 살아서 나를 믿는 자는 영원히 죽지 아니하리니 이것을 네가 믿느냐"(요 11:25-26).

필자의 멘토인 아름다운 교회(서울, 명일동) 원로목사 김종포는 부활의 소망으로 죽음의 상처를 치유한 자신의 누님 이야기를 우리에게 들려준다.

제가 군대 있을 때 큰누님의 초등학교 5학년 딸이 여름 성경학교가 끝나고 울산 태화강에서 멱을 감다가 세상을 떠났습니다. 그 비극적인 일은 가난한 가운데서도 열심히 신앙생활을 하면서 오직 주님만 의지하며 살아가는 제 누님에게 너무나 충격적인 사건이었습니다. 얼마나 힘들었겠습니까? 어떻게 제 누님이 살겠습니까? 하나님이 얼마나 원망스러웠겠습니까?
어린 딸을 생각하면서 기절하고, 깨어나 또 기절하면서 원통함으로 밤을 보내던 누님이 새벽녘에 환상을 보았습니다. 찬란한 천국 문이 열렸는데 거기에 예수님이 서 계시고, 그 예수님의 가슴에 한 낯익은 아이가 안겨 있었답니다. 빛나는 아름다운 흰옷을 입고 예수님의 품에 안겨 웃고 있는 그 아이를 자세히 바라보는데, 놀랍게도 바로 죽은 자신의 딸 정희였다고 합니다.

'아, 내 딸이 물에 빠져 죽은 게 아니라 천국에 가서 예수님의 품에 안겨 있구나. 내가 너무 슬퍼하니까 예수님이 천국에 있는 내 딸을 보여 주신 거야.'

천국에서 예수님의 품에 안겨 있는 딸의 모습을 보고 난 누님은 눈물을 닦고, 정신을 차리고, 슬픔의 자리에서 일어나 다시 웃을 수 있었다고 합니다. 그 이후에 사람들이 웃고 다니는 누님을 보고 '어떻게 저럴 수 있을까?'라는 이상한 눈초리로 보는 것이 오히려 힘들었다고 합니다.

딸의 죽음, 그것은 그 어떤 것으로도 해결할 수 없는 무거운 삶의 고통입니다. 그런데 부활한 딸의 생명을 보는 체험을 통해 그 문제를 해결했습니다. 즉시 고통이 웃음으로 변했습니다. 이것이 '새 생명의 역사'입니다. 그러나 꿈속에서 딸의 모습을 보지 못했다 할지라도 부활은 현실입니다. 그들은 부활의 생명으로 우리보다 더 확실히 존재하고 있습니다. 세상을 떠난 구원받은 자들은 지금 하나님의 사랑의 품속에 안겨 있습니다.

세월호 참사의 고통은 부활의 생명을 바라볼 때 치유된다. 죽음이 극심한 고통이라면, 부활은 영생의 충만한 기쁨이다. 교회가 세월호 참사로 고통받는 유가족들을 위로할 수 있는 유일한 방법은 그들에게 십자가와 부활의 복음을 증거하는 것이다. 세상의 모든 비극, 참사가 빚어내는 절망의 눈물은 십자가와 부활의 복음으로만 닦을 수 있다.

요한계시록의 핵심 메시지는 천상의 예수 그리스도가 고난당하는 그리스도인들과 약자들을 향해서 지금, 현재의 시간에 오고 있다는 소식이다.[2] 그분은 아무런 악의가 없는 사람이 고통을 당하고, 사악한 자들이 고난 없이 번영하며 평안을 누리는 것을 본 시편 기자(시 73편)의 심정으로 애통해하는 세월호 유족의 마음을 공의의 심판으로 어루만지실 것이다. 최후의 심판을 언제나 응보라는 관점에서 말하고 있는 신약성경은 하나님이 모든 사람을 그들의 행위에 따라 심판하실 것이라고 예언한다(마 16:27; 계 20:12-13). "진노의 날, 곧 하나님의 의로우신 심판이 나타나는 그 날"(롬 2:5)이 이르면 정확한 응보가 이루어질 것이며, 부당함의 문제는 더 이상 우리를 괴롭히지 않을 것이다.[3]

하나님은 항상 진리인 십자가와 부활의 복음 안에서 사람들을 위로하신다. 안타까운 사실은 세상의 모든 사람이 십자가와 부활의 축복을 공유하지 못한다는 것이다. 실상 인간이 겪는 최고의 비극은 복음으로 나타난 하나님의 사랑을 믿지 못하는 인간의 불신이다.

축복의 본질

하나님은 당신의 사랑하는 자녀들에게 만사형통이 아닌, 고난의 삶을 허락하신다.

"하나님이 고난을 통해 주시고자 하는 신앙의 축복은 무엇인가?"

구약성경이 말하는 축복

믿는 자의 축복은 하나님의 언약을 근거로 한다(창 17:7-9). 아브라함이 누렸던 재물의 축복도 하나님의 언약 가운데 있다.

"그러나 네가 마음에 이르기를 내 능력과 내 손의 힘으로 내가 이 재물을 얻었다 말할 것이라 네 하나님 여호와를 기억하라 그가 네게 재물 얻을 능력을 주셨음이라 이같이 하심은 네 조상들에게 맹세하신 언약을 오늘과 같이 이루려 하심이니라"(신 8:17-18).

모세는 이스라엘이 얻게 된 재물의 출처가 '하나님이 주신 능력'이라는 것을 강조하면서, 하나님이 이스라엘에 재물을 주신 목적을 언약의 성취로 말한다. 프랑스의 사회학자이자 개신교 신학자인 자끄 엘륄(Jacques Ellul, 1912-1994)은 구약성경에 나타나는 부(재물)의 축복을 다섯 가지 영적 의미로 설명한다.

첫째, 구약의 부는 다름 아니라 권능과 영광으로 세워질 '하나님 나라의 표징'이다. 하나님은 자신의 영광과 권세와 부를 사람들에게 보여주고자 했다. 둘째, '보상과 축복'으로서의 부다. 구약성경에 의하면 하나님이 허락하시는 부는 하나님의 보상과 축복으로 묘사되어 있다. 잠언이 말하는 부는 경건한 믿음과 하나님을 따름에 대한 보상, 즉 영적인 태도에 대한 보상이다. 셋째, '하나님 약속'으로서의 부다. 하나님께서 아브라함에게 약속한 이 말씀은 부의 축복에 대한 언급이요, 선택의 부름이며, 하나님의 약속이 이 세상에서 실제로 실현되는 모습의 표징인 것이다. 넷째, '재물의 축복'은 하나님이 하늘과 땅의 참된 주인이심을 깨닫게 한다. 다섯째, '하나님의 은혜의 징표'다. 부가 축복인 것은 그것이 은혜의 징표이기 때문이다. 재물은 하나님이 은혜를 베푸신다는 증거물이다. 부 그 자체는 아무 가치가 없다. 왜냐하면, 부는…단지 축복의 징표이기 때문이다(시 73:12-13; 시 62:10; 욥 21:7, 9, 13-15).

이 다섯 가지 구약의 예표로서의 재물과 명예의 복은 율법이 예수 그리스도를 통해 완성된 것처럼 모두 '예수 그리스도' 안에서 성취되었다. 왜냐하면, 예수 그리스도가 오심으로 말미암아 이제 부는 은혜를 나타내는 징표의 역할을 상실하게 되었기 때문이다. 예수 그리스도가 우리의 현실이며 우리의 축복이 된 이상 이제 부는 더 이상의 징표도 아니며 축복도 아니다. 그러므로 신약성경(예수님)은 돈을 좋지 않게 평가하고 있다. 예수를 따르던 사람들 중에는 부자가 별로 없었다는 사실을 기억해야 한다.[1]

일반적으로 구약에 나타난 '복'(베라카)은 건강, 장수, 재산 등 다분히 현세적이며 물질적인 성격을 가진 것이었지만(신 28:6), 바울은 신약에서 '복'(율로기아)을 영적 의미를 강조하는 것으로 도치시킨다. 구약성경의 재물과 명예의 축복은 신약시대 언약의 본질이 되는 '은혜의 축복'

으로 완성된다.

신약성경이 말하는 축복

구약 언약의 성취로서 신약성경이 말하는 그리스도인의 복은 마태복음 5장의 '팔복'과 로마서 8장의 '사랑의 서술'에 상세하게 언급되어 있다.

산상수훈의 '팔복'

"예수께서 무리를 보시고 산에 올라가 앉으시니 제자들이 나아온지라 입을 열어 가르쳐 이르시되 심령이 가난한 자는 복이 있나니 천국이 그들의 것임이요 애통하는 자는 복이 있나니 그들이 위로를 받을 것임이요 온유한 자는 복이 있나니 그들이 땅을 기업으로 받을 것임이요 의에 주리고 목마른 자는 복이 있나니 그들이 배부를 것임이요 긍휼히 여기는 자는 복이 있나니 그들이 긍휼히 여김을 받을 것임이요 마음이 청결한 자는 복이 있나니 그들이 하나님을 볼 것임이요 화평하게 하는 자는 복이 있나니 그들이 하나님의 아들이라 일컬음을 받을 것임이요 의를 위하여 박해를 받은 자는 복이 있나니 천국이 그들의 것임이라 나로 말미암아 너희를 욕하고 박해하고 거짓으로 너희를 거슬러 모든 악한 말을 할 때에는 너희에게 복이 있나니 기뻐하고 즐거워하라 하늘에서 너희의 상이 큼이라 너희 전에 있던 선지자들도 이같이 박해하였느니라"(마 5:1-12).

예수님은 산상수훈에서 그리스도인에게 주어지는 여덟 가지 복을 말씀하신다. '심령이 가난하며'(3절), '애통하며'(4절), '온유하며'(5절), '의를 갈망하며'(6절), '긍휼히 여기며'(7절), '마음이 청결하며'(8절), '화평케 하며'(9절), '의를 위하여 박해를 받는'(10절) 그리스도인에게, 하나님은 '천국'(3절), '위로'(4절), '땅의 기업'(5절), '배부름'(6절), '긍휼'(7절), '하나님을 봄'(8절), '하나님의 아들'(9절), '천국'(10절)의 축복을 허락하신다.

팔복은 하나님이 복 주시는 대상이 '그리스도인'이며, 복의 성격이 천국에서 완성될 '영적인 축복'임을 말해준다. 5절의 '땅의 기업'은 이 세상의 땅을 포기한 자들에게 주어지는 새로운 땅, 곧 새 하늘과 새 땅을 말하고, 6절의 '배부름'은 육(세상)의 배부름이 아닌, 참된 생명의 양식을 의미한다.[2] 팔복이 그리스도인의 정체성에서 기인하는 복이라면, 팔복은 '사랑의 축복'이다. 왜냐하면, 신자의 정체성은 사랑이기 때문이다. 심령이 가난하며, 애통하며, 온유하며, 의를 갈망하며, 긍휼히 여기며, 마음이 청결하며, 화평케 하며, 의를 위하여 박해를 받는 그리스도인의 모습은 사랑하는 자로서의 신자의 영적 상태를 묘사하는 것이다. 그리스도인의 정체성에 근거한 팔복은, '사랑의 축복'이다. 바울은 로마서 8장에서 그 사실을 확정한다.

로마서 8장의 '하나님의 영원한 사랑'

로마서 8장에는 예수 그리스도의 복음을 통해 죄의 정죄함에서 해방된 그리스도인이 성령을 통해 새로운 생명 속에서 걷고, 새로운 삶으로 섬기는 축복의 삶이 묘사되어 있다. 바울은 하나님의 상속자(17절)로서의 그리스도인에게는 미리 부르시고, 의롭다 하시고, 영화롭게 하시는 하나님의 예정(29절)에 근거한 필연적인 승리가 확정돼 있음을 선언한다. 성령님과 예수님의 중보기도(27, 34절)를 통해 발생하는 '합력하여 선을 이루는' 역사는 그리스도인의 확정된 승리를 이루기 위한 것이다. 바울은 28절에서 필연적인 승리를 위해 일어나는 합력하여 선을 이루는 역사의 조건을 그리스도인으로 제한시킨다.

"우리가 알거니와 하나님을 사랑하는 자 곧 그의 뜻대로 부르심을 입은 자들에게는 모든 것이 합력하여 선을 이루느니라"(롬 8:28).

필연적이고 궁극적인 승리는 사랑의 정체성을 가진 그리스도인에게만 일어나는 축복이다. 신자의 축복의 뿌리는 하나님의 사랑이다. '하나님 백성을 형성하는 보다 근원적인 요인은 인간의 믿음이 아니라 하나님의 사랑이다. 그것은 하나님께서 자기 백성을 선택하시고 부르시며 구원하시는 전체 구원 역사를 이끌 뿐만 아니라 영원 전에 세워진 하나님의 목적에 따라 그의 백성을 창조적으로 형성해가는 역동적인 동력이다.'[3]

바울은 로마서 8장 35절 이후에서 그리스도인의 최종적인 승리는 하나님의 영원한 사랑에 근거해 있음을 선언한다.

"누가 우리를 그리스도의 사랑에서 끊으리요 환난이나 곤고나 박해나 기근이나 적신이나 위험이나 칼이랴 기록된 바 우리가 종일 주를 위하여 죽임을 당하게 되며 도살 당할 양 같이 여김을 받았나이다 함과 같으니라"(롬 8:35-36).

환난, 곤고, 박해, 기근, 적신, 위험, 칼, 죽음 등, 인간이 당할 수 있는 최악의 상황을 모두 상정하여 기대할 수 있는 모든 소망을 지워버린 바울은, 이후에 '그러나'라는 단어를 통해 그리스도인의 역전하는 승리를 선언한다.

"그러나 이 모든 일에 우리를 사랑하시는 이로 말미암아 우리가 넉넉히 이기느니라 내가 확신하노니 사망이나 생명이나 천사들이나 권세자들이나 현재 일이나 장래 일이나 능력이나 높음이나 깊음이나 다른 어떤 피조물이라도 우리를 우리 주 그리스도 예수 안에 있는 하나님의 사랑에서 끊을 수 없으리라"(롬 8:37-39).

"어떠한 고난도, 죽음조차도 그리스도인을 무너뜨릴 수 없는가?", "왜 완전한 절망 속에서도 그리스도인은 다시 일어서는가?"

하나님의 영원한 사랑에서 그리스도인을 끊을 수 없기 때문이다. 하나님의 충만한 은혜가 그리스도인을 에워싸고 있기 때문이다. 그리스도인의 실패가 불가능한 것은 그리스도인의 실패는 하나님의 사랑이 영원하지 않다는 것을 의미하기 때문이다.

사역을 위해 이란을 여행하던 중, 무고죄로 감옥에 갇힌 미국 YWAM 소속 선교사 댄 바우만(Dan Baumann)은 자신이 감옥 생활을 통해 얻게 된 귀한 신앙의 체험을 간증한다.

나는 이란에서 감옥에 갇혀 있는 동안 하나님의 선하심을 의심했다. 처절한 외로움과 절망 속에서, 감옥에 갇힌 사건이 나에게 복을 주시기 위한 하나님의 선하신 의도라고 인정하는 것은 나에게 정말 힘든 싸움이었다.…거의 매일 심문이 이어졌고, 그때마다 나는 고문을 받아야 했다. 다른 수감자들이 고문당하거나 사형당하는 소리가 종종 들렸다. '이번에는 하나님이 구해 주지 않을 거야.' 어떤 힘도 남아 있지 않았다. 절망만이 내 마음속 깊이 파고들었다. 나는 절망을 이기지 못하고 감방에서 자살을 시도했다. 하지만 자살 기도는 실패로 끝났다.

그 일이 있은 후 예수님은 혼자 차가운 바닥에 나뒹굴며 흐느끼고 있던 나를 만나 주셨다. 바로 그 순간, 나는 예수님이 나와 함께 계시며 내가 감옥에 있는 동안 끝까지 나와 함께하실 것을 알았다. 나는 감옥에서 중요한 사실을 깨달았다. 아무리 큰 고통과 상실을 경험할지라도 나에게 가장 중요한 나와 하나님과의 관계는 절대로 변하지 않고 남아 있을 것이라는 사실 말이다. 아무것도 하나님과 나를 갈라놓을 수 없었다. 고통 가운데서 하나님을 바라보는 것은 전적으로 우리가 무엇을 가장 중요하게 생각하는가에 달려 있다.[4]

당신이 어떤 패배를 경험했든 혹은 지금 어떤 난관을 앞에 두고 있든, 하나님은 그 상황 속에서 당신을 승리로 이끄실 것이다. 때로는 아무리 오랫동안 기도해도 원하던 결과가 나타나지 않는다. 때로는 뜻밖의 은혜가 아니라 뜻밖의 비극이 일어나서 인생이 끝난 것 같을 때도 있다. 밤낮으로 하나님께 부르짖었지만, 상황은 여전히 암울하기만 하다. 점점 의심이 일어난다. '하나님이 내 상황을 알기나 하시는가?' 그러나 그것은 과정일 뿐이다. '당신이 그리스도인이 맞다면' 하나님이 약속하신 '합력하여 선을 이루는 역사'가 반드시 나타날 것이다.[5] 당신은 하나님의 영원한 사랑의 대상이기 때문이다. 우리에게 일어나는 모든 일 하나하나가 우리에 대한 하나님의 사랑을 표현한다. 실상 인간의 문제는 고난이 아닌, 그리스도인의 유무에 있다.

성경에는 그리스도인이 받게 될 광범위한 축복이 서술되어 있다. 하나님을 사랑하는 그리스도인은 하나님이 높여 주시고(시 91:14), 만나 주시며(잠 8:17; 요 14:21), 천대까지 복을 주시고(출 20:6; 신 5:10), 보호하시고(시 145:20), 장수하게 하시고(신 5:13, 17:19-20; 왕상 3:14), 질병을 치료하시고(출 15:26; 23:25), 환난 때에 구원을 받게 하시고(시 91:14), 세상 모든 민족보다 뛰어나게 하시고(신 28:1), 모든 것이 합력하여 선을 이루게 하시며(롬 8:28), 삶에 화평이 강같이, 의가 바다 물결 같이 흐르게 하신다(사 48:18). 그리스도인에게 주어진 사랑의 축복은 '모든 축복'이자, '완전한 축복'이다. 성경이 말하는 축복의 본질은 '사랑'이다.

사랑의 축복을 확신하라

하나님을 반역한 죄로 바벨론에 포로로 끌려간 이스라엘 백성들은 고레스의 칙령으로 바벨론의 유배 생활(B.C. 606 또는 B.C. 597-581)을 마치고 고국 이스라엘로 귀환한다. 그러나 기쁨도 잠시, 자신들 앞에 가로놓여 있는 기근, 가난, 억압, 영적 방종의 처참한 상황에 직면한 이스라엘 백성들은 또다시 '하나님의 사랑'을 의심하기 시작한다.

> "여호와께서 이르시되 내가 너희를 사랑하였노라 하나 너희는 이르기를 주께서 어떻게 우리를 사랑하셨나이까 하는도다"(말 1:2a).

이스라엘의 흔들리는 믿음을 보신 하나님은 장자의 특권을 가졌던 에돔(에서의 후손들)의 멸망을 상기시키면서 하나님의 사랑이 영원토록 야곱(이스라엘)을 향해 있음을 강조하신다.

> "나 여호와가 말하노라 에서는 야곱의 형이 아니냐 그러나 내가 야곱을 사

랑하였고 에서는 미워하였으며 그의 산들을 황폐하게 하였고 그의 산업을 광야의 이리들에게 넘겼느니라"(말 1:2하-3).

에서와 그 후손 에돔이 결연한 의지로 재기를 꿈꾸었지만(말 1:4, "우리가 무너뜨림을 당하였으나 황폐된 곳을 다시 쌓으리라") 그들은 결국 패망하고 만다. 하나님이 에서와 그 후손들을 미워하셨기 때문이다. 인간의 성공과 실패는 인간의 의지가 아닌, 하나님의 결정에 달려 있다. '하나님이 누구를 사랑하시느냐'가 인생의 성공과 실패를 결정짓는 조건이다.

마태복음 15장에는 흉악한 귀신 들린 딸을 고치기 위해 예수님을 찾아온 가나안 여인의 일화가 소개되어 있다. 사랑하는 딸의 치유를 위해 가나안 여인이 예수님께 간청한다.

"주 다윗의 자손이여 나를 불쌍히 여기소서 내 딸이 흉악하게 귀신 들렸나이다"(마 15:22).

그러나 예수님은 아무런 반응을 보이지 않으신다. 자신의 절규에도 무덤덤한 예수님의 태도를 본 여인이 더 크게 소리치고, 제자들이 가나안 여인을 돌려보내자고 황급하게 요청하자 예수님은 "나는 이스라엘 집의 잃어버린 양 외에는 다른 데로 보내심을 받지 아니하였노라"(24절)고 말씀하신다. 그러나 예수님의 냉정한 태도에도 아랑곳하지 않고 가나안 여인은 돌아가지 않는다. 계속해서 예수님께 절을 하며 자신의 귀신들린 딸을 고쳐주실 것을 간청한다(25절). 하지만 예수님의 태도는 단호하다.

"대답하여 이르시되 자녀의 떡을 취하여 개들에게 던짐이 마땅하지 아니하니라"(마 15:26).

급기야 가나안 여인은 개와 같은 가치 없는 존재로 전락하고 만다. 귀신 들린 딸을 고칠 수 없다는 것이 불을 보는 것처럼 분명해졌다. 이제 가나안 여인이 취할 수 있는 행동은 한 가지, 자리에서 일어나 귀신 들린 딸을 데리고 쓸쓸히 집으로 돌아가는 것이다.

고난, 하나님의 냉정한 외면

예수님을 '주 다윗의 자손'이라고 부르는 것으로 보아 가나안 여인은 그리스도인으로 추측된다. 왜냐하면 '주 다윗의 자손이여'라는 호칭은 예수님을 다윗의 혈통을 잇는 메시아로 인정하는 고백이기 때문이다(마 1:6, 9:27, 15:22, 20:30, 21:9, 15).[1] 가나안 여인을 냉정하게 외면하는 예수님의 태도는 그리스도인이 당하는 고난의 상황을 의미한다. 그리스도인에게 고난은 '하나님의 냉정한 외면'이다. 견디기 힘든 삶의 고통을 해결해 달라고 눈물로 기도했지만, 하나님은 종종 우리의 눈물을 닦아 주지 않으신다. 고통보다 고통의 기도에 응답하지 않으시는 하나님의 외면이 더 큰 고통이다.

"내 하나님이여 내 하나님이여 어찌 나를 버리셨나이까 어찌 나를 멀리하여 돕지 아니하시오며 내 신음 소리를 듣지 아니하시나이까"(시 22:1).

낮에도 부르짖고 밤에도 잠잠하지 아니한 자신의 기도에도 하나님의 침묵이 계속되자 영적 공황에 빠진 다윗은 하나님께 뼈는 어그러지고, 마음은 녹아내리고, 힘은 말라 질그릇 조각 같고, 혀는 입천장에 붙어버린, 거반 죽어 있는 자신의 영적 상태(시 22:14-15)를 토해낸다. 어린 목동 시절부터 늘 함께하셨던 하나님이 정작 자신의 가장 큰 위기 가운데서 종적을 감추어 버리신 것이다. 인생의 수많은 고난 가운데서도 믿음의 기도로 일어섰던 다윗이었지만, 이번만은 상황이 다르다. 완전한 절망이다.

자신의 세 번의 간절한 요청(마 15:22, 23, 25)을 예수님이 냉담하게 거절했음에도 가나안 여인은 집으로 돌아가지 않았다. 아니 집으로 돌아갈 수 없었다. 집으로 돌아가는 행위는 사랑하는 딸의 죽음을 의미하기 때문이다. 자식은 병든 부모를 떠날 수 있지만, 부모는 병든 자식을 두고 떠날 수 없다. 자식은 부모의 전부이기 때문이다. 가나안 여인은 '다시 또' 예수님께 간청한다.

"주여 옳소이다마는 개들도 제 주인의 상에서 떨어지는 부스러기를 먹나이다 하니 이에 예수께서 대답하여 이르시되 여자여 네 믿음이 크도다 네 소원대로 되리라 하시니 그 때로부터 그의 딸이 나으니라"(마 15:27-28).

그렇게 애절하게 기다리고 기다렸던 소원의 응답이 도래했다. 네 번의 간절한 요청에 예수님이 드디어 흉악한 귀신 들린 딸의 병을 치유해 주신 것이다. 가슴에 자리 잡고 있던 고통의 응어리가 떨어져 나갔다.

예수님은 세 번의 냉정한 거절에도 포기하지 않고 끝까지 예수님의 발 앞에 엎드려 간청한 가나안 여인을 '큰 믿음'의 소유자로 칭찬하셨다. 결과적으로 예수님의 세 번의 냉정한 외면은 가나안 여인에게 고난에서 승리하는 큰 믿음을 가져다주었다. 큰 믿음은 절망에서도 하나님이 베푸시는 은혜의 역사를 끝까지 믿는 신앙이다. 큰 믿음을 가지기 전까지 그리스도인에게 고난은 계속된다. 예수님이 모든 그리스도인에게 요구하는 큰 믿음은 고난을 통해 형성되기 때문이다.

큰 믿음의 뿌리로서의 '하나님의 사랑'

마틴 루터(Martin Luther, 1483-1546)는 가나안 여인의 큰 믿음의 정체성을 다음과 같이 분석한다.

예수님은 그 여인에게 말하기를 "너는 선택된 자들과 더불어 간주되어서는 안 되는, 저주받은 상실된 자들 중의 한 사람이다"라고 한다. 그것은 아무도 영원히 논박할 수 없는 답변이다. '그런데 그 여인은 어떻게 하는가?' 그래도 그 여인은 떠나가지 않고, 한 마리 개 이상이기를 바라지 않으며, 주인의 상에서 떨어지는 빵부스러기를 먹기를 원한다. 그 여인은 떠나가지 않고, 비록 그 말씀이 그리스도의 마음으로부터 혹독하게 터져나온 냉정한 말일지라도, 그 여인은 그의 선함이 그의 냉정한 대답 속에 가리어져 있다는 것을 확고하게 더욱 신뢰하고, 그리스도가 은혜롭지 못하다고 판단하고자 하지 않는다. 하나님의 분노와 심판은 다만 혹독한 외각이며, 신적인 '은혜의 다른 역사'이다. 그러나 은혜, 즉 하나님의 본래적인 역사를 아는 자, 그는 하나님의 분노와 심판이 무엇인지를 안다.[2]

가나안 여인은 예수님의 외면을 은혜의 변장으로 판단했다. 가나안 여인의 큰 믿음은 기도 응답이 없을 때의 대책을 우리에게 알려준다. 삶의 고통 속에서 기도해도 하나님이 침묵하실 때 그리스도인이 취해야 할 바람직한 신앙의 자세는, 하나님의 사랑을 더 굳게 믿고, 더 간절히 기도하는 것이다. 다윗도 다시 일어선다. 영적 침체에서 절망적인 상황을 고백했던 다윗은 이제 자신을 죽음의 상황에서 건지실 하나님을 찬송한다.

"나를 사자의 입에서 구하소서 주께서 내게 응답하시고 들소의 뿔에서 구원하셨나이다 내가 주의 이름을 형제에게 선포하고 회중 가운데에서 주를 찬송하리이다 여호와를 두려워하는 너희여 그를 찬송할지어다 야곱의 모든 자손이여 그에게 영광을 돌릴지어다 너희 이스라엘 모든 자손이여 그를 경외할지어다"(시 22:21-23).

다윗의 반전 역시 하나님의 사랑을 끝까지 신뢰하는 큰 믿음으로 가능했다. 다윗은 하나님이 얼굴을 숨기실 때(시 13:1), 영혼이 번민하고 종일토록 마음에 근심할 때(시 13:2), 자신이 오직 '주의 사랑'을 의지하였다고 고백한다.

"나는 오직 주의 사랑을 의지하였사오니 나의 마음은 주의 구원을 기뻐하리이다 내가 여호와를 찬송하리니 이는 주께서 내게 은덕을 베푸심이로다"(시 13:5-6).

다윗의 찬송은 하나님의 사랑을 확신하는 믿음을 뿌리로 한다. 골짜기에 범람했던 물이 가득 찬 채로 남아 있는 것과 마찬가지로 하나님의 사랑이 우리 마음에 넘쳐흐름으로 그리스도인은 역경에서 승리한다.

은혜의 정체성에서 나오는 축복의 확신

"그러므로 우리가 믿음으로 의롭다 하심을 받았으니 우리 주 예수 그리스도로 말미암아 하나님과 화평을 누리자 또한 그로 말미암아 우리가 믿음으로 서 있는 이 은혜에 들어감을 얻었으며 하나님의 영광을 바라고 즐거워하느니라"(롬 5:1-2).

바울은 무너질 수 없는 그리스도인의 필연적인 승리의 근거를 '믿음으로 서 있는 은혜에 들어감'이라는 말로 풀어낸다. 예수 그리스도를 믿음으로 하나님의 은혜 안으로 들어간 자가 그리스도인이다. 그리스도인의 필연적인 승리는 거기에 기인한다. 은혜 안으로 들어간 그리스도인은 다시는 은혜 밖으로 나올 수 없다. 그리스도인이 실패할 수 없는 이유이다.

"우리가 아직 연약할 때에 기약대로 그리스도께서 경건하지 않은 자를 위하여 죽으셨도다 의인을 위하여 죽는 자가 쉽지 않고 선인을 위하여 용감히 죽는 자가 혹 있거니와 우리가 아직 죄인 되었을 때에 그리스도께서 우리를 위하여 죽으심으로 하나님께서 우리에 대한 자기의 사랑을 확증하셨느니라"(롬 5:6-8).

바울은 하나님의 영원한 사랑을 의심하는 우리에게 예수 그리스도의 십자가를 상기시킨다. 어떤 절망적인 상황 속에서도 우리가 하나님의 사랑을 믿을 수 있는 이유는 하나님의 사랑이 십자가의 터전에 있기 때문이다. 우리에게 주어진 영원한 사랑의 축복은 십자가에서 발현된 사랑이다. 하나님 스스로의, 진리로부터 태동한 사랑이다.

우리는 어려운 일이 있을 때 자주 하나님의 사랑을 의심한다. '하나님이 나를 미워하시는 거야', '내가 죄를 지었기 때문에 하나님이 나를 버리신 것은 아닐까?', 하나님의 사랑을 의심한 적이 있다면 이제는 그 의심을 의심해야 한다. 예수 그리스도의 십자가가 우리를 위한 것임을 믿고 그리스도인이 되었다면 오늘의 우리가 어떤 상황에 있든지 우리를 향한 그분의 사랑을 의심해서는 안 된다. 의심하고 있다면 우리가 분명 속고 있는 것이다.[3] 사탄의 전략은 두려움을 통해 우리를 하나님과 분리시키는 것이다.

견고한 믿음의 소유자였지만 젊은 나이에 광산에서 부상을 입은 전직 광부가 있었다. 세월이 흐르면서 그는 침대 옆에 있는 창문으로 세상을 내다보았다. 그는 몸을 움직일 수 없는 불구로 평생을 살아야 했다. 한때 함께 땀 흘리고 일했던 사람들이 누리는 보상과 기쁨은 그에게 남의 이야기일 뿐이었다. 그렇게 창밖을 바라보면서 그의 육신은 시들어갔고, 집안은 기울고 그의 생명도 쇠약해졌다. 그렇게 침대에 누운 채 백발이 성성한 노인이 되었을 때, 어느 날 한 젊은이가 그를 방문했다.
"할아버지께서 하나님을 믿고 하나님이 할아버지를 사랑하신다고 주장한다는데, 어떻게 이런 형편에서 그런 생각을 할 수 있나요? 하나님의 사랑을 의심해 본 적이 한 번도 없으세요?"
그 노인은 잠시 주저하더니 미소를 지었다. 그리고 "맞아, 사실이야. 때때로 사탄이 이 낡아 무너질 것 같은 집으로 찾아오곤 하지. 자네가 지금

앉아 있는 침대 옆에 바싹 붙어 앉아 있곤 해. 그리고 창문 밖으로 한때 나와 일했던 사람들을 보라고 손짓한다네. 여전히 건강하고 활동적인 그들을 가리키며 사탄은 '이래도 예수님이 너를 사랑하나?'라고 물어. 그러고는 길 건너편에 사는 내 친구들의 근사한 집을 가리킨 다음 어지럽고 지저분한 내 방을 비웃듯이 둘러 보면서, '아직도 예수님이 너를 사랑한다고 생각하나?'라고 다시 묻지. 그리고 마지막으로 사탄은 내가 갖지 못한 걸 모두 가진 친구의 손자들을 보게 하고 내 눈에 눈물이 고이기를 기다리지. 그러고는 귀에 대고 '이래도 예수님이 너를 사랑한다고 생각하나?'라고 다시 물어."

"사탄이 그런 식으로 물으면 할아버지는 뭐라고 대답하시나요?"
젊은이가 물었다. 그러자 노인은 이렇게 대답했다.
"나는 사탄의 손목을 잡고 갈보리라고 하는 언덕으로 이끌고 간다네. 그리고 그곳에서 가시로 짓이겨진 이마와 못 박힌 손과 발, 창에 상한 그분의 옆구리를 가리키면서 사탄에게 되묻지. '이래도 예수님이 나를 사랑하시지 않는 것 같나?'라고 말일세."[4]

두려움의 처방은 하나님의 온전한 사랑이다.

"사랑 안에 두려움이 없고 온전한 사랑이 두려움을 내쫓나니 두려움에는 형벌이 있음이라 두려워하는 자는 사랑 안에서 온전히 이루지 못하였느니라"(요일 4:18).

요한은 두려움을 사랑과 연관시키면서, 두려움을 내쫓는 것은 하나님의 온전한 사랑이라고 말한다. 두려움은 사랑과 공존할 수 없다. 사랑은 이미 믿는 자 안에 성취된 것이라는 점에서 '두려워하는 자는 사랑 안에서 온전히 이루지 못하였다'는 요한의 말은 하나님의 사랑을 온전히 믿지 못하는 우리의 불신앙을 일컫는 말이다.[5] 영국의 성공회 사제이자 복음주의 신학자인 제임스 패커(James Innel Packer)는 우리에게 사랑의 확신을 당부한다.

> 바울은 우리가 우리의 소유물을 소유하기 원한다.…그리스도인들의 천부적 권리인 하나님의 사랑 안에서 얻는 평강, 소망, 기쁨이다. 바울은 인생에 여러 압력이 닥칠 때 감정적 사고, 즉 반응의 합리화가 이러한 소유물들을 빼앗아 가는 것을 안다. 그래서 이 일들에 대해 반응하도록 요구하는 것이다. 당신의 느낌을 거슬러서 생각해 보라. 그 느낌들이 퍼뜨려 놓은 우울함에서 벗어나 보라. 자신을 훈련하고, 자신에게 말하고, 자신의 문제들로부터 눈을 돌려 복음의 하나님을 바라보도록 하라. 복음적 사고가 감정적 사고를 교정하도록 하라.…이 말은 바울이 말하는 넉넉히 이기는 승리가 사랑의 확신을 통해 당신에게 주어질 것을 확신하라는 것이다.[6]

녹화방송은 본방송과 다르게 방영될 수 없다. 월드컵에서 우승한 팀이 녹화방송에서는 예선에 탈락하는 일은 발생하지 않는다. 아슬아

슬한 순간이 녹화방송에서 다시 재현되더라도 결과는 그대로다. 그리스도인들에게 주어진 축복도 마찬가지다.

"유월절 전에 예수께서 자기가 세상을 떠나 아버지께로 돌아가실 때가 이른 줄 아시고 세상에 있는 자기 사람들을 사랑하시되 끝까지 사랑하시니라"(요 13:1).

예수님이 우리를 끝까지 사랑하신다는 사실을 믿을 수만 있다면, 어떤 절망적인 상황에서도 우리는 바울처럼 자족하고(빌 4:11) 기쁨이 넘치는 삶(살전 5:16)을 향유할 수 있다. 기개 넘치는 신앙의 삶은 사랑이 주는 풍요로움과 영원한 사랑을 확신할 수 있을 때 가능하다. 성경에 기록되어 있는 하나님의 수많은 믿음의 요구(단 6:23; 마 9:29; 눅 8:25)는 그리스도인이 소유한 사랑의 축복을 향유케 하기 위한 것이다. 축복을 위한 두 가지 전제는, 먼저 '그리스도인'이어야 한다는 것과 하나님이 당신을 영원히 사랑(렘 31:3)하시고, 끝까지 사랑(요 13:1)하시는 '사랑의 축복'을 확신하는 것이다.

순종, 사랑의 행위

기독교 최고의 스테디셀러 《주님은 나의 최고봉》의 저자인 오스왈드 챔버스(Oswald Chambers, 1874-1917)는 "영적 생활을 측량하는 최고의 척도는 그것이 주는 황홀경이 아니라 순종이다"라고 말했다. 신앙의 바로미터로서 신구약 성경이 지속적으로 부각시키는 개념은 '순종'이다. 이스라엘의 지도자 모세는 아라바 광야에서의 마지막 설교에서 순종을 하나님의 축복과 저주를 결정짓는 영적 원리로 선포한다.

"네가 네 하나님 여호와의 말씀을 삼가 듣고 내가 오늘 네게 명령하는 그의 모든 명령을 지켜 행하면 네 하나님 여호와께서 너를 세계 모든 민족 위에 뛰어나게 하실 것이라 네가 네 하나님 여호와의 말씀을 청종하면 이 모든 복이 네게 임하며 네게 이르리니…네가 만일 네 하나님 여호와의 말씀을 순종하지 아니하여 내가 오늘 네게 명령하는 그의 모든 명령과 규례를 지켜 행하지 아니하면 이 모든 저주가 네게 임하며 네게 이를 것이니"(신 28:1-2, 15).

인간의 복과 화는 하나님으로부터 말미암는다. 만물의 원천이자 목적이신 하나님은 우주의 모든 명령권을 가지고 계신다. 하나님의 율법에서 이탈하는 것은 모두 하나님의 영광에 대한 모욕이며, 어떠한 죄도 결코 작다고 할 수 없다. 하나님이 명령하셨다는 사실이 신앙의 가장 본질적인 의무인 것이다.[1] 순종이 모든 축복과 모든 저주의 기준이라면, 순종의 원리를 아는 것보다 더 중요한 신앙의 덕목은 없다.

순종의 본질

"나를 사랑하고 내 계명을 지키는 자에게는 천 대까지 은혜를 베푸느니라"(출 20:6; 신 5:10).

"그런즉 너는 알라 오직 네 하나님 여호와는 하나님이시요 신실하신 하나님이시라 그를 사랑하고 그의 계명을 지키는 자에게는 천 대까지 그의 언약을 이행하시며 인애를 베푸시되"(신 7:9).

"이르되 하늘의 하나님 여호와 크고 두려우신 하나님이여 주를 사랑하고 주의 계명을 지키는 자에게 언약을 지키시며 긍휼을 베푸시는 주여 간구하나이다"(느 1:5).

"내 하나님 여호와께 기도하며 자복하여 이르기를 크시고 두려워할 주 하나님, 주를 사랑하고 주의 계명을 지키는 자를 위하여 언약을 지키시고 그에게 인자를 베푸시는 이시여"(단 9:4).

구약성경은 계명의 원인을 '사랑'으로 말한다. 하나님의 변함없으신 언약의 약속과 은혜 베풂의 이유가 사랑에 있는 것처럼(신 7:7), 이스라엘 백성들이 하나님의 계명에 순종하는 이유도 사랑에 있다. 이스라엘에 베풀어진 하나님의 사랑은, 이스라엘의 사랑의 순종으로 하나님께 다시 되돌아간다. 구약성서 신학자이자, 미국 연합 그리스도의 교회 목사인 월터 브루그만(Walter Brueggemann)은 하나님의 회피할 수 없는 시원적인 사랑에 그 뿌리를 두고 있는 이스라엘의 존재를 설명한다.

소망도, 가능성도 미래도 없는, 노예의 속박 가운데 있던 이스라엘의 불행한 상황이 야훼 하나님의 주권적인 말씀에 의해 극적으로 변환된다. 포로 유형이라는 위기 속에서 이스라엘이 자신에 대한 야훼 하나님의 사랑은 모두 소진되었다고 생각할 수 있는 상황 속에서 '사랑하다'란 동사는 포로기의 선지자들 가운데서 다시 부상하게 된다.

"옛적에 여호와께서 나에게 나타나사 내가 영원한 사랑으로 너를 사랑하기에 인자함으로 너를 이끌었다 하였노라"(렘 31:3).

극한 상황 속에서도 삶과 신앙에 있어서 이스라엘이 계속적으로 영위해 나갈 수 있는 순종의 역량은 하나님의 사랑으로부터 나왔다.[2]

순종의 뿌리는 하나님의 사랑이다. 이스라엘의 순종이 늘 하나님 사랑과 짝을 맞추어 등장하는 이유는, 하나님을 사랑하는 방식이 그분의 계명을 지키는 것이기 때문이다. 하나님을 사랑하는 것과 하나님의 계명을 지키는 행위는 본질상 동일하다.

"너희가 나를 사랑하면 나의 계명을 지키리라…예수께서 대답하여 이르시되 사람이 나를 사랑하면 내 말을 지키리니 내 아버지께서 그를 사랑하실 것이요 우리가 그에게 가서 거처를 그와 함께 하리라 나를 사랑하지 아니하는 자는 내 말을 지키지 아니하나니 너희가 듣는 말은 내 말이 아니요 나를 보내신 아버지의 말씀이니라"(요 14:15, 23-24).

예수님은 사랑의 새 계명(요 13:34, 15:12)을 지키는 자가 예수님을 사랑하는 제자이고, 사랑의 새 계명을 지키지 않는 자는 예수님을 사랑하지 않는 제자라는 가르침을 통해 하나님을 사랑하는 신앙은 하나님의 말씀에 순종하는 삶이라는 사실을 일깨워 주신다. 사랑은 순종의 형태로 나타난다. 마가복음 14장에서 나드 한 옥합을 가지고 들어와 그 병을 깨고 예수님의 머리에 부은 여인의 헌신은 사랑의 근거로부터 도출된 행위이다. 헌신은 하나님을 사랑하는 자들의 전유물이다.

하나님을 사랑하기 위해서라면 땅에 떨어진 지푸라기를 줍는 일에서도 기쁨을 느낀다고 말했던 17세기 프랑스 파리의 까르멜 수도회의 평수사 로렌스 형제(Brother Lawrence, 1611-1691)는 언제나 자기를 이끌어가는 것은 하나님을 향한 사랑이라고 말한다. 하나님을 사랑하는 것을 모든 행동의 목적으로 삼기로 결단한 이후, 그는 오랜 시간이 걸려서야 마침내 다른 이기적인 동기가 아닌 순수한 하나님 사랑 때문에 그렇게 살 수 있게 되었다고 고백한다.[3] 하나님을 사랑하니까 하나님의 말씀대로 살고 싶은 것이다. 하나님의 말씀대로 사는 것이 너무 힘들지만 그래도 하나님의 말씀대로 살고 싶다면 그 이유는 하나님을 사랑하게 되었기 때문이다.

순종은 사랑의 행위이다. 종교를 쫓는 자들과 복음을 쫓는 자들은 사랑의 순종으로 구별된다. 판이한 원리에 기대어 사는 두 부류의 사람들이 한 교회, 바로 옆자리에 나란히 앉을 수도 있다. 양쪽 다 기도에 힘쓰고, 넉넉히 베풀고, 가족과 교회에 충성하면서 건실한 삶을 살려 애쓴다. 하지만 그들의 동기는 전혀 다르다. 영적인 정체성도 딴판이다. 가장 큰 차이는 동기에 있다. 종교를 좇는 이들은 두려움 때문에 거룩한 표준을 지키려 한다. 순종하지 않으면 이생과 내생에서 하나님의 은총을 모두 잃어버리리라 생각한다. 반면 복음을 따르는 이들은 그리스도 덕분에 이미 받은 은총에 감사하는 마음으로 순종한다. 하나님의 명령은 은혜 밖에서 보면 끝도 없이 계속되는 의무처럼 강압적으로 들릴지 모른다. 그러나 은혜 안에서 보면 동기는 처음부터 끝까지 기쁨이다. 사랑에 빠졌을 때 어떤 일이 일어나는지 되짚어 보라.[4]

예수님은 하나님을 섬기는 모든 그리스도인의 삶의 형태가 순종이라는 것을 몸소 보여주셨다. 예수님을 본받기 원한다면 예수님의 삶의 뿌리가 되었던 완전한 순종을 배워야 한다.

> "오직 내가 아버지를 사랑하는 것과 아버지께서 명하신 대로 행하는 것을 세상이 알게 하려 함이로라 일어나라 여기를 떠나자 하시니라"(요 14:31).
> "이르시되 아버지여 만일 아버지의 뜻이거든 이 잔을 내게서 옮기시옵소서 그러나 내 원대로 마시옵고 아버지의 원대로 되기를 원하나이다 하시니"(눅 22:42).

예수님은 자신의 감정을 부인하지도 않으셨다. 하지만 고난을 피하지도 않으셨다. 사랑이 그분을 고난으로 이끌었다. 고난의 한복판에서 그분은 순종하셨다. 아버지를 사랑하기에, 그리고 우리를 사랑하시기 때문이다. 의로운 진노의 산을 허물 만큼 넓고도 길고도 깊은 순종, 이런 순종으로 이어지는 사랑이야말로 우리가 평생 찾던 사랑이다.[5] 십자가의 죽으심은 완전한 '사랑의 복종'이다. 하나님의 명령에 대한 인간의 '예'(yes)는 하나님 사랑의 결과물이다. 하나님이 나타내시는 역사는 하나님을 사랑하여 그 계명을 지키는 자들의 몫이다. 왜냐하면, 하나님은 자신을 사랑하는 자들, 곧 순종의 사람들과 함께하시고, 그들에게 말씀하시며, 그들을 통해 위대한 일을 펼치시기 때문이다.

영국의 작가이자 목사이며 24-7기도 모임의 창립 멤버인 피트 그리그(Pete Greig)는 자신이 목격한 아름다운 사랑의 순종에 관한 일화를 우리에게 소개한다.

영국에서 열린 컨퍼런스 기간에 미국 선교사 플로이드는 한밤중에 집에서 걸려온 전화를 받게 되었다. 그의 딸 미샤가 의식을 잃었다는 것이다. 당시 미샤는 둘째 아이 출산을 위해 워싱턴에 있는 성 요셉 병원에 입원해 있었다. 의사는 양수색전증이라는 진단을 내렸다. 자궁에 있는 양수 일부가 혈관으로 새어 들어와서 심장까지 침투했는데 그것이 심장마비를 일으키는 원인이 되었다는 것이다.

의사들은 아기를 살리기 위해 응급 제왕절개 수술을 실시했다. 미샤는 여러 가지 합병증으로 인해 사망 확률이 86퍼센트나 되었는데 그 질환이 산부인과에서 가장 위험하고 가장 치료하기 힘든 병 가운데 하나라는 것이다. 의사는 의식을 찾기 힘들 것 같다면서 어떤 좋은 예후도 보이지 않는다고 말했다. 그 충격적인 소식은 플로이드 마음을 무너뜨렸다.

다음날 플로이드가 오랫동안 모습을 드러내지 않자 우리 모두는 그와 가족들이 염려스러웠다. 한참 후에 나타난 그의 모습은 더욱 창백했고 더욱 지쳐 보였다. 그는 슬픈 눈으로 나를 바라보다가 잠시 생각에 잠기는 듯했다. 그러더니 드디어 말문을 열었다.

"무작정 걸었다네. 발길이 닿는 대로 해변을 걷고 또 걸었지. 하나님과 독대를 하고 있었던 거야. 미샤를 위해 끊임없이 기도하면서 말이지."

플로이드는 잠시 이야기를 멈추었다. 나는 그의 얼굴에서 한줄기 눈물을 보았다.

"나는 여느 아버지들과 마찬가지로 딸아이를 살려 달려고만 기도했었지. 딸아이의 남은 인생을 통해 하나님이 얼마나 많은 일을 이루셔야 할지 그분께 거듭 간구하면서 말이야. 하지만 그 아이의 생명까지도 하나님 앞에 맡겨 드려야 한다는 것을 알게 되었다네. 미샤를 천국으로 보내는 것이 하나님께 더 큰 영광이라면…"

플로이드는 수천 명의 사람들을 상대로 말씀을 전했다. 그는 연단으로 나가 그만의 특유한 강인함으로 하나님의 무한하신 자애로움과 끝없는 사랑에 대한 말씀을 선포했다. 그리고 아버지의 무너진 마음에 대한 그의 메시지는 사람들에게 뜨거운 감동을 선사했다. (설교를 마치고) 기력이 완전히 소진된 플로이드는 내가 빌려준 휴대폰을 통해 기적이 일어난 것을 확인했다. 미샤가 혼수상태에서 깨어났을 뿐만 아니라 신경계통에도 비정상적인 징후가 나타나지 않고 있다는 것이다. 이틀 뒤 단층촬영 검사에서도 뇌에 아무런 이상이 보이지 않고 아주 건강하다는 결과가 나왔다. 의료진들조차도 딸 미샤와 신생아 루크가 모두의 예상을 뒤엎고 건강을 회복한 것에 놀라움을 금치 못했다. 그들은 산모에게 양수색전증이 발병할 경우 산모와 아이가 뇌 손상을 입지 않고 완전하게 회복하게 될 가능성이 120만분의 일 정도라고 했다.

그 후 약 7개월이 지난 뒤 나는 플로이드를 다시 만날 수 있었다. 그는 우리 집 식탁 의자에 앉아 딸 미샤와 남편 라이오넬이 두 아이를 안고 있는 행복한 사진을 내게 보여주면서 기적을 허락하신 하나님께 모든 영광을 돌렸을 뿐만 아니라 기도의 응답을 얻지 못해 힘들어하는 사람들에게도 위로의 글을 적었다고 말했다.

"많은 사람이 기도를 드리고 하나님은 그 기도 때문에 인간의 일에 간섭하십니다. 하지만 하나님이 늘 우리가 원하는 바대로 우리 기도에 응답하시는 것은 아닙니다. 우리가 그분의 약속에 순종한다면 하나님은 자신의 약속을 모두 지키실 것입니다. 그러나 그것들 가운데 일부는 이 땅이 아니라 천국에서 이루어질 것입니다. 하나님은 다른 모든 이유보다 단 한 가지 이유 때문에 미샤의 생명을 연장케 하신 것이라고 생각합니다. 그 이유는 바로 그 아이가 이 땅에 좀 더 살아있는 것이 그분께 더 큰 영광이 되기 때문이라는 것입니다."[6]

하나님의 놀라운 역사를 통해 세상에 그분의 존재를 드러내고 그분의 이름을 드높이고 그분께 영광을 돌리기를 원하는가? 그분을 사랑하라! 사랑의 순종은 하나님 영광의 진정한 토대다. 사랑이 없이는 하나님을 향한 가장 철저한 헌신도 그분에게는 아무 가치가 없다.

성경의 본질로서의 사랑

우리가 2장에서 살펴본 '율법', '온전함의 명령', '예배', '구원', '교회', '축복', 순종의 본질'에 관한 연구가 모두 '사랑'으로 결론지어졌다. 성경의 주요 주제들의 본질이 사랑이라면 성경은 '사랑의 말씀'이다. 성경이 추구하고 선포하고 목표하는 바는 '사랑'이다.

성경의 근원적인 의미가 되는 성경의 본질은 다음의 세 가지 조건을 충족시켜야 한다.

첫째, "하나님 존재에 관한 개념인가?", 성경의 본질은 하나님 존재에 대한 일차적이고 근본적인 개념이어야 한다. 왜냐하면 성경은 하나님의 말씀이기 때문이다. 우리가 매우 중요하게 여기는 '복음', '교회', '기도', '믿음', '언약', '소망' 등은 하나님에 관한 일차적 진술이 아니라는 점에서 성경의 본질에서 제외된다.

둘째, "성경의 모든 말씀을 포괄하는가?", 성경의 본질은 성경의 모든 말씀과 연관되어 있는 성경의 보편적 개념이어야 한다.

셋째, "성경의 모든 말씀을 규정하는 절대적 개념인가?", 성경의 본질은 성경의 보편성을 지닌 동시에 성경의 모든 말씀을 통제하고 규명하는 진리의 특징을 지니고 있어야 한다.

바울은 고린도전서 13장에서 '사랑'이 성경의 절대성과 보편성을 지닌 '성경의 본질'임을 규정한다.

사랑의 절대성

"내가 사람의 방언과 천사의 말을 할지라도 사랑이 없으면 소리 나는 구리와 울리는 꽹과리가 되고 내가 예언하는 능력이 있어 모든 비밀과 모든 지식을 알고 또 산을 옮길 만한 모든 믿음이 있을지라도 사랑이 없으면 내가 아무것도 아니요 내가 내게 있는 모든 것으로 구제하고 또 내 몸을 불사르게 내줄지라도 사랑이 없으면 내게 아무 유익이 없느니라"(고전 13:1-3).

바울은 사랑과 이류의 은사에 지나지 않은 영의 은사를 대조시킴으로 은사의 절대적 조건이 되는 '사랑'을 부각시킨다. 고린도 교회 교인들이 성령을 통해 능히 방언을 할 수는 있으나, 하나님과 이웃에게 그 자신을 내어주기를 등한시하는 사랑 없음의 잘못을 지적한 바울은, 예언의 능력이나 지식이나 믿음이 완벽하게 발동되고 있다 하더라도 사랑을 등한시하면서 방언을 열심히 구사하는 자의 신앙을 헛된 신앙이라고 인정한다. 바울의 말에 따르면 영적 은사와 교리의 통달, 담대한 믿음, 철저한 순종은 하나님께 실질적으로 중요한 그 무엇, 즉 그분을 향한 사랑에 필적하지 못한다.

바울은 3절에서 '실로 사랑 없는 사랑'과, '내어줌이 없는 내어줌'의 가능성에 대해 말한다. 진정한 것으로 보이기도 하겠으나 극단적일 정도로 하나님 사랑과 이웃 사랑의 형태만을 지닌 자기 사랑도 있다는 것이다. 자기도취와 영웅주의에 빠져 있는 그러한 행위는 한평생 실천한다고 하더라도 구원 사건을 발생시키는 것과는 전혀 무관하다. 바울의 주장은 '오직 사랑만이 유효하다'는 것이다.[1] 성령의 은사를 판가름하는 유일한 기준은 '사랑'이다.

바울이 진술하는 고린도전서 13장의 '사랑'은 은사를 뛰어넘어 성경 전체에 적용되는 절대적 개념이다. 어떤 말씀이든 '사랑을 말하지 않는다면' 그것은 하나님의 말씀이 아니며, 어떤 사건이든 '사랑과 무관하다면' 그것은 하나님의 역사가 아니다. 사랑은 믿음과 소망을 포함하는 성경의 절대적인 개념으로, 성경의 그 어떤 개념도 사랑과 견줄 수 없고, 비교될 수 없기 때문이다. 믿음과 소망은 궁극적으로 사랑을 말하고, 본질적으로 사랑의 개념에 속해 있다. 사랑은 성경 전체에 흐르고 있는 위대한 주제이자, 궁극적인 시금석이다.

사랑의 보편성

사랑의 절대성은 사랑의 보편성으로 나타난다. 고린도전서 13장 1-3절에서 은사의 절대적 요건으로서의 사랑을 구술한 바울은 이제 사랑의 포괄적인 성격에 대해 진술한다.

"사랑은 오래 참고 사랑은 온유하며 시기하지 아니하며 사랑은 자랑하지 아니하며 교만하지 아니하며 무례히 행하지 아니하며 자기의 유익을 구하지 아니하며 성내지 아니하며 악한 것을 생각하지 아니하며 불의를 기뻐하지 아니하며 진리와 함께 기뻐하고 모든 것을 참으며 모든 것을 믿으며 모든 것을 바라며 모든 것을 견디느니라"(고전 13:4-7).

사랑은 오래 참음의 '인내', 부드러운 마음의 '온유', '시기하지 않음'과 '자랑하지 아니함', 교만하지 않은 '겸손', 무례히 행치 않는 '예의 바름', 자기의 유익을 구하지 않는 '이타심', 성내지 않는 '자애', 악한 것을 생각지 않는 '거룩', 불의를 기뻐하지 않는 '정의'를 모두 포함하고 있는 '총체적 개념'이다. 바울은 '모든'이라는 수식어를 세 번이나 동원하여 사랑의 보편적 성격을 강조한다. 사랑에서 제외되는 개념은 없다.

사랑은 프리즘을 통과하는 빛과 같은 것이다. 과학자가 한줄기 광선을 크리스털 프리즘에 비추면 프리즘을 투과한 빛이 반대쪽에서 여러 성분의 색—빨강, 파랑, 노랑, 보라, 주황, 온갖 무지개색—으로 나뉘어 보이듯이, 바울이 사랑을 영성의 프리즘에 비추면 인내, 친절, 관용, 겸손, 예의, 비이기심, 온화한 성품, 정직, 신실이라는 아홉 개로 구성된 사랑의 스펙트럼이 나타나는 것이다.[2]

바울은 골로새서 3장 12-13절에서 '긍휼과 자비와 겸손과 온유와 오래 참음과 용서'라는 표현을 통해 골로새서 3장 14절에서 사랑을 '모든 것을 온전하게 매는 띠'로 설명한다. 고린도전서 13장 1-3절의 사랑의 절대성에 관한 서술에 이어지는, 고린도전서 13장 4-7절의 '사랑의 확장성'에 대한 바울의 묘사는, 성경의 모든 개념을 규제, 통솔하는 '사랑의 절대성'이 성경의 모든 개념을 포괄하는 '사랑의 보편성'으로 표현된 것이다.

성 마리아 신학대학원 교회사 교수인 마이클 고먼(Michael Gorman)은 데살로니가전서를 근거로 사랑의 보편성을 심층적으로 분석한다.

> 첫째, '사랑'은 믿음과 분리할 수 없다(살전 1:3, 3:6, 5:8).…둘째, '사랑'은 또 소망과 분리할 수 없으며, 소망을 보증하는 것이기도 하다(살전 3:12-13, 5:8).…셋째, '사랑'은 다른 사람들을 격려하고 계발하는 것이다(살전 5:12, 15).…넷째, '사랑'은 모든 것을 감싸주며 늘 다른 사람들에게 보복하거나 해를 끼치려고 하기보다 그들에게 선을 행하는 것을 의미한다(살전 3:12, 5:15).[3]

데살로니가전서에 나타나는 사랑의 특징은 바울의 나머지 서신서에도 동일하게 나타난다. 바울의 서신서에 나타나는 수많은 사랑에 관한 주장—신약성경에 나오는 사랑의 기록 291절 중(43.6%)에서 127절이 바울의 말이다—과 바울의 중요한 언급들(롬 13:8-10; 고전 13장, 16:14; 갈 5:6, 22-23; 엡 3:17, 4:16)은 바울이 기록한 서신서의 보편적인 주제가 '사랑'이라는 사실을 확증해준다.

성경이 말하는 '선'의 의미

성경이 말하는 '선'은 헬라어로 '아가도스'(αγαθός)와 '칼로스'(καλός)인데, 하나님의 선하심(마 19:17)에 기원하는 아가도스와 칼로스는 그리스도를 통해 신자에게 수여되는 '사랑의 선'을 말한다.[4]

"이같이 너희 빛이 사람 앞에 비치게 하여 그들로 너희 착한 행실을 보고 하늘에 계신 너희 아버지께 영광을 돌리게 하라"(마 5:16).

예수님은 마태복음 5장에서 진리의 빛 된 삶을 말하는 신자의 '착한 행실'을, 성취될 율법의 새로운 해석을 통해 '사랑의 삶'으로 말씀하신다(마 5:46-48). 착한 행실은 곧 '사랑의 삶'을 지칭한다.

"너희를 박해하는 자를 축복하라 축복하고 저주하지 말라…아무에게도 악을 악으로 갚지 말고 모든 사람 앞에서 선한 일을 도모하라 할 수 있거든 너희로서는 모든 사람과 더불어 화목하라 내 사랑하는 자들아 너희가 친히 원수를 갚지 말고 하나님의 진노하심에 맡기라 기록되었으되 원수 갚는 것이 내게 있으니 내가 갚으리라고 주께서 말씀하시니라 네 원수가 주리거든 먹이고 목마르거든 마시게 하라 그리함으로 네가 숯불을 그 머리에 쌓아 놓으리라 악에게 지지 말고 선으로 악을 이기라"(롬 12:14, 17-21).

바울은 로마 교회 신자들에게 "선으로 악을 이기라"고 명령한다. 선으로 악을 이기는 구체적인 행위는 박해하는 자들을 저주하지 말고 축복하고, 원수와 화목하게 지내고, 원수의 필요를 채워주는 '사랑의 실천'이다.

"선한 행실의 증거가 있어 혹은 자녀를 양육하며 혹은 나그네를 대접하며 혹은 성도들의 발을 씻으며 혹은 환난 당한 자들을 구제하며 혹은 모든 선한 일을 행한 자라야 할 것이요"(딤전 5:10).

바울은 선한 일을 '사랑의 실천'으로 이해한다. 그리스도인은 선한 일, 곧 사랑의 삶을 위해 부름을 받은 사람이다(엡 2:10). 하나님의 사랑은 선하심에 대한 최고의 그리고 가장 영광스러운 표현이다.

창세기에 기록된 에덴동산의 창조와 아담의 범죄, 홍수의 심판과 노아의 아들 셈의 9대 후손인 아브라함이 받은 생육과 번성의 언약, 이스라엘의 출애굽과 가나안 정복, 모세에게 주어진 십계명, 레위기의 희생 제사, 이스라엘의 디아스포라와 회복의 말씀 모두 메시아를 통한 사랑의 성취를 예언하고 있고, 그 사랑의 예언은 예수 그리스도의 십자가로 성취되었다. 성경은 창세기부터 요한계시록까지 관통하는 예수 그리스도의 십자가를 매개로 세상에 사랑을 선포한다. 성경은 사랑이라는 하나의 주제로 구성된 하나님의 말씀이다.

어거스틴은 《기독교 교리에 대해》(On Christian Doctrine)이라는 책에서 성경을 해석하는 간단한 규칙을 소개한다. 어거스틴에 따르면 성경의 내용은 크게 두 가지다. 하나는 하나님의 사랑을 직접적으로 말하는 것이고, 다른 하나는 간접적이거나 비유적으로 말하는 것이다. 어떤 본문이 무엇을 말하든지 사랑에 근거한 해석이 나올 때까지 계속 검토하고 묵상해야 한다는 것을 주장한다.[5] 성경의 원저자이신 성령님의 본성은 '사랑'으로, 성경은 '사랑의 하나님'이 저술한, '사랑에 관한 언어적 계시'라 말할 수 있다.

"예수께서 이르시되 네 마음을 다하고 목숨을 다하고 뜻을 다하여 주 너의 하나님을 사랑하라 하셨으니 이것이 크고 첫째 되는 계명이요 둘째도 그와 같으니 네 이웃을 네 자신 같이 사랑하라 하셨으니 이 두 계명이 온 율법과 선지자의 강령이니라"(마 22:37-40).

"새 계명을 너희에게 주노니 서로 사랑하라 내가 너희를 사랑한 것 같이 너희도 서로 사랑하라"(요 13:34).

"피차 사랑의 빚 외에는 아무에게든지 아무 빚도 지지 말라 남을 사랑하는 자는 율법을 다 이루었느니라 간음하지 말라, 살인하지 말라, 도둑질하지 말라, 탐내지 말라 한 것과 그 외에 다른 계명이 있을지라도 네 이웃을 네 자신과 같이 사랑하라 하신 그 말씀 가운데 다 들었느니라 사랑은 이웃에게 악을 행하지 아니하나니 그러므로 사랑은 율법의 완성이니라"(롬 13:8-10).

"너희 모든 일을 사랑으로 행하라"(고전 16:14).

"믿음으로 말미암아 그리스도께서 너희 마음에 계시게 하시옵고 너희가 사랑 가운데서 뿌리가 박히고 터가 굳어져서 능히 모든 성도와 함께 지식에 넘치는 그리스도의 사랑을 알고 그 너비와 길이와 높이와 깊이가 어떠함을 깨달아 하나님의 모든 충만하신 것으로 너희에게 충만하게 하시기를 구하노라"(엡 3:17-19).

"그리스도께서 너희를 사랑하신 것 같이 너희도 사랑 가운데서 행하라 그는 우리를 위하여 자신을 버리사 향기로운 제물과 희생제물로 하나님께 드리셨느니라"(엡 5:2).

"이 교훈의 목적은 청결한 마음과 선한 양심과 거짓이 없는 믿음에서 나오는 사랑이거늘"(딤전 1:5).

"이 모든 것 위에 사랑을 더하라 이는 온전하게 매는 띠니라"(골 3:14).

"무엇보다도 뜨겁게 서로 사랑할지니 사랑은 허다한 죄를 덮느니라"(벧전 4:8).

"사랑하는 자들아 우리가 서로 사랑하자 사랑은 하나님께 속한 것이니 사랑하는 자마다 하나님으로부터 나서 하나님을 알고 사랑하지 아니하는 자는 하나님을 알지 못하나니 이는 하나님은 사랑이심이라 하나님의 사랑이 우리에게 이렇게 나타난 바 되었으니 하나님이 자기의 독생자를 세상에 보내심은 그로 말미암아 우리를 살리려 하심이라 사랑은 여기 있으니 우리가 하나님을 사랑한 것이 아니요 하나님이 우리를 사랑하사 우리 죄를 속하기 위하여 화목 제물로 그 아들을 보내셨음이라"(요일 4:7-10).

"하나님이 우리를 사랑하시는 사랑을 우리가 알고 믿었노니 하나님은 사랑이시라 사랑 안에 거하는 자는 하나님 안에 거하고 하나님도 그의 안에 거하시느니라"(요일 4:16).

"너희가 만일 성경에 기록된 대로 네 이웃 사랑하기를 네 몸과 같이 하라 하신 최고의 법을 지키면 잘하는 것이거니와"(약 2:8).

성경은 '사랑'을 말한다. 성경은 하나님 은혜의 거대한 사례집이다. 율법과 선지서의 핵심 요체이고(마 22:37-39; 눅 10:27), 신약의 황금률(마 7:12; 눅 6:3; 롬 13:9)이자, 완성된 새 언약(요 13:34-35)으로서의 '사랑'은 모든 계명의 총화로서 '성경의 본질'이다. 성경은 '사랑이신 하나님'의, '사랑의 말씀'이다.

사랑과 거룩의 비교

장구한 기독교 역사 속에서 성경의 최고 개념을 둘러싼 이견이 상존해 왔다. 청교도들과 근본주의자들은 '거룩'을, 낭만주의자들과 자유주의자들, 그리고 후대의 이머징 교회 지도자들은 '사랑'을 성경의 최고 개념으로 인정하고 있다.

"성경이 말하는 최상위 개념은 사랑인가? 거룩인가?"

거룩

종교개혁 이후에 발생한 개신교 사상 중 칼뱅주의를 추종하는 개혁주의는 성경의 최고 개념을 '거룩'이라고 주장한다.

"웃시야 왕이 죽던 해에 내가 본즉 주께서 높이 들린 보좌에 앉으셨는데 그의 옷자락은 성전에 가득하였고 스랍들이 모시고 섰는데 각기 여섯 날개가 있어 그 둘로는 자기의 얼굴을 가리었고 그 둘로는 자기의 발을 가리었고 그 둘로는 날며 서로 불러 이르되 거룩하다 거룩하다 거룩하다 만군의 여호와여 그의 영광이 온 땅에 충만하도다 하더라"(사 6:1-3).

'거룩하다'의 히브리어 어근은 '잘라내다' 또는 '분리하다'라는 의미를 지니고 있는데, 이 말은 신성이나 신성 자체의 본질을 표명하기 위해 주로 사용되었다. 특히 이사야 예언자가 전해 준 영광의 노래인 "거룩하시다"라는 찬미가는 드높은 어좌에 앉아 계신 하나님 앞에서 천사들이 세 번이나 소리 높여 불렀던 찬양으로서 하나님의 다른 속성들 가운데 무엇보다도 하나님의 절대적인 거룩한 성격을 강조하고 있다. 또 하나님께서 당신의 거룩함을 걸고 맹세하신 것이나(시 89:35; 사 57:15; 암 4:2) 당신은 사람이 아니고 거룩한 신임을 단언하신 것은 하나님 고유의 속성으로서 그분의 거룩하심을 드러내 보여주신 것이다.

이처럼 거룩함은 단지 하나님의 속성 가운데 하나인 것이 아니라 그분의 본질적인 성격을 표명해 준다.[1] 그러므로 하나님의 거룩하심은 나머지 속성을 관통하고 그 속성들 위에 광채를 비추는 초월적 속성으로 말할 수 있다. 따라서 거룩하심은 하나님의 다른 속성들의 참된

광채이자 영광이다.²

고든 콘웰 신학교의 개혁주의 신학자 데이비드 웰스(David Wells)는 거룩을 사랑보다 우위 개념으로 인정하는 개혁주의의 주장을 대변한다.

성경은 어디에서도 우리에게 하나님의 거룩하심이 무엇을 의미하는지에 대한 정의를 제시하지 않지만, 이 사실에도 불구하고 우리는 어떤 의구심도 품지 않는다. 다윗의 표현을 빌어, 하나님은 "이스라엘의 거룩하신 주"이다(시 71:22, 87:41, 89:18). 훗날 우리는 이 표현의 몇 가지 변형된 형태와 마주친다. 에스겔서에서 하나님은 "이스라엘의 거룩한 자"이다(겔 39:7). 호세아서에서 하나님은 "네 가운데 있는 거룩한 이"이며(호 11:9), 하박국은 하나님을 "나의 거룩한 이"라고 부른다(합 1:12). 그들은 모두 이 말이 무엇을 의미하는지 알았다. 하나님은 자비가 넘치시고 언제나 공평하시며 놀랍도록 오래 참으신다.

그러나 하나님의 거룩하심은, 다른 모든 완전한 속성 그리고 그보다 훨씬 더 많은 것을 포함한다. 이는 하나님이 누구이며 어떤 분인지에 대한 근본적인 진술이다.…만일 하나님의 거룩함이 그분의 완전한 정결함이요, 비교할 수 없는 선함이요, 모든 옳고 바른 것의 척도요, 모든 그릇되고 사악하고 해로운 것에 대한 최종 저항선이라면, 사랑도 반드시 이 거룩함의 일부임에 틀림없다.³

성경의 최고 개념으로서 거룩이 가지는 문제점은 성경의 근거가 빈

약하다는 것이다. 위의 거룩에 대한 데이비드의 주장 중에서, "성경은 어디에서도 우리에게 하나님의 거룩하심이 무엇을 의미하는지에 대한 정의를 제시하지 않지만", "만일…최종 저항선이라면"이라는 말은 그의 주장이 성경이 아닌, 가정(假定)에 근거해 있음을 드러낸다. 거룩이 성경의 최고의 개념이 되기 위해서는 타당하고 확고한 성경적 근거가 필요하다. 개혁주의의 '거룩 제일주의'는 아가페를 인본적인 사랑으로 변질시킨 자유주의의 반작용에서 태동한 것으로 추측된다. 그러나 사랑을 성경 최고의 개념으로 인정하는 사랑의 신학은 자유주의의 '심판 없는' 인본주의적 사랑과는 무관하다. 왜냐하면, 사랑의 신학은 복음을 '은혜의 구원'과 '공의의 심판'을 통해 완성되는 사랑으로 이해하고 있기 때문이다.

사랑

"그러나 너희는 택하신 족속이요 왕 같은 제사장들이요 거룩한 나라요 그의 소유가 된 백성이니 이는 너희를 어두운 데서 불러 내어 그의 기이한 빛에 들어가게 하신 이의 아름다운 덕을 선포하게 하려 하심이라 너희가 전에는 백성이 아니더니 이제는 하나님의 백성이요 전에는 긍휼을 얻지 못하였더니 이제는 긍휼을 얻은 자니라"(벧전 2:9-10).

그리스도인의 정체성을 '택하신 족속', '왕 같은 제사장들', '거룩한 나라', '그의 소유 된 백성'으로 정의한 베드로는, 그러한 그리스도인의 정체성이 갖는 목적을 인간을 구원하신 하나님의 아름다운 덕을 선포하는 것으로 말한다. 하나님이 그리스도인을 거룩한 나라의 일원으로 세우시는 이유는, '하나님의 은혜'를 선포하기 위함이다.

> "곧 창세 전에 그리스도 안에서 우리를 택하사 우리로 사랑 안에서 그 앞에 거룩하고 흠이 없게 하시려고 그 기쁘신 뜻대로 우리를 예정하사 예수 그리스도로 말미암아 자기의 아들들이 되게 하셨으니 이는 그가 사랑하시는 자 안에서 우리에게 거저 주시는 바 그의 은혜의 영광을 찬송하게 하려는 것이라 우리는 그리스도 안에서 그의 은혜의 풍성함을 따라 그의 피로 말미암아 속량 곧 죄 사함을 받았느니라"(엡 1:4-7).

창세 전 그리스도 안에서 신자를 택하신 하나님의 예정을 '사랑 안에' 있는 거룩한 예정으로 언급한 바울은, 거룩한 예정의 목적을 하나님의 무조건적인 은혜의 영광을 찬송하기 위한 것이라고 말한다. 베드로와 바울은 거룩함의 목적을 '사랑'으로 말한다. 신자의 거룩은 은혜의 택하심을 따라 '사랑 안에서' 출현하고 성취되는 '사랑의 결과물'이다.

거룩함에 이르는 여정을 소개하는 레위기의 구조는 하나님 앞(1-10장)에서 시작된 거룩이 가정(11-15장)에서 공동체 생활(17-27장)로 나아가는 형식을 띠고 있다. 이 도식은 성도의 삶이 하나님 앞(성소)에서뿐만 아니라 삶 속에서 거룩함을 이루어야 할 것을 의미한다. 거룩한 세상으로부터의 분리에서 시작되는 레위기는 세상 속에 '이웃 사랑'을 실천함으로써 완성된다(레 19:18).[4] 거룩은 사랑 안에서 유형적 실체로 표현되는 것이다.

기독연구원의 일원인 김근주는 거룩의 핵심이 되는 사랑을 부연해 설명한다.

> 하나님이 우리를 거룩한 삶으로 부르시는 내용은 십계명으로 시작한다 (레 19:3-4). 그런데 주목할 것은 십계명 첫머리에 '부모 경외'와 '안식일 준수'가 있다는 점이다. 여기서 부모는 약하고 나이든 부모인데, 레위기 19장은 부모를 경외하라고 명령한다. 또 출애굽기 20장의 십계명과 신명기 5장의 십계명에 따르면 안식일은 자기도 쉬고 자기 가족과 종, 가축까지도 쉬는 날이다. 그런 점에서 부모 경외와 안식일 준수는 약자에 대한 배려이며, 함께 쉬며 살아가는 '사랑의 삶'이 거룩한 삶의 핵심에 있음을 또렷이 보여준다. 레위기 19장 34절은 한 걸음 더 나아가서, 거류민들을 "너희 중에서 낳은 자 같이 여기며 자기 같이 사랑하라"고 명령한다. 결국, 우리는 사랑으로 거룩함을 구체화할 수 있다. '거룩 안에서 자라간다'는 것은 '사랑 안에서 자라가는 것'이다. 하나님은 사랑이시니(요일 4:8), 하나님을 닮아가는 거룩함이 사랑 안에서 자람이라는 것은 매우 명백하다.[5]

구약성경은 하나님이 이스라엘 백성을 선택하신 이유가 사랑이며,

아브라함의 언약의 영원성은 상실될 수 없는 하나님의 영원한 사랑에 근거해 있음을 선포하고 있다(삼하 12:24; 시 146:8, 103:4). 구약의 하나님은 변함없는 사랑, 지속적인 자비, 무한한 인내의 하나님이라는 사실을 그 누구도 의심할 수 없다.

> "또 눈은 눈으로, 이는 이로 갚으라 하였다는 것을 너희가 들었으나 나는 너희에게 이르노니 악한 자를 대적하지 말라 누구든지 네 오른편 뺨을 치거든 왼편도 돌려 대며"(마 5:38-39).

예수님은 마태복음 5장의 율법강론에서 '눈은 눈으로, 이는 이로'(출 21:24a)라는 율법의 손해보상법을, 받은 손해에 대해 그 어떤 배상도 요구하지 않고 오히려 더 채워주는(마 5:40-41) 사랑의 계명으로 전환시킨다. 인간을 향한 크신 하나님의 사랑이 전제(마 22:37-40; 갈 5:14)되어 있는 구약의 공의의 율법은 신약의 사랑의 새 계명으로 완성된다. 구약의 하나님과 신약의 하나님을 공의의 하나님과 사랑의 하나님으로 대비시키는 신학적 주장은 구약시대의 율법이 사랑으로 완성되었다는 점에서 비성경적인 관점이다.

하나님이 노예 상태와 이집트로부터 자기 민족을 해방했던 것은 그 민족에게 기쁨을 주려고, 천상에서 조화롭게 마무리되기 전 그 민족에게 천상의 행복을 지상에서 보장하기 위해서도 아니다. 그것은 여호와가 유일한 하나님이고 하나님이 역사의 주인이며 하나님의 사랑이

유일한 진리라는 점과 그 민족과의 화해를 통해 하나님이 인류 전체와 화해하려는 자신의 뜻을 입증한다는 점을 그 민족이 증언하도록 하기 위함이었다.[6]

고대의 신앙공동체는 하나님을 긍휼에 있어서 완전하신 분이라고 찬미하였다. 이것은 구약성서의 기본적인 신학적 주제를 이루고 있다 (느 9:17; 시 111:4, 116:5, 86:15, 103:8; 욜 2:13; 욘 4:2; 사 54:10). 히브리 공동체의 신앙 중심에는 하나님의 긍휼에 대한 선포가 놓여 있는데, 출애굽기에서는 이러한 선포의 원천이 하나님 자신에게 있다고 설명한다. 시내산에서 모세에게 하나님의 이름을 계시하신 후에 야훼는 "자비롭고 은혜롭고 노하기를 더디하고 인자와 진실이 많은 하나님이로다"라고 말씀하신다(출 34:6). 은혜로우시고 긍휼이 많으신 하나님에 대한 믿음은, 미래의 어느 때엔가는 하나님께서 이스라엘 백성에게 다시 긍휼을 베푸실 것이라는, 반복적으로 표현된 소망의 토대를 이룬다(사 14:1, 54:7; 렘 12:15, 30:18, 42:12; 겔 39:25; 호 1:7, 2:23; 욜 2:18; 미 7:19; 슥 1:16; 말 3:17).

신약성서에 의하면, 하나님의 긍휼을 보여준 최고의 행위는 예수 그리스도를 보내신 일이었다. 사랑의 긍휼은 나사렛 예수 안에서 구체적으로 표현된다. 왜냐하면, 긍휼은 자신의 사명에 대한 예수님의 이해의 중심에 놓여 있었기 때문이다. 그래서 바울은 하나님이 "우리가 행한 바 의로운 행위로 말미암지 아니하고 오직 그의 긍휼하심을 따라 우리를 구원하셨다"(딛 3:5; 참조. 엡 3:4-5)고 선언한다. 그리고 베드로는 그의 독자들에게 하나님의 "많으신 긍휼" 안에서 하나님이 그리스도인들을 "거듭나게 하사 산 소망이 있게 하셨다"(벧전 1:3)고 말한다. 긍휼은 심판을 이긴다(약 2:13). 하나님의 공평하고 정의로운 심판 너머에 하나님의 은총이 자리 잡고 있다.[7]

성경은 사랑을 '거룩의 상위개념'으로 묘사한다. 요한은 복음의 이유(요 3:16)와 영 분별의 기준과 하나님의 본질적 속성을 '거룩이 아닌 사랑'(요일 4:7-8)으로, 바울은 사랑을 율법의 완성으로 선언한 후(롬 13:8-10)에 '사랑을 실천하는 삶의 일환'으로 육체의 더러운 삶을 벗어던지고 대신 빛의 갑옷을 입고 낮에와 같이 단정히 행하는 거룩을 명령하고(롬 13:11-14), 하나님이 인간을 구원하시는 이유를 '거룩이 아닌 은혜'(엡 2:8-9)로, 모든 일의 원칙(고전 16:14; 엡 5:2)과 기독교 신앙의 제일 개념을 '거룩이 아닌 사랑'(고전 13:13)으로 언급한다. 야고보는 '거룩이 아닌 사랑'을 최고의 법으로 말하고, 예수님은 온 율법과 선지자의 강령이 되는 두 계명을 '거룩이 아닌, 하나님 사랑과 이웃 사랑'으로 말씀하신다(마 22:37-40). '사랑'이 거룩 위에 있다.

신학자의 철학자로 불리는 실존주의 신학자 폴 틸리히[Paul (Johannes) Tillich, 1886-1965]는 신학의 궁극적 관심을 '사랑'으로 표명한다.

그러므로 여기서 적용될 수 있는 유일한 기준은 다음과 같은 것뿐이다: 신학적인 순환의 내용을 궁극적인 관심으로서 인정하는 자만이 신학자일 수 있다. 나는 앞에서 아무런 설명도 없이 궁극적인 관심이란 용어를 사용했다. 여기서 궁극적인 관심이란 성서의 위대한 계명, "주 곧 우리 하나님은 유일한 주시다. 네 마음을 다하고 목숨을 다하고 뜻을 다하고 힘을 다하여 주 너의 하나님을 사랑하라"의 추상적인 번역이다. 이 궁극적인 관심은 무조건적인 것이다. 궁극적인 관심은 모든 성격이나 욕망이나 환경의 조건으로부터 독립되어 있다. 다음으로 무조건적인 관심은 총체적인 것이다. 곧, 우리 자신이나 우리의 세계의 어느 부분도 이것으로부터 배제되어 있지 않다. 그로부터 도피할 수 있는 곳은 아무 곳에도 없다. 끝으로 이 총체적인 관심은 무한한 것이다.[8]

거룩은 구약에 347회, 신약에 112회, 그리고 공의는 구약에 175회, 신약에 9회 사용되었고, 사랑은 구약에 273회, 신약에 284회 사용되었다. 거룩과 공의가 구약에 집중되어 있는 반면, 사랑은 신구약 성경에 두루 분포되어 있다. 거룩이 아닌 사랑이 성경이 말하는 제일, 최고의 '지상개념'이다. 성경 전체에 사랑의 강이 도도히 흐르고 있다.

제일로서의 사랑

교회사에서 누구보다도 진리에 대한 집착을 가졌던 인물이 어거스틴(Augustine of Hippo)이다. 바울 이후 가장 위대한 신학자로 인정받는 어거스틴은 30세가 되었음에도 부질없는 욕망과 현실의 환락을 탐내는 일에만 급급해하는 자신의 허망한 모습을 발견하고 진리를 열망한다.

내일이면 찾아내겠지. 그것이 분명하게 드러나면 난 그것을 붙잡고 절대로 놓지 않을 테다.…진리가 투명하게 보이는 그날까지 나는 어릴 때 어머니가 세워 준 층계에서 절대로 발을 떼지 않으리라. 하지만 그것을 언제 어디에서 찾는단 말인가?…읽고 싶다고 한 책이 또 어디 있는가? 이제 어디에서 구할 수 있겠는가? 누구에게 얻는단 말인가? 그래도 영혼을 위하여 시간을 정하자. 문득 희망이 솟는다.…나의 일과인 강의, 친구와의 사귐, 휴식 등이 필요한 일이지만, 그런 것들은 모두 집어치우고 오직 진리 탐구에만 몰두해야 하지 않겠는가?[1]

"어거스틴이 찾고자 했던 기독교의 진리는 무엇인가?" 위키 백과는 진리를 "사실이 분명하게 맞아떨어지는 명제, 또는 시간과 공간을 초월하여 누구나 인정할 수 있는 보편적이고 불변적인 사실 혹은 참된 이치나 법칙"으로 정의한다.

'사랑이 제일'이라는 바울의 주장

고린도전서 13장에서 은사의 본질인 '사랑의 절대성'(1-3절)과 '사랑의 보편성'(4-6a)에 대해 언급한 바울은 6절 후반부터 사랑을 최종적이고 가장 탁월한 신앙의 원리로 설명한다.

6절 "(사랑은) 불의를 기뻐하지 아니하며 진리와 함께 기뻐하고"

바울은 사랑을 진리와 함께 기뻐하는 '동류 개념'으로 묘사한다. 바울은 데살로니가후서 2장 10절("그리고 온갖 악랄한 속임수를 다 써서 사람들을 멸망시킬 것입니다. 그 사람들은 진리를 받아들이지도 않고 사랑하지도 않기 때문에 구원을 얻지 못할 것입니다.")에서도 진리를 받아들이는 것과 사랑하는 것을 동일한 의미로 서술하고 있다. 사랑은 성경이 진리로 언급하는 '하나님'(사 65:16; 엡 4:21; 요 14:6, 18:37, 15:26; 요일 5:6), '하나님의 말씀'(요 17:17; 엡 1:13), '복음'(요 1:17; 갈 2:5; 골 1:5; 엡 1:13)의 '본질'이다. 진리와 사랑은 하나님에게 있어서 하나이다. 사랑을 진리의 동류 개념으로 언급한 바울은 사랑이 가지는 진리의 여러 가지 특징들을 구술한다.

7절 "모든 것을 참으며 모든 것을 믿으며 모든 것을 바라며 모든 것을 견디느니라"

바울은 '모든'이라는 수식어를 네 번이나 사용하면서 모든 것을 인내하고, 모든 것을 믿고, 모든 것을 바라고, 모든 것을 견디어내는 사랑의 속성을 설명하려 한다. 완전한 인내, 완전한 믿음, 완전한 소망, 그리고 완전한 견딤은 진리가 드러내는 특징들이기 때문이다. 그리스도인의 삶의 행위가 사랑이 되는 한, 완전한 인내와 믿음과 소망과 견딤이 가능하며, 그것은 진리로서의 사랑이 창출하는 무소불위의 능력이다. 사랑에는 어떤 것도 난관이 되지 않는다. 사랑은 필연적으로 승리하고, 진리의 능력이 가져다주는 결과다. 반드시 사랑이어야 하고, 모든 것이 사랑이고, 영원한 것이 사랑인 이유는 사랑이 '진리'이기 때문이다.

8-12절 "사랑은 언제까지나 떨어지지 아니하되 예언도 폐하고 방언도 그치고 지식도 폐하리라 우리는 부분적으로 알고 부분적으로 예언하니 온전한 것이 올 때에는 부분적으로 하던 것이 폐하리라 내가 어렸을 때에는 말하는 것이 어린 아이와 같고 깨닫는 것이 어린 아이와 같고 생각하는 것이 어린 아이와 같다가 장성한 사람이 되어서는 어린 아이의 일을 버렸노라 우리가 지금은 거울로 보는 것 같이 희미하나 그 때에는 얼굴과 얼굴을 대하여 볼 것이요 지금은 내가 부분적으로 아나 그 때에는 주께서 나를 아신 것 같이 내가 온전히 알리라"

온전한 것, 곧 사랑이 도래할 때 방언과 예언은 소멸된다. 방언과 예언은 한시적이고 사랑은 영원하기 때문이다. 사랑은 영속적인 개념이다. 세상의 마지막 날에 부분적이고 불완전한 모든 것이 폐하여질 때, 사랑이 흔들림 없이 건재하다면 그것으로 사랑의 진리성은 입증된다.

13절 "그런즉 믿음, 소망, 사랑, 이 세 가지는 항상 있을 것인데 그 중의 제일은 사랑이라"

바울은 사랑에 대한 지금까지의 모든 언급을 '사랑이 제일'이라는 한 문장으로 축약시킨다. 현대 영어 성경(CEV, Contemporary English Version)과 공동번역은 사랑을 'the greatest is love', 즉, '가장 위대한 것이 사랑'이라는 최상위 개념으로 번역한다.

미국 풀러 신학대학원의 교수를 역임한 신약학자인 로버트 뱅크스(Robert J. Banks)는 바울서신의 전반에 드러나 있는 '사랑 제일주의'를 다음과 같이 설명한다.

갈라디아 사람들은 '사랑'이 가장 중요한 '성령의 열매'라고 가르침을 받으며, 믿음의 가정들에 선을 행할 뿐만 아니라 "너희가 서로 짐을 지라. 그리하여 그리스도의 법을 성취하라"라고 격려를 받는다(갈 5:22, 6:2).

고린도전서에서 바울은 '여러 지체가 서로 같이 돌보게 하셨고', 고통을 받을 때나 영광 받을 때 서로 함께 고통받고 즐거워해야 한다고 말한다(고전 12:25-26).

로마서에서는 자기를 기쁘게 하지 아니하고 다만 '우리 각 사람이 이웃을 기쁘게 하되 선을 이루고 덕을 세우도록' 해야 하며, 연합하여 하나님 아버지께 영광 돌릴 수 있도록 '그리스도 예수를 본받아 서로 뜻을 같이하여' 살라고 권면한다(롬 15:1-2, 5-6).

빌립보서에서는 상호 애정과 동정, 사랑과 조화가 있어야 하고, 서로 '각기 자기 일을 돌볼 뿐더러 또한 각각 다른 사람들의 일을 돌보라'고 말한다(빌 2:1-4).

골로새서에서는 "하나님이 택하사 거룩하고 사랑받는 자처럼 긍휼과 자비와 겸손과 온유와 오래 참음을 옷 입고 누가 누구에게 불만이 있거든 서로 용납하여 피차 용서하되…이 모든 것 위에 사랑을 더하라 이는 온전하게 매는 띠니라"라고 권면한다(골 3:12-14).

에베소서에서는 이 모든 것이 형제들에게 '서로 친절하게 하며 불쌍히 여기며 서로 용서'하고 그리하여 "사랑을 받는 자녀같이 너희는 하나님을 본받는 자가 되고, 그리스도께서 너희를 사랑하신 것같이 너희도 사랑 가운데 행하라"라는 명령으로 요약된다(엡 4:32-5:2).[2]

바울서신에 나타나는 이러한 아가페의 중심성은, 바울이 왜 그리스도인의 의무에 대한 자신의 통찰 결과를 '사랑으로써 역사하는 믿음'으로 요약했는지(갈 5:6b), 어떻게 공동체 지체들은 "피차 사랑의 빚 외에는 아무에게든지 아무 빚도 지지 말라"라고 결론지었는지를 설명해 준다(롬 13:8). 믿음과 소망과 사랑은 천국에서도 동일하게 존재할 것이지만, 믿음과 소망은 하나님의 본질적 속성이 아니다. 하나님의 본질적 속성은 사랑으로, 사랑은 다가올 세상과 지금의 세상을 하나로 연결 짓는 영원한 삶의 원천이자 가장 탁월한 가치체계이다. '하나님이 사랑'이시라면, 사랑은 '하나님의 진리'다.

진리에 대한 요한의 증언

요한은 요한일서에서 하나님의 계명에 순종하는 것이 그리스도인의 마땅한 모습이며 만약 그런 모습이 없다면 하나님을 안다는 주장을 의심해 볼 만하다고 말하면서, 계명을 지키지 않는 자와 계명을 지키는 자를 대비시킨다.

"그를 아노라 하고 그의 계명을 지키지 아니하는 자는 거짓말하는 자요 진리가 그 속에 있지 아니하되 누구든지 그의 말씀을 지키는 자는 하나님의 사랑이 참으로 그 속에서 온전하게 되었나니 이로써 우리가 그의 안에 있는 줄을 아노라"(요일 2:4-5).

계명을 지키지 않는 자는 '진리가 그 속에 없는 자'이고, 계명을 지키는 자는 '그 속에 하나님의 사랑을 온전히 이룬 자'라는 요한의 말은 '진리'와 '하나님의 사랑'을 동격으로 취급하는 것이다. 계명의 순종으로 계명이 이루고자 하는 진리는 '사랑'이다. 진리를 행하는 자는 사랑의 삶을 살고, 사랑의 삶을 사는 자는 진리를 믿는 자다.

"진리를 따르는 자는 빛으로 오나니 이는 그 행위가 하나님 안에서 행한 것임을 나타내려 함이라 하시니라"(요 3:21).

빛을 진리로 규정한 요한은 요한일서 2장 9-10절에서 빛 가운데 거하는 삶을 '형제 사랑'으로 설명한다. "빛 가운데 있다 하면서 그 형제를 미워하는 자는 지금까지 어둠에 있는 자요 그의 형제를 사랑하는 자는 빛 가운데 거하여 자기 속에 거리낌이 없으나" 빛, 곧 진리 가운데 거하는 삶은, 형제를 사랑하는 삶이다.

"은혜와 긍휼과 평강이 하나님 아버지와 아버지의 아들 예수 그리스도께로부터 진리와 사랑 가운데서 우리와 함께 있으리라"(요이 1:3).

진리와 사랑은 불가분리의 관계를 형성하여 그리스도인으로 하여금 진리 안에서 사랑할 수 있게 하며, 사랑을 통해서 진리를 유지하게 해준다. 진리와 사랑은 예수 그리스도를 믿는 신자의 믿음과 삶의 방식에 대한 설명으로 서로 하나로 묶여 있다.

"너의 자녀들 중에 우리가 아버지께 받은 계명대로 진리를 행하는 자를 내가 보니 심히 기쁘도다 부녀여, 내가 이제 네게 구하노니 서로 사랑하자 이는 새 계명 같이 네게 쓰는 것이 아니요 처음부터 우리가 가진 것이라 또 사랑은 이것이니 우리가 그 계명을 따라 행하는 것이요 계명은 이것이니 너희가 처음부터 들은 바와 같이 그 가운데서 행하라 하심이라"(요이 1:4-6).
"진리의 성령이 오시면 그가 너희를 모든 진리 가운데로 인도하시리니"(요 16:13).

요한은 하나님의 계명, 진리, 사랑을 동일한 의미로 서로 도치시키면서 사랑의 삶을 진리를 행하는 삶으로 설명한다. 성령님은 진리의 계시자로 사람들을 비교 불가한 진리인 사랑으로 인도하신다. 요한 역시 바울과 같이 사랑을 진리로 인식하고 있다. 진리와 사랑은 일체다. 성경에서 '제일'(고전 13:13)과 '최고'(약 2:8)라는 수식어는 사랑에만 사용된다.

9년 동안 자신이 열정적으로 지지했던 마니교를 떠나 기독교에 귀의한 어거스틴이 성경을 통해 찾은 진리는 '사랑'이다. 어거스틴은 "만일에 누구라도 또는 그의 일부를 이해한다고 하면서 그 이해를 가지고 하나님과 이웃을 향한 이중적 사랑을 구축하지 않는다면 그는 실상 아무것도 이해하지 못하고 있는 것이다.[3] 나는 여러분에게 단 한 가지 짧은 명령을 내린다. 바로 사랑, 그리고 여러분이 하고자 하는 것을 하라"⁴고 말한다. 어거스틴은 진리를 탐구의 대상이 아니라 사랑의 대상으로 보았다. 사랑은 어거스틴의 신학 사상 전체를 관통하는 중심 개념이다.

구원의 복음은 사랑의 영이신 성령을 통해 우리에게 진리가 된다. 하나님의 사랑은 '진리'이며, 그 사랑으로 인해 우리는 진리로 나아간다. 사랑은 진리를 찾는 방법이면서 우리가 추구하는 진리 자체다. 기독교 신앙은 예수 그리스도의 십자가 안에서 절대 진리인 하나님의 사랑을 만난다.⁵ 하나님이 우리를 사랑하신다는 말보다 더 위대한 말이 없으며, 하나님이 우리를 사랑하시는 행위보다 더 숭고한 것이 없고, 또한 우리가 하나님을 사랑한다는 말보다 더 위대한 말이 없고, 우리가 하나님을 사랑하는 행위보다 더 가치 있는 것이 없는 이유는 사랑이 '진리'이기 때문이다.⁶

"내가 아름다운 교회에서 지금까지 대략 9천 번에서 만 번 정도의 설교를 했는데, 지금까지의 설교는 다 잊어버려도 괜찮습니다. 그러나 오늘 설교는 기억하십시오. 왜냐하면 '사랑이 제일'이기 때문입니다."

김종포 목사가 자신의 은퇴설교(2018. 12. 9)에서 한 말이다. 사랑이 진리라는 성경의 증언을 깨달았다면, 당신은 이제야 성경을 제대로 이해하기 시작한 것이다.

"그런즉 믿음, 소망, 사랑, 이 세 가지는 항상 있을 것인데 그 중의 제일은 사랑이라"(고전 13:13).

사랑은 '제이'가 아니라 '제일'이다. 사랑은 기독교 신앙의 핵심 원리로서, 그 자체로 고유한 위치, 독특하고 영구한 가치, 지극히 근본적인 성격을 띤다. 기독교 신앙은 사랑의 선언에서 그 절정을 맞이한다. 왜냐하면, 사랑은 다른 모든 것에 앞서 있고, 다른 모든 것이 지나가도 홀로 남는 '하나님의 진리'이기 때문이다.

"사랑과 진리는 시간이 생겨나기 전부터 불가분의 관계다. 그 둘은 언제나 함께한다. 사랑을 발견하는 곳에서는 진리도 발견할 수 있다."(찰스 스윈돌)[7]

"하나님은 사랑이시다! 진리는 아버지의 본질이며, 모든 존재의 기초인 아들 안에 있는 사랑이다."(본회퍼)[8]

한국교회여, 사랑으로 일어서라

지금의 한국교회는 '하나님을 찬미하며 또 온 백성에게 칭송을 받아 주님께서 구원받는 사람을 날마다 더하게 하신'(행 2:47) 초대교회와는 판이하게 다른 모습을 보인다. 2017년 3월 3일 기독교윤리실천운동이 발표한 2017년 한국교회의 사회적 신뢰도 여론조사에 따르면 '개신교를 신뢰한다'는 응답 비율은 20.2%에 불과했고, 가장 신뢰하는 종교를 묻는 질문에서도 천주교(32.9%), 불교(22.1%), 개신교(18.9%) 순으로 나타났다. 세상은 한국교회에 대한 신뢰를 거두어들였다.

박영돈은 한국교회를 '개독교'로 부르는 세상의 비판에 대해 자신의 입장을 밝힌다.

개독교라는 참담한 용어는 세상의 눈에 비친 교회의 이미지가 어떠한지를 가장 원색적으로 표현한 것이다. 그럼에도 한국교회는 세상의 비난을 그들의 악함과 기독교에 대한 반감 표출이라는 식으로 간과하거나, 교회가 세상에서 항상 받아 왔던 부당한 오해와 핍박의 한 형태 정도로 편하게 해석해 버린다. 그러나 세상의 지탄과 비난의 근거를 상당 부분 교회가 제공했다는 점에서 그런 옹색한 변명은 더 이상 통하지 않는다.[1]

개독교라는, 한국교회를 향한 세상의 극심한 비난은 '교회다운 교회'가 되라는 세상의 따가운 질타다. 한국교회의 위기는 '사랑의 위기'다. 복음의 변질, 성공지향적 신앙, 성전 건축 신드롬, 신학 실종, 대물림의 세습, 왜곡된 은사주의, 윤리의 부재, 언행 불일치 등의 이면에는 '사랑의 무지'가 자리 잡고 있다. 사랑을 제일로 여기지 않는 차선의 신앙이 한국교회를 이끌어가고 있다.

유기성은 사랑의 불신에서 비롯된 한국교회의 허상을 고발한다.

만약 당신이 쫄딱 망해서 길거리에 내몰렸다고 해보십시오. 교인 중에서 "우리 집에 오세요! 우리 식구들은 이 방에 가서 지낼 테니 집사님 식구들은 저쪽 방을 쓰세요. 하나님이 언젠가 회복시켜 주실 테니 여건 좋아질 때까지 우리 집에 마음 편히 계세요"라고 하며 맞아줄 만한 사람이 몇 명이나 되겠습니까? 정말 부담 없이 가서 신세를 질 만한 집이 있습니까? 반대로 이런 처지가 된 우리 교인들이 있을 때 당신도 선뜻 "우리 집으로 오세요. 수저만 몇 개 더 놓으면 되죠"라고 말할 수 있는지 스스로 물어보십시오. 사실 이런 일은 대단히 부담스러운 일입니다. 그렇지만 사랑한다는 것은 그렇게 하는 것입니다.

너나 할 것 없이 우리가 사랑을 믿지 못하기 때문에 하나님의 말씀대로 살지 못하는 것입니다. 말씀대로 살았다가 쫄딱 망하면 누가 책임져주나 겁이 나기 때문입니다. 내가 망해도 누구 하나 나를 도와줄 사람이 없다고 생각합니다. 결국에는 하나님을 신뢰하는 사랑이 없으니까 하나님의 말씀을 지키며 사는 실력을 발휘하지 못하는 것이 아니겠습니까?[2]

한국교회는 사랑을 '중요'하게 생각하지만, '제일'로는 여기지 않는다. 사랑이 제일이라는 성경의 확증에도 불구하고 믿음과 소망을 사랑보다 더 중요하게 여긴다. 필자가 집필하는 동안 참고 자료를 얻기 위해 서울 시내 대형서점을 방문했을 때, 믿음, 소망, 기도와 같은 책은 쉽게 눈에 띄었지만, 사랑을 주제로 다룬 책은 별로 없었다. 가끔 눈에 띄는 사랑 관련 도서는 대부분 사랑의 삶을 내용으로 하는 간증 서적이었고, 사랑을 성경의 본질로 조망하는 서적은 좀처럼 찾기가 힘들었다.

"그 중의 제일은 사랑이라"(고전 13:13), "너희 모든 일을 사랑으로 행하라"(고전 6:14)는 바울의 말이 무색할 정도로 한국교회는 사랑의 중요성을 인식하지 못하고 있다. 지금까지 사랑은 제일이라는 자신의 위상에 걸맞지 않게 한국교회에서 무시되고, 간과되고, 망각되었다. 한국교회의 추락은 사랑을 제일로 여기지 못하는 영적 맹안이 빚어낸 예고된 재앙이다. 한국교회는 '시급히' 사랑으로 돌아가야만 한다. 한국교회가 회복을 위해 해야 할 첫 번째 일은 회개하는 마음으로 사랑을 깨닫기 위해 다시 성경을 펼치는 것이다. 왜냐하면, 복음의 진리이자 성경의 본질인 사랑의 재발견이 한국교회의 꺼져버린 부흥의 불씨를 다시 지피는 유일한 방법이기 때문이다. 한국교회는 '사랑으로만' 다시 일어설 수 있다. 한국교회의 회복은 '사랑의 제자리 매김'에 달려 있다.

한국교회의 신학

사랑을 제일로 인식하지 못하는 한국교회의 영적 오판은 '신학경시 풍조'를 낳았다. 신학에 대한 잘못된 이해로 많은 한국교회 목회자들이 건강한 목회를 위해 필수적인 신학을 오히려 목회의 걸림돌로 여기고 있다. 목회자가 어떤 세미나에 다녀오면 교회가 확 바뀌어 버리는 목회적 혼선은 신학의 부재에서 초래되는 현상이다. 한국교회가 열심은 특심했지만 율법의 온전한 의미를 깨닫지 못함으로 결국 하나님께 버림받은 이스라엘의 전철을 되밟지 않기 위해서는 성경의 본질을 추구하는 건강한 신학이 반드시 필요하다. 신앙의 의무를 강조하는 개혁주의 신학의 터에 복음주의 신학이 결합되고, 거기에 기복주의 신앙과 체험 중심의 은사주의가 덧입혀진 한국교회의 신학이 갖는 결함은 사랑을 제일로 인식하지 못하는 성경 지식의 무지에 있다. 한국의 정통 교단 중 사랑을 교단 신학으로 인정하는 곳은 한 군데도 없다.

케빈 밴후저(Kevin Vanhoozer)는 사랑이 신학의 중심임을 강조한다.

미국 밴더빌트의 조직신학자 셀리 맥페이그에 따르면, 기독교의 본질적인 핵심은 나사렛 예수의 삶과 죽음에 바탕을 둔 새 생명의 변혁적 사건 즉 하나님의 변화시키는 사랑의 사건이다. 하나님의 사랑을 조망하는 이러한 새로운 패러다임은 '하나님과 세계'의 관계 자체에 대한 수정을, 다시 말해서 신학 전체의 수정을 수반한다. 하나님의 사랑과 같이 신학적 패러다임의 혁명적 변화의 중심에 놓인 개념은…하나의 신학적 체계 가운데 어느 한 자리를 차지해서는 안 되고 모든 자리를 차지해야 한다는 점이다. 신학자의 과제는 한 가지 교리적 주제 아래 하나님의 사랑을 자리매김해 주려고 노력하기보다, 하나님의 사랑이라는 주제의 무진장함을 증거하는 것이다. 하나님의 사랑을 증거한다는 것은 기독교 신학자의 최상의 특권이자 최고의 책임이다.[3]

"사랑하지 아니하는 자는 하나님을 알지 못하나니 이는 하나님은 사랑이심이라"(요일 4:8)는 요한의 증언은 신학적으로 매우 중요한 진리다. 참된 신학이나 설교는 어떤 성경의 본문이나 주제를 다루든지 하나님의 사랑에 대한 시선을 놓치지 말아야 한다.

조직신학은 하나님의 사랑을 신학의 어느 부분에서 얼마만큼 다뤄야 할지를 결정하는 것이 아니라, 오히려 그 모든 담론에서 하나님의 사랑이 처음부터 끝까지 관통하고 있다는 것을 보여주어야 한다. 그런 면에서 신학은 '사랑의 하나님에 대한 진술'이다. 기독교 신앙의 본질을 관통하는 '사랑'은 우리가 가진 모든 질문의 궁극적 해답이다. 그런 의미에서 사랑이라는 주제가 의외로 신학에서 주된 관심을 받지 못한 것은 그야말로 미스터리다. 하나님으로부터 왔고, 그분을 통해 흘러가며, 결국 그분에게로 집약되는 사랑의 흐름을 포착하는 것이 신학의 역할이다.[4]

한국교회의 설교

1990년대 필자는 온누리교회가 영국의 강해 설교가 데니스 레인(Denis Lane)을 초빙해 개최한 설교 세미나에 참석했다. 강의 후 강사가 지정해 준 성경 본문을 근거로 참석자들이 직접 강해 설교를 작성해 발표하는 워크숍(workshop) 시간에 서울 시내 모처에서 중형교회를 담임한다는 어떤 목사가 자원해서 발표자로 나섰다. 설교가 끝나자 강사 데니스 레인은 그 목사의 설교를 근거로 성경과 상관없는 자의적인 성경 해석을 하나님의 뜻으로 선포하고, 이를 위한 헌신을 강요하고 있는 한국교회 강단의 심각성을 지적했다.

안타까운 사실은 30년이 지난 지금도 한국교회의 설교가 변하지 않았다는 점이다. 수많은 설교가 한국교회의 강단과 기독교 TV 등에서 선포되고 있지만, 목사 자신은 그 사실조차 알지 못하는 비성경적인 설교가 강단의 주를 이루고 있다. 설교의 홍수 속에서도 한국교회에 말씀의 기갈현상이 나타나는 것은 한국교회의 비성경적인 설교 때문이다. 신성남은 "차라리 설교하지 말라"는 자신의 칼럼에서 한국교회의 '겁 없는 설교'를 고발한다.

하루는 야곱의 아들인 시므온의 일생에 대한 설교였는데 필자가 한 번도 들어보지 못한 매우 감동적인 내용을 전개하시는 것이었습니다.…그 어떤 영화가 이 정도로 드라마틱할까 감탄할 정도로 시므온의 행적과 감정을 구체적으로 길게 서술하셨습니다. 그러나 그토록 좋은 이야기였지만 구약성경에서는 전혀 찾을 수 없는 생소한 이야기였습니다. 식사 후 사석에서 강사 목사님께 직접 물어보았습니다.
"목사님, 오늘 설교해 주신 그 시므온의 삶이 성경 어느 부분에 있는지 좀 알려주실 수 있으세요? 아니면 다른 역사적 참고 자료가 있는지요?"
그분의 대답은 충격이었습니다.
"본래 성경이나 다른 참고 자료에는 없고, 내가 깊이 연구하고 묵상해서 설교한 것입니다."
당시 필자는 하도, 하도 기가 막혀서 그냥 그분의 얼굴만 멍청히 쳐다보았을 뿐입니다. 그 설교가 모두 그분이 직접 창작한 '감동소설'이었던 것입니다. 나중에 정신을 차린 후 혼자 생각했습니다. 하나님을 두려워하지 않으니 성경을 왜곡하여 저런 설교가 가능하다고 판단했습니다. 그러니 저절로 탄식이 나왔습니다. '이분은 정말 큰일을 내겠구나!' 필자의 불길한 예감대로, 후일 그 무명의 목사님은 아주 대단한 거물급 인사가 되었습니다. 근자에 들어 한국 개신교를 아작낸 다섯 명의 '오적'을 거론할 때 이분이 빠지는 법은 거의 없습니다.…물론 자신의 가업이 된 교회를 기발한 방법으로 대형화하여 아들 목사에게 세습시킨 정도야 그분에겐 아주 당연한 일입니다.[5]

어거스틴은 《기독교 교리에 대해》(On Christian Doctrine)라는 책에서 성경을 해석하는 간단한 규칙을 두 가지로 소개한다. 하나는 '하나님의 사랑'을 직접적으로 말하는 것이고, 다른 하나는 간접적이거나 비유적으로 말하는 것이다. 어거스틴은 성경의 어떤 본문이 무엇을 말하든지 사랑에 근거한 해석이 나올 때까지 계속 검토하고 묵상할 것을 주문한다.[6] 하나님이 주시는 넘치는 은혜의 축복은 '사랑의 메시지'가 선포될 때 주어진다. 사랑은 '제일'의 성경 원리로서, 궁극적으로 모든 설교는 사랑의 메시지가 되어야 하기 때문이다.

한국교회의 기도

"왜 이른 새벽 시간에 그토록 많은 사람이 특별 새벽 집회에 참석하는가?"

하나님이 주시는 '복'을 받기 위해서다. 한국교회 신자들이 가장 많이 구하는 기도 제목은 축복이다. 부의 축복, 명예의 축복, 건강의 축복, 사업의 축복, 승진의 축복, 합격의 축복 등, 축복의 기도 제목은 끝이 없다. 예수님이 가르쳐 주신 주기도문(마 6:9-13)은 의미 없이 되뇌는 주문이 되어 버린 지 오래고, 많은 그리스도인이 기도 시간에 '내 기도'를 하나님께 구하고 있다.

한국교회에서 '사랑을 구하는 기도'는 생소하다. 필자는 목회자가 된 지 26년인 지금까지 성도로부터 자신이 미워하는 사람을 사랑하도록 성령 충만을 위해 기도해 달라는 요청을 받은 기억이 거의 없다. 한국교회의 부흥을 위해 헌신한 평양 장대현교회의 목사 길선주(1869-1935)는 하나님께 사랑을 간구한다.

주님, 이전에 저는 성령의 권능을 구하였습니다. 그리고 과연 저는 성령의 권능도 받았고 그 권능을 행하기도 하였습니다. 하지만 다시 생각하니 권능은 하나님의 능력이요, 사랑은 자기의 본능입니다. 그래서 저는 지금 이렇게 기도합니다. 주님, 주의 사랑하는 성품을 저에게 주옵소서. 저의 가정을 사랑하게 하시며, 저의 동포를 사랑하게 하셔서, 사랑의 성품을 이루게 해주옵소서. 아무리 학식이 많고 재주가 있으며 인격이 있다 해도, 사랑이 없으면 그런 학식과 재주와 인격이 무슨 덕이 되겠습니까? 오히려 교만해지고 다른 사람을 업신여기며 속이고 해할 뿐입니다.

다만 사랑이 있어야 이것이 제게 능력이 되며 다른 사람을 구할 수 있습니다.[7]

길선주의 기도처럼, 새벽기도에 참석하는 수십만 성도들의 첫 번째 기도가 '사랑'이었다면, 한국교회는 이미 회복되었을 것이다. "주 나의 사랑, 그 발 앞에 앉아 내 모든 기도는 사랑의 노래가 되네. 사랑해요, 주님", 하나님은 사랑의 기도를 가장 기뻐하신다.
"당신이 하나님께 드리는 첫 번째 기도 제목은 사랑인가?"

한국교회의 교육(제자훈련)

필자는 제자 삼는 지도자에게 양육되어 목사가 된 사람이다. 일부 목회자들이 제자훈련이 성령의 역사가 아닌, 훈련 프로그램에 의해 인위적인 신앙을 만들어 낸다는 이유로 제자훈련을 비판하지만, 필자는 예수님이 명령하신 제자 삼는 사역(마 28:18-20)이 교회의 지상 사역이라는 사실을 확신한다. 작가 월터 A. 헨릭슨(Walter A. Henrichsen)이 《훈련으로 되는 제자》에서 강조한 것처럼, 제자는 태어나는 것이 아니라, 만들어지는 것이기 때문이다.

그러나 한국교회의 교육(제자훈련) 역시 '사랑'이라는 분명한 교육목표를 제시하지 않는다는 점에서 문제점을 드러낸다. 제자들이 훈련 초기과정에서 배우게 되는 '수레바퀴 삶'이라는 과정이 있다. 수레바퀴 삶은 신앙생활의 네 가지 핵심 내용인 말씀, 기도, 교제, 증거(전도)를 수레바퀴의 네 축에 비유해 가르치는 영적 성장의 원리이다. 수레바퀴 삶의 문제는 바울이 제일로 선언한 사랑을 성장원리의 한 축으로 가르침으로써 제자들로 하여금 기독교 신앙의 근간인 사랑을 신앙생활의 한 부분으로 여기게 할 위험성이 있다는 것이다. 사랑이 '신앙의 전부'라는 점에서 그것은 가볍게 지나칠 문제가 아니다.

록키 마운틴 크리스천 아카데미에서 제자도를 가르치는 목사 윌리엄 왓킨스(William D. Watkins)는 균형 잡힌 신앙을 부정한다.

신학교에 다니던 시절, 나는 그리스도인의 삶에 대한 수업을 들어야 했다. 그 수업에서 추천되었던 책이 있었는데 찰스 라일리의 《균형 잡힌 그리스도인의 삶》이었다. 이 책에서 그는 다음과 같이 말한다.

"영적인 삶이 불균형한 것만큼 절망적인 일은 없다. 영적인 삶에서 신비적인 것에 초점을 맞추면 현실을 간과할 수 있고, 현실에 너무 초점을 맞추면 비전이 결여되곤 한다."

계속해서 등장하는 주제는 그리스도 안에서 살아가는 사람은 삶의 모든 영역에서 균형을 이루어야 한다는 것이다. 이렇게 노력하는 것이 불가능할 뿐만 아니라 정신을 혼미하게 만들 정도로 건강하지 않다는 사실을 깨닫는 데 거의 1년이라는 세월이 걸렸다. 모든 것이 적절한 곳에 잘 자리 잡은 균형 있는 삶은 아무리 노력해도 살 수 없었다. 오히려 분열되어 파편과 같은 삶만이 남았다. 나는 균형 잡힌 그리스도인의 삶이라는 길을 떠나기로 결심했다.

나는 복음서(특별히 요한복음)를 공부하면서 예수님이 균형 잡힌 삶을 살지 않으셨다는 사실을 발견할 수 있었다. 예수님은 하나님의 뜻만을 행하겠다는 목적 하나만을 가지고 사셨다. 단순성은 초점에 관한 것이다.…단순성은 우리의 현재 모습과 가진 것 모두로 하나님을 사랑하는 것이다. 사랑의 하나님을 모든 것의 중심에 놓는 것이다. 성경은 핵심, 본질이 되는 사랑에 집중하는 삶을 요구한다.…거기에 모든 것이 함축되어 있다.[8]

"새 계명을 너희에게 주노니 서로 사랑하라 내가 너희를 사랑한 것 같이 너희도 서로 사랑하라 너희가 서로 사랑하면 이로써 모든 사람이 너희가 내 제자인 줄 알리라"(요 13:34-35).

예수님이 인정하시는 제자가 사랑하는 자라면, 제자훈련은 곧 '사랑의 훈련'이다.

"제2의 종교개혁이 시급하다!"

디트리히 본회퍼는 나치 치하의 독일로 돌아가 강제 수용소에서 처형되기 직전 미국을 순회강연하면서, 미국 종교를 '종교개혁 없는 개신교'라고 잘라 말했다. '한국교회는 다른가?' 미국교회의 재판(再版)이 지금의 한국교회다. 그리스도 없는 유사교회의 모습을 목격하고 있는 한국교회를 사랑하는 사람들은 '제2의 종교개혁'이 한국교회에 시급히 필요하다고 목소리를 높인다.

전 총신대학교 신학대학원 신약학 교수인 이한수는 루터와 칼빈에 의해 주도되었던 16세기 종교개혁의 문제점을 다음과 같이 지적한다.

하나님 백성을 형성하는 보다 근원적인 요인은 인간의 믿음이 아니라, 하나님의 사랑이다. 그것은 하나님께서 자기 백성을 선택하시고 부르시며 구원하시는 전체 구원 역사를 이끌 뿐만 아니라 영원 전에 세워진 하나님의 목적에 따라 그의 백성을 창조적으로 형성해가는 역동적인 동력이다. 따라서 하나님의 사랑은 인간의 믿음보다 선행하는 개념이다. 루터와 종교개혁자들이 이신칭의의 복음의 구도에 따라 신앙 우선주의를 슬로건으로 내세웠지만, 사실은 그것보다 하나님의 사랑을 먼저 내세웠어야 했다.[9]

'사랑 우선주의'가 되지 못한 것이 종교개혁의 문제점이다. 칼빈과 루터가 주도한 16세기의 종교개혁은 타락한 가톨릭 교회를 정면으로 부정하고, 그 대안으로 프로테스탄티즘이라는 새로운 기독교 패러다임을 탄생시킨 획기적 사건이었지만, 사랑이 그 중심이 되지 못했다는 점에서 불완전한 개혁으로 평가받는다. 존 파이퍼도 "칼빈 역시 사랑으로써 역사하는 믿음이라는 갈라디아서 5장 6절에 대한 주해에서, 믿음이 사랑을 통해 일하는 방식과 그 역동적인 이유에 대해 분석하

고 검토하지 않았다는 사실이 나를 놀라게 했다"는 말로 종교개혁의 불완전성에 공감을 표한다.[10]

종교개혁자들의 믿음의 근간에 하나님의 사랑이 없었던 것은 아니지만, 사랑에 대한 그들의 관심은 믿음이라는 주제에 내포되어 상대적으로 약했고, 또한 독립적인 주제로 여겨지지도 않았다. 기독교의 근본적인 변화를 위한 5가지, 즉 오직 성경, 오직 은혜, 오직 믿음, 오직 그리스도, 오직 하나님의 영광을 주장한 16세기의 종교개혁에는 '사랑'이 빠져 있다. 사랑을 정점에 두지 못한 16세기의 종교개혁은 미완성의 개혁으로 막을 내렸다.

한국교회는 하나님과 이웃을 진실로 사랑하지 않는 마음 위에 피상적인 변화들만을 쌓아 올리고 있다. 한국교회에 사랑이 기독교 신앙의 핵심원리라는 성경의 증언에 눈을 여는, '사랑 중심'의 제2의 종교개혁이 일어나야 한다. 오직 진리로서의 사랑만이 무너진 한국교회를 다시 일으킬 수 있다. 사랑을 신앙의 최우선 덕목으로 삼고, 사랑을 선포하고, 사랑을 실천하는 회복된 한국교회의 모습을 간절히 기대해 본다.

3장
신앙생활이란 무엇인가?

기독교 신앙의 핵심원리를 찾기 위해 3장에서 우리가 던지는 마지막 질문은, "신앙생활이란 무엇인가?"이다. 신앙생활은 다름 아닌 하나님의 본질적 속성이자 성경의 본질인 '사랑의 실천'이다.

"새 계명을 너희에게 주노니 서로 사랑하라 내가 너희를 사랑한 것 같이 너희도 서로 사랑하라"(요 13:34).

"그러므로 사랑을 받는 자녀 같이 너희는 하나님을 본받는 자가 되고 그리스도께서 너희를 사랑하신 것 같이 너희도 사랑 가운데서 행하라 그는 우리를 위하여 자신을 버리사 향기로운 제물과 희생제물로 하나님께 드리셨 느니라"(엡 5:1-2).

"그리스도인은 어떻게 세상을 살아야 하는가?"라는 질문에 성경은 "사랑하라!"고 대답한다. 그리스도인에게 하나님 사랑의 현존을 체험하고, 잃었던 사랑의 능력이 부여되는 이유는 사랑의 삶을 살기 위해서다. 심플웨이 공동체의 현관 위에는 "오늘 위대한 사랑으로 작은 일을 행하지 않았다면 손님을 맞지 말라"는 문구가 걸려 있다.[1]

3장은 '사랑의 적용'으로, '하나님 사랑과 이웃 사랑', '원수 사랑과 사랑의 코이노니아', 그리고 '사랑의 완성'을 다룬다.

하나님 사랑, 신앙의 근원

"이스라엘아 들으라 우리 하나님 여호와는 오직 유일한 여호와이시니 너는 마음을 다하고 뜻을 다하고 힘을 다하여 네 하나님 여호와를 사랑하라"(신 6:5).

하나님을 사랑하는 것은 이스라엘 백성들이 하나님으로부터 부여받은 '첫 계명'이다. 하나님은 자신에게만 전심으로 헌신할 것을 요구하신다. 하나님이 이스라엘에게 원하시는 것은 마음의 전부, 뜻의 전부, 목숨의 전부이다. 그중의 어느 하나라도 빠뜨려서는 안 된다. 이스라엘 백성들은 자신의 삶 속에서 최우선으로 하나님의 형상을 드러내는 삶을 살아야 한다.

실제 가나안은 젖과 꿀이 흐르는 땅(레 20:24)이 아니다. 지중해 부근의 일부 지역에는 초목이 있지만, 가나안 땅의 대부분은 비가 내리지 않아 농사를 지을 수 없는 척박한 땅이다. 그러함에도 가나안이 젖과 꿀이 흐르는 땅인 이유는 '하나님이 통치하시는' 땅이기 때문이다. 삶의 풍요로움은 하나님 사랑에서 비롯된다. 세상 어느 곳이든 하나님을 사랑하는 장소가 젖과 꿀이 흐르는 땅이다.

"예수께서 이르시되 네 마음을 다하고 목숨을 다하고 뜻을 다하여 주 너의 하나님을 사랑하라 하셨으니 이것이 크고 첫째 되는 계명이요"(마 22:37-38).

율법의 가장 큰 계명을 묻는 율법사의 질문에 예수님은 신명기 6장 5절을 통해 하나님 사랑이 크고 첫째 되는 계명으로 말씀하신다. 신명기 6장 5절은 십계명의 전반부에 해당하는 하나님 사랑의 계명의 포괄적인 요약이다. 첫 계명으로서의 하나님 사랑은 계명의 으뜸으로서, 우주 창조와 인간의 구원, 그리고 하나님 나라의 출발점이자 근원이다. "마음을 다하고, 목숨을 다하고, 뜻을 다하여 하나님을 사랑하라"는 명령은 가장 중요하고 가장 근본적인 인생의 목적이 바로 살아 계신 하나님을 알고 사랑하는 것임을 의미한다. 하나님은 우리가 그분을 사랑할 수 있도록 우리를 사랑으로 디자인하셨다. 사랑은 우리 존재에 대한 모든 이유이다.[1]

하나님 사랑의 실천강령

"어떻게 하나님을 사랑할 수 있는가?"

하나님은 이스라엘을 구원하신 야훼 하나님의 자격으로 하나님 사랑의 실천강령(1-4계명)을 돌판에 새겨 모세에게 주셨다(출 24:12). 절대적인 우월성을 지니고 있는 첫 계명으로서의 하나님 사랑은 뒤에 나오는 나머지 아홉 계명의 기초가 되며, 여호와와 언약 관계에 들어가기를 원하는 사람들에게 요구되는 가장 근본적인 조건이다.[2]

하나님 사랑의 실천강령 1

"너는 나 외에는 다른 신들을 네게 두지 말라"(출 20:3).

오직 여호와 하나님만을 '참신'으로 인정하고 섬기라는 명령이다. 하나님을 사랑하는 자는 여호와 하나님 외의 다른 신을 숭배하지 않아야 한다. 유일신에 합당한 신앙은 유일 신앙이다.

하나님 사랑의 실천강령 2

"너를 위하여 새긴 우상을 만들지 말고 또 위로 하늘에 있는 것이나 아래로 땅에 있는 것이나 땅 아래 물 속에 있는 것의 어떤 형상도 만들지 말며 그것들에게 절하지 말며 그것들을 섬기지 말라"(출 20:4-5a).

하나님 사랑은 일체의 우상을 거부하는 신앙이다. 이스라엘 백성들이 세상에 존재하는 어떤 형상도 만들지 말아야 하는 이유는 하나님이 세상의 모든 것을 창조하셨고, 이스라엘 백성과 동행하시는 하나님이 살아계시기 때문이다. 따라서 신상을 숭배한다는 것은 하나님의 본성과 하나님과 세상 사이의 기본적인 관계를 부정하는 것이나 다름없다.[3] 우리가 사랑하는 대상이 하나님이 아니라면, 돈, 명예, 세상 쾌락, 이념, 사상뿐만 아니라, 우리가 끔찍이 사랑하는 자녀까지도 모두 우상으로 전락한다.

하나님 사랑의 실천강령 3

"너는 네 하나님 여호와의 이름을 망령되게 부르지 말라 여호와는 그의 이름을 망령되게 부르는 자를 죄 없다 하지 아니하리라"(출 20:7).

하나님을 망령되이 부르는 것은 하나님의 이름을 '헛되이', '쓸데없이', '함부로' 부르는 것을 말한다. 그런 점에서 세 번째 계명은 "여호와의 성호를 경외하라"는 계명이다.[4] 하나님의 이름을 경솔하게 부르는 자는 곧 하나님을 경솔하게 대하는 자다. 하나님을 사랑하는 자는 함부로 하나님의 이름을 남용하지 않는다.

하나님 사랑의 실천강령 4

"안식일을 기억하여 거룩하게 지키라"(출 20:8).

하나님 사랑의 네 번째 실천은 '안식일'을 거룩하게 지키는 것이다. 하나님을 사랑하는 자는 하나님의 창조질서를 인정하고, 구원의 하나님을 예배하는 안식일을 거룩하게 지켜야 한다. 그리스도인의 쉼과 예배는 하나님을 향한 사랑의 행위다.

"나 네 하나님 여호와는 질투하는 하나님인즉 나를 미워하는 자의 죄를 갚되 아버지로부터 아들에게로 삼사 대까지 이르게 하거니와 나를 사랑하고 내 계명을 지키는 자에게는 천 대까지 은혜를 베푸느니라"(출 20:5-6).

출애굽기 20장 5-6절은 두 번째 계명(우상숭배)에 연결되어 있지만, 나머지 모든 계명에 적용된다. 하나님은 하나님을 사랑하는 자에게는 천 대의 은혜를 베푸시고, 하나님을 사랑하지 않는 자에게는 삼사 대의 심판을 내리는 '질투하는 하나님'이시다. 하나님의 질투는 하나님의 거룩함의 일부분이며(출 34:14), 삼사 대까지의 심판 기한은 언약의 이행을 소홀히 하는 행위의 전염성을 경고하는 것이다. 사랑이 없으면 질투도 없다. 하나님의 질투는 하나님의 소유 된 백성에 대한 하나님의 열정, 온 마음을 다해 우리를 사랑하시는 하나님의 사랑에서 나오는 것이다.[5]

하나님을 사랑한 인물들

성경은 하나님 사랑의 첫 계명에 온전히 순종한 인물들을 소개한다. 다윗, 사드락과 메삭과 아벳느고, 다니엘, 하박국, 바울의 공통점은 하나님을 사랑하는 신앙으로 성경의 위대한 인물로 쓰임 받았다는 것이다. 하나님 사랑이 최고의 계명이라면, 최고의 신앙은 하나님을 사랑하는 자들의 몫이다.

다윗

구약에서 하나님을 가장 사랑한 인물이 다윗이라는 데에 이견을 달 사람은 없다. 다윗은 하나님 사랑에 관해서는 가히 독보적인 인물이다.

"나는 오직 주의 사랑을 의지하였사오니 나의 마음은 주의 구원을 기뻐하리이다"(시 13:5).
"나의 힘이신 여호와여 내가 주를 사랑하나이다"(시 18:1).
"주여 이제 내가 무엇을 바라리요 나의 소망은 주께 있나이다"(시 39:7).

시편에는 하나님을 향한 다윗의 절절한 사랑이 묻어 있다. 다윗이 인간이 하나님에게서 들을 수 있는 최고의 영예인 '하나님의 마음에 합한 자'(삼상 13:14; 행 13:22)가 될 수 있었던 이유는 다윗의 특심한 사랑 때문이다. 수천 년의 세월이 흐른 지금도 하나님을 향한 다윗의 사랑

고백은 많은 사람에게 감동을 불러일으킨다.

사드락, 메삭, 아벳느고

금 신상에게 절하지 않았다는 이유로 느부갓네살 왕 앞에 끌려간 다니엘의 세 친구 사드락, 메삭, 아벳느고는 느부갓네살 왕의 회유와 겁박에도 아랑곳하지 않고 유일신에 대한 신앙을 포기하지 않는다.

"왕이여 우리가 섬기는 하나님이 계시다면 우리를 맹렬히 타는 풀무불 가운데에서 능히 건져내시겠고 왕의 손에서도 건져내시리이다 그렇게 하지 아니하실지라도 왕이여 우리가 왕의 신들을 섬기지도 아니하고 왕이 세우신 금 신상에게 절하지도 아니할 줄을 아옵소서"(단 3:17-18).

하나님이 맹렬히 타는 풀무 불에서 자신을 건져내어 주실 것이지만, '그렇게 하지 않을지라도' 금 신상에 절하지 않겠다는 사드락, 메삭, 아벳느고의 신앙의 뿌리는 하나님 사랑이다. 죽음의 상황에서도 신앙의 절개를 포기하지 않는 사람은 하나님을 사랑하는 자들밖에 없다. 생명의 헌신은 하나님을 사랑하는 자들의 것이다.

다니엘

다리오 왕의 통치 원년(B.C. 538)에 선지자 예레미야의 예언을 통해 예루살렘의 황폐함이 칠십 년 만에 끝날 것을 알게 된 다니엘은 하나님께 이렇게 기도한다.

"내 하나님 여호와께 기도하며 자복하여 이르기를 크시고 두려워할 주 하나님, 주를 사랑하고 주의 계명을 지키는 자를 위하여 언약을 지키시고 그에게 인자를 베푸시는 이시여"(단 9:4).

삼십 일 동안에 누구든지 왕 외의 어떤 신이나 사람에게 무엇을 구하면 사자 굴에 던져 넣기로 한 조서의 내용을 알면서도 다니엘은 습관대로 예루살렘으로 향하여 창문을 열고 하루 세 번씩 무릎을 꿇고 기도한다(단 6:7, 10). 모함하는 자들에 의해 고발되어 사자 굴에 들어가는 위험에 직면해서도 다니엘의 하나님을 향한 사랑은 흔들리지 않는다. 하나님은 자신의 기도처럼 생명의 위험 속에서도 사랑의 첫 계명을 지켜낸 다니엘을 사자들의 입을 막아 털끝만큼의 상처도 없이 보호하시고, 다니엘을 바벨론의 장관으로 세우신다(단 6:23, 26). 하나님은 당신을 사랑하는 자를 위대한 인물로 세우신다.

하박국

B.C. 607년, 종교개혁을 시도한 요시야 왕이 애굽의 바로느고에 의해 죽임을 당하고 그 아들 여호야김이 유다를 다스리던 때에 활동한 하박국 선지자는 하나님 중심의 참 신앙을 고백한다.

"비록 무화과나무가 무성하지 못하며 포도나무에 열매가 없으며 감람나무에 소출이 없으며 밭에 먹을 것이 없으며 우리에 양이 없으며 외양간에 소가 없을지라도 나는 여호와로 말미암아 즐거워하며 나의 구원의 하나님으로 말미암아 기뻐하리로다"(합 3:17-18).

하나님이 주시는 것들이 아닌, 하나님으로만 기뻐하는 신앙은 하나님을 사랑하는 신앙이다. 세상의 복을 얻기 위한 기복신앙이 뿌리를 내린 이 시대에 하나님으로 기뻐하는 하박국의 신앙고백은 참 신앙의 실체를 일깨워준다. 때 묻지 않은 참 신앙은 삶의 공허함 속에서도 여전히 하나님을 기뻐하고, 하나님께 감사하고, 하나님을 찬양하는, 오직 하나님만을 바라보는 '사랑의 신앙'이다.

바울

"내가 수고를 넘치도록 하고 옥에 갇히기도 더 많이 하고 매도 수없이 맞고 여러 번 죽을 뻔하였으니 유대인들에게 사십에서 하나 감한 매를 다섯 번 맞았으며 세 번 태장으로 맞고 한 번 돌로 맞고 세 번 파선하고 일 주야를 깊은 바다에서 지냈으며 여러 번 여행하면서 강의 위험과 강도의 위험과 동족의 위험과 이방인의 위험과 시내의 위험과 광야의 위험과 바다의 위험과 거짓 형제 중의 위험을 당하고 또 수고하며 애쓰고 여러 번 자지 못하고 주리며 목마르고 여러 번 굶고 춥고 헐벗었노라"(고후 11:23-27).

우리가 상상할 수조차 없는 극심한 고난 속에서도 바울은 여일하게 하나님을 사랑한다. 그 어떤 고난도 하나님을 향한 바울의 사랑의 열정을 빼앗지 못했다. 빌립보 감옥 속에서의 찬송(행 16:25), 쉼 없는 기쁨의 권면(살전 5:16), 복음을 향한 지칠 줄 모르는 열정(행 20:24), 그리고 어떤 형편에서도 만족하는 자족의 신앙(빌 4:11)에는 하나님을 향한 바울의 진한 사랑이 배어 있다. 바울의 모든 것은 사랑의 결과물이다.

하나님이 교회사를 통해 위대하게 들어 쓰신 사람들의 공통된 특징은 '하나님 사랑'이다. 일생을 바치려고 인도로 떠나면서 윌리엄 캐리(William Carey, 1761-1834)는 아버지에게 "내 아들이 정신이 돌았구나"라는 말을 들었다. 또한, 전 재산을 다 팔아 가난한 사람에게 나눠 주고 탁발승이 된 성 프란치스코는 '정신 이상자'라는 말을 가장 영광스럽게 생각했다고 한다. 복음으로 시대를 바꾸고 세상을 변화시킨 사람 중, 어느 누가 미쳤다는 소리 한 번 듣지 못했겠는가? 지금까지 기독교 역사를 이끌어 온 주역은 모두 주님을 미치도록 사랑했던 사람들이다.[6] 성경은 자기 자식을 주님보다 더 사랑하는 자는 주님께 합당하지 않은 자라고 말씀하신다(마 10:37). 또 하나님의 말씀을 다 지켰어도 주님보다 더 사랑하는 것이 남아 있다면 주님을 사랑하는 것이 아니라고 말씀하신다(마 19:16-30).[7]

하나님은 사랑의 마음으로부터 흘러나오는 행함만을 받으신다. 하나님은 우리의 섬김이 사랑의 마음으로부터 흘러나오기를 원하신다.

마지못해 행하는 의무감에서 하나님을 섬기려고 하지 말아야 한다. 하나님은 사랑의 동기로 행한 사역만을 받으시기 때문이다. 주님을 섬기는 것은 항상 주님을 사랑하는 것 다음에 온다.[8] 하나님 사랑이 계명의 근본이자 핵심이다. 하나님을 사랑하는 자들은 주위 사람들의 시선, 평가에 별로 관심을 가지지 않는다. 자신의 헌신을 하나님이 기억하시는 것으로 만족하기 때문이다.

당신의 그 섬김이 천국에서 해같이 빛나리
당신의 그 겸손이 천국에서 해같이 빛나리
당신의 그 믿음이 천국에서 해같이 빛나리
당신의 그 충성이 천국에서 해같이 빛나리
주님이 기억하시면 족하리 예수님 사랑으로 가득한 모습
천사도 흠모하는 아름다운 그 모습 천국에서 해같이 빛나리

당신의 그 순종이 천국에서 해같이 빛나리
당신의 그 사랑이 천국에서 해같이 빛나리
당신의 그 찬송이 천국에서 해같이 빛나리
당신의 그 헌신이 천국에서 해같이 빛나리
주님이 기억하시면 족하리 불타는 사명으로 가득 찬 모습
천사도 흠모하는 아름다운 그 모습 천국에서 해같이 빛나리
주님이 기억하시면 족하리 예수님 사랑으로 가득한 모습

천사도 흠모하는 아름다운 그 모습 천국에서 해같이 빛나리

- 다윗과 요나단 "해같이 빛나리"

이웃 사랑의 출처

"피차 사랑의 빚 외에는 아무에게든지 아무 빚도 지지 말라 남을 사랑하는 자는 율법을 다 이루었느니라…사랑은 이웃에게 악을 행하지 아니하나니 그러므로 사랑은 율법의 완성이니라"(롬 13:8, 10).
"새 계명을 너희에게 주노니 서로 사랑하라 내가 너희를 사랑한 것 같이 너희도 서로 사랑하라"(요 13:34).

율법의 완성에 관한 서술과 새 계명의 명령에는 첫 계명인 '하나님 사랑'이 누락되어 있다. 하나님과 이웃을 향한 구약성경의 이중적 사랑의 진술이 신약성경에서 이웃 사랑으로 일원화되었기 때문이다.

"예수께서 이르시되 네 마음을 다하고 목숨을 다하고 뜻을 다하여 주 너의 하나님을 사랑하라 하셨으니 이것이 크고 첫째 되는 계명이요 둘째도 그와 같으니 네 이웃을 네 자신 같이 사랑하라 하셨으니 이 두 계명이 온 율법과 선지자의 강령이니라"(마 22:37-40).

하나님 사랑과 이웃 사랑의 일원화는 예수님에 의해 이루어진다. 예수님은 율법의 가장 큰 계명을 묻는 율법사의 질문에 "둘째도 그와 같으니"(39절)라는 말씀으로 하나님 사랑과 이웃 사랑을 하나로 묶으신다. 예수님의 하나님 사랑과 이웃 사랑의 일체화는 성경에서 가장 중요한 계명이 '사랑'이며, 이웃을 사랑하는 것의 출처가 하나님 사랑임을 말씀하시는 것이다. 예수님에 의해서 옛 생명을 버리고 새 생명을 얻는 자는 하나님의 사랑을 가지게 되고, 이제 그 사랑으로 이웃을 자신의 몸같이 사랑할 수 있게 되는 것이다.

예수님은 수없이 많은 계명을 지키는 것이 아니라 오직 하나의 계명, 즉 사랑을 원하신다. 산상설교와 그 밖의 예수님의 말씀이 여러 가지 요청을 하고 있는 것처럼 보이기는 하지만, 주된 계명은 하나님 사랑과 이웃 사랑으로 요약될 수 있다. 이웃을 돌아보는 마음은 하나님께 대한 무조건적이고 제약 없는 사랑의 산물이다. 하나님께 대한 사랑의 표현이 곧 이웃 사랑이다. 우리가 이웃을 발견하고 이웃에 대한 자신의 책임을 깨닫는 것은 하나님 안에서다. 하나님 안에서만 이웃이 내 자율의 침해자가 아니라 참 이웃이 되며 그분 안에서, 그분을 통해서만 이웃을 섬기는 것이 가능하다고 말해도 과언이 아니다.[1]

완성된 율법에 하나님 사랑이 생략된 것은, 하나님 사랑과 이웃 사랑이 일체이기 때문이다. 사랑의 계명을 지키는 자가 예수님을 사랑하는 자라는 말씀(요 14:15, 15:12)의 이면에는 하나님 사랑이 '이웃 사랑의 뿌리'이며, 이웃 사랑은 '하나님 사랑의 결과'라는 의미가 담겨 있다.

"형제를 사랑하지 않는 자는 보이지 않는 하나님을 사랑할 수 없다"(요 4:19-20)는 요한의 진술에도 이웃 사랑의 발원지로서의 하나님 사랑이 나타난다. 하나님 사랑은 이웃 사랑의 출발점이자 영구적인 기반으로, 아가페이신 하나님은, 또한 아가페를 낳으신다. 하나님의 사랑을 받고 그분의 사랑에 사로잡혀 무릎을 꿇은 사람은 그 사랑을 이웃에게 전달하지 않을 수 없다. 하나님을 사랑하라는 명령은 모든 이웃을 아가페 사랑으로 사랑해야 할 의무를 우리 안에 만들어 낸다.[2]

바울은 고린도후서 5장 14절에서 "그리스도의 사랑이 우리를 강권한다"고 말한다. 그리스도인을 광인처럼 살게 하는(고후 5:13) 원동력은 그리스도의 사랑이다. 바울은 그리스도의 사랑으로 고통을 견디어내고, 고난에서 승리하고, 가난 속에서도 부요하고, 감옥 안에서도 자유했다. 사랑의 헌신은 성령이 부어 주시는 하나님의 사랑으로만(롬 5:5) 가능하다.

마태복음 22장 35절에서 예수님께 율법의 가장 큰 계명을 질문하는 율법사의 의도는 '계명의 분리'에 있다. 율법의 계명을 중요한 등급으로 나열함으로써 하나로 묶여 있는 하나님의 계명을 해체시키고자 하는 것이다. 계명의 분리를 통해 기독교의 분열을 획책하는 사탄의 미혹은 이 시대에도 계속되고 있다. 미국의 보수 기독교는 이웃 사랑에만 초점을 맞추고 있는 진보적 기독교를 비판하고, 미국의 진보적 기독교는 하나님 사랑에 초점을 맞추고 있는 보수적 기독교를 못마땅해한다. 보수적 기독교와 진보적 기독교의 갈등은 하나님 사랑과 이웃 사랑의 분리에서 파생된 충돌이다.

　잔잔한 호수는 인간의 눈으로는 볼 수 없는 숨겨진 샘 줄기에 의하여 깊은 밑바닥에서 공급되듯이, 인간이란 존재의 사랑 역시 한층 깊은 하나님의 사랑 속에 그 근거를 두고 있다. 잔잔한 물도 깊은 샘에서 희미하게 시작되듯이, 인간의 사랑도 하나님의 사랑 속에서 신비스럽게 시작된다.[3] 아가페의 사랑은 사람으로부터는 나오지 못한다. 오직 하나님으로부터 나온다(요일 4:7). 이웃 사랑의 실천을 위해서 끊임없이 하나님의 은혜를 구해야 한다는 필립 얀시의 고백은 그러한 이웃 사랑의 원리를 담고 있다.

　이른 아침 나는 오직 하나님만을 위해 살아가는 은혜를 베풀어 달라고 기도한다. 하지만 나의 자아를 자극하는 메시지와 함께 전화벨이 울리거나 화가 난 독자의 편지를 뜯어볼 때마다, 다시 자의식 속으로 미끄러진다. 외적인 환경이 우리를 죄어온다. 가족 간의 다툼, 직장에서 받는 스트레스, 재정적인 근심 등 무수한 걱정거리가 압박해 온다. 내가 할 수 있는 일이란 존 던의 표현대로 하나님께서 '나의 마음을 두드려주시고' 더 나아가 나의 마음을 하나님의 사랑으로 완전히 녹여달라고 매일 기도하는 것뿐이다. 변화란 의지의 작용으로 이루어지는 것이 아니라 은혜의 작용으로 가능한 일이다. 우리는 은혜를 간구하며 끊임없이 요청하는 수밖에 없다.[4]

우리 대부분은 때때로 사랑해 보려고 애쓴다. 억지로라도 사랑하려고 노력한다. 그것이 꼭 잘못이라고 말하지는 않겠다. 전혀 사랑하지 않는 것보다는 낫기 때문이다. 그러나 결과는 항상 슬픔뿐이다. 도대체 무슨 이유 때문일까? 간단하다. 그것은 성령이 그들의 마음속에 하나님의 사랑을 부어 주실 수 있다는 사실을 깨닫지 못하고, 또한 그것을 믿지 못하기 때문이다. 하나님의 사랑이 내게 임하면 자동적으로 하나님을 사랑하게 되며, 이웃을 사랑하게 된다. 나를 향한 하나님의 사랑, 하나님을 향한 나의 사랑, 사람들에 대한 나의 사랑, 이 셋은 하나이며 분리될 수 없다. 하나님의 사랑이 우리 속에 부어지면 우리도 언제나 사랑할 수 있게 된다는 것을 믿어야 한다.[5] 하나님 사랑의 적용이 이웃 사랑이다. 이웃 사랑의 뿌리는 '하나님 사랑'이다.

누가 우리의 이웃인가?(이웃 사랑의 대상)

2018년 10월 18일 한 온라인 커뮤니티에 장애인 택배기사가 폭행당했다는 제목의 영상이 올라왔다. 영상 속 택배기사는 다른 장애인 택배기사를 발로 차고 뺨을 때리며 무참히 폭행했다. 대낮 길거리에서 피해자는 방어조차 못 한 채 한참을 맞았지만 이를 제지하는 시민은 한 명도 없었다. 모두 힐끗거리며 두 사람을 지나쳐갈 뿐이었다.

2015년 9월엔 인천 부평구의 한 횡단보도 앞을 지나던 20대 남녀가 가해자 4명에게 무차별 집단 폭행을 당해 각각 전치 5주, 3주의 부상을 입었다. 행인들과 지나가던 버스에 타고 있던 승객 등 총 17명이 사건을 목격했지만 폭행이 이뤄진 10여 분간 나선 사람은 없었다. 뒤늦게 1명이 경찰에 신고했으나 경찰이 출동했을 땐 가해자들이 이미 택시를 타고 도망간 후였다.[1]

인도에서도 비슷한 일이 벌어졌다. 인도 수도 뉴델리에서 야간 경비 일을 마치고 집으로 가던 30대 남성이 길가에서 뺑소니차에 치여 숨졌다. 더욱 충격적인 건 시민들의 반응이었다. 내동댕이쳐진 사람을 힐끗 쳐다보고는 그냥 지나가고, 쓰러진 남성을 도와주기는커녕 휴대폰을 훔쳐 가기도 했다. 차량 403대와 보행자 45명이 주변을 지나갔지만 아무도 피해자를 돕지 않았다. 결국, 길가에 1시간 반이나 방치된 남성은 목숨을 잃고 말았다. 뉴델리 주정부 관계자는 피해자를 도우면 포상하는 '착한 사마리아인법'을 도입하겠다고 뒤늦게 밝혔다.[2]

지금 우리는 선한 사마리아인이 사라진 냉혹한 세상을 살고 있다. 수많은 사람이 성경을 들고 주일 예배를 드리지만, 위기 속에 처해 있는 이웃을 사랑으로 돕는 선한 사마리아인은 찾기가 힘들다.

> "예수께서 대답하여 이르시되 어떤 사람이 예루살렘에서 여리고로 내려가다가 강도를 만나매 강도들이 그 옷을 벗기고 때려 거의 죽은 것을 버리고 갔더라 마침 한 제사장이 그 길로 내려가다가 그를 보고 피하여 지나가고 또 이와 같이 한 레위인도 그곳에 이르러 그를 보고 피하여 지나가되 어

떤 사마리아 사람은 여행하는 중 거기 이르러 그를 보고 불쌍히 여겨 가까이 가서 기름과 포도주를 그 상처에 붓고 싸매고 자기 짐승에 태워 주막으로 데리고 가서 돌보아 주니라 그 이튿날 그가 주막 주인에게 데나리온 둘을 내어 주며 이르되 이 사람을 돌보아 주라 비용이 더 들면 내가 돌아올 때에 갚으리라 하였으니 네 생각에는 이 세 사람 중에 누가 강도 만난 자의 이웃이 되겠느냐 이르되 자비를 베푼 자니이다 예수께서 이르시되 가서 너도 이와 같이 하라 하시니라"(눅 10:30-37).

그리스도인들만이 아니라 세상 사람들에게도 익숙한 선한 사마리아인의 이야기는, 자신이 사랑해야 할 이웃이 누구인지를 묻는 율법사의 질문(눅 10:29)에 사랑의 실천을 말씀하시는 예수님의 비유다. 이웃을 사랑하기 위해서는 먼저 우리가 사랑해야 할 이웃이 누구인지 알아야 한다.

그리스도인이 사랑해야 할 대상은 비유에 등장하는 강도 만난 사람의 신분에서 드러난다. 예수님은 비유에서 강도 만난 사람을 '익명의 인물'로 등장시킨다. 강도 만난 자의 이름, 성별, 출신지, 성격, 직업, 가족관계 등등, 그 어떤 것도 알 수 없다. 그저 '강도 만난 사람'이다. 강도 만난 사람의 익명성은 그리스도인이 사랑해야 할 대상이 세상의 모든 사람이라는 것을 말해준다. 그리스도인은 사랑의 실천에 있어 사랑해야 할 대상을 골똘히 생각할 필요가 없다. 세상 모든 사람이 사랑을 베풀어야 할 이웃이기 때문이다. 예수님은 우리 삶의 반경에 있는 호감

가는 사람을 사랑하고자 하는 우리의 생각을 과감히 철폐시키신다. 그리스도인은 누구나 사랑해야 한다. 칼빈은 온 인류를 사랑해야 할 그리스도인의 의무에 대해 말한다.

> 자, 그리스도께서 선한 사마리아 사람의 비유에서 '이웃'이라는 용어가 지극히 먼 사람까지도 포함하는 것임을 보여 주셨으므로(눅 10:36), 우리는 사랑의 계명을 친밀한 관계가 있는 자들에게만 한정시켜서는 안 될 것이다. 물론 우리와 가까운 사람일수록 우리가 더 친밀한 의무감을 갖고 그 사람을 도와야 한다는 것은 나도 부인하지 않는다.…그러나 내가 말하고 싶은 것은, 사랑의 감정에 있어서 예외 없이 온 인류 전체를 포용해야 한다는 것이다. 여기에는 야만인이나 헬라인, 귀한 자나 천한 자, 친구나 원수 등의 구별이 있을 수 없다. 왜냐하면 모든 사람을 그들 자신으로가 아니라 하나님 안에서 바라보아야 하기 때문이다. 그러므로 우리의 사랑의 방향을 올바로 이끌려면, 먼저 우리의 시선을 사람이 아니라 하나님께로 돌려야 하며, 그렇게 하기 위해서는 다음과 같은 것을 불변의 원리로 삼아야 할 것이다. 곧 사람의 성품이 어떻든지 간에, 우리가 하나님을 사랑하므로 그 사람도 사랑해야 한다는 것이다.[3]

신앙은 누구를 위해 존재하는가? 하나님 아버지의 사랑을 대신 베풀어 주는 사람과 그 사랑을 기다리는 사람들을 위해 있는 것이다.[4] 그런 점에서 교회의 구제 사역도 그 대상을 교회 안의 성도로만 국한

해서는 안 된다. 세상에서 어려움을 당하는 자, 헐벗은 자들 모두를 사랑으로 돌보아야 한다.

서울 영등포구에 있는 요셉의원은 '가난하고 아픈 이들의 천국'이라 불린다. 1987년 서울가톨릭사회복지회 부설 의원으로 설립된 요셉의원은 정부의 지원 없이 자체 후원금만으로 운영되면서도 지금까지 약 64만 명의 가난한 이들을 무료 진료했고, 매년 1만여 명의 사람들에게 무료급식을 제공한다. 노숙인이나 소외계층의 재활을 위해 미용, 목욕, 인문학 강의, 법률 상담 서비스 등도 하고 있다.

요셉의원을 방문하는 이들은 대부분 노숙인, 쪽방촌 주민, 외국인 노동자 등 우리 사회의 약자들이다. 이들에게 요셉의원의 의미를 묻자 '무너진 나의 삶을 다시 세워준 곳'이라고 입을 모아 답했다. 병원에 상근하는 의사는 신완식 원장 1명뿐이지만 100여 명의 전문의들이 요일을 정해 자원봉사를 한다. 의료진 외에도 연인원 2,000여 명의 자원봉사자가 청소, 안내, 무료급식 등을 돕고 있다.

이만하 씨(52)는 2012년 교도소에서 나와 영등포역에서 노숙을 하던 중 요셉의원을 알게 됐다. 한때 알코올 중독으로 정신병원에서 치료를 받기도 한 이 씨는 요셉의원의 알코올 중독자 모임에 참여하며 금주에 성공했다. 이 씨에게 요셉의원에 대해 묻자 그는 울먹이며 말했다.

"노숙자도 차별 없이 사람 대접을 해줍니다. 선생님들을 보며 매일 다시는 무너지지 말자, 은혜에 보답하자고 다짐합니다. 나를 따뜻하게 대해주고 다시 살고 싶게 만들어준 '천국' 같은 곳입니다."

신 원장은 아프고 소외된 많은 사람이 다시 세상에 뛰어들 수 있게 도울 수 있길 바란다고 말했다.[5]

선한 사마리아 사람이 강도 만난 사람에게 베푼 사랑의 성격은 무조건적이다. 어떤 특정 목적을 염두에 두고 사랑을 베풀지 않았다. 그리스도인은 모든 사람에게 해와 비를 동일하게 내려주시는 하나님의 사랑(마 5:45)으로 세상을 사랑해야 한다. 신자가 사랑해야 할 대상에는 원수(롬 12:14, 17, 21)와 국가 관리(롬 13:1-7)도 포함되어 있다. 교회에서 죄를 범한 자들도 사랑해야 한다. 바울은 교회 안에서 음행의 죄를 저지른 자를 내어 쫓으라(고전 5:1-2)고 명령하면서 음행하는 자를 추방하는 이유를 다음과 같이 말한다.

"주 예수의 이름으로 너희가 내 영과 함께 모여서 우리 주 예수의 능력으로 이런 자를 사탄에게 내주었으니 이는 육신은 멸하고 영은 주 예수의 날에 구원을 받게 하려 함이라"(고전 5:4-5).

바울이 음행하는 자를 징계하는 목적은 마지막 날 그 영혼의 구원을 위해서다. 교회가 행하는 권징의 이유 또한 '사랑'이다. 그리스도인은 모든 사람을 사랑하는 사람이다.

cf. "이단도 사랑의 대상인가?"

"서로 사랑하라"는 요한의 명령은 당시 교회를 어지럽히는 영지주의자들을 분별하기 위해서였다. 요한은 적그리스도의 영에 속한 자들을 "분별하라"(요일 4:1)고 말하지, "사랑하라"고는 말하지 않는다. 거짓 영, 곧 이단의 무리들에 대한 성경의 입장은 단호하다.

"지나쳐 그리스도의 교훈 안에 거하지 아니하는 자는 다 하나님을 모시지 못하되 교훈 안에 거하는 그 사람은 아버지와 아들을 모시느니라 누구든지 이 교훈을 가지지 않고 너희에게 나아가거든 그를 집에 들이지도 말고 인사도 하지 말라 그에게 인사하는 자는 그 악한 일에 참여하는 자임이라"(요이 1:9-11).

"그러나 어리석은 변론과 족보 이야기와 분쟁과 율법에 대한 다툼은 피하라 이것은 무익한 것이요 헛된 것이니라 이단에 속한 사람을 한두 번 훈계한 후에 멀리하라 이러한 사람은 네가 아는 바와 같이 부패하여 스스로 정죄한 자로서 죄를 짓느니라"(딛 3:9-11).

적그리스도의 영을 가진 이단은 그리스도인의 사랑의 대상이 아니다. 하나님이 그들을 사랑하시지 않기 때문이다. 그리스도인의 사랑의 대상은 하나님이 사랑하는 대상으로 제한된다. 하나님이 사랑하지 않는 대상을 사랑하는 것은, 곧 하나님을 사랑하지 않는 것이다. 영 분별은 하나님 사랑의 한 방법이다. 잠시 이단의 미혹에 빠진 자들은 사탄의 궤계에서 벗어나도록 기도해야 하겠지만, 예수 그리스도를 시인하지 아니하는 적그리스도의 영에 속한 자들(요일 4:3-4)은 그리스도인이 경계해야 할 대상이다.

어떻게 사랑해야 하는가?(이웃 사랑의 실천)

선한 사마리아인의 사랑의 모범을 통해 사랑해야 할 이웃의 범위를 설정해 주신 예수님은 율법사에게 '사랑의 실천'을 명령하신다.

> "네 생각에는 이 세 사람 중에 누가 강도 만난 자의 이웃이 되겠느냐 이르되 자비를 베푼 자니이다 예수께서 이르시되 가서 너도 이와 같이 하라 하시니라"(눅 10:36-37).

영생의 방법을 묻는 율법사의 질문(눅 10:25)에 대한 예수님의 대답은 '사랑의 실천'이다. "너도 사랑을 행하라!"는 예수님의 명령은 율법의 행위로 하나님에게 의롭다 하심을 얻을 육체가 없다는 로마서 3장 20절의 선언에 비추어 볼 때, '영생의 조건'으로서의 사랑의 행위가 아닌, '영생의 실천'으로서의 사랑의 삶을 율법사에게 명령하시는 것이다. 영생의 삶은 '이웃 사랑의 삶'이다. 예수 그리스도를 믿음으로 구원에 이른 자들은 반드시 이웃을 사랑한다. 선한 사마리아인을 통해 조명된 이웃 사랑의 삶은 구체적으로 '네 가지 사랑'을 의미한다.

차별 없는 사랑

"너희가 너희를 사랑하는 자를 사랑하면 무슨 상이 있으리요 세리도 이같이 아니하느냐 또 너희가 너희 형제에게만 문안하면 남보다 더하는 것이 무엇이냐 이방인들도 이같이 아니하느냐"(마 5:46-47).

사랑의 삶과 관련하여 예수님이 특별히 경계를 요구하시는 것은 세리와 이방인의 '차별하는 사랑'이다. 자기중심의 삶을 사는 세리와 이방인들은 자기를 사랑하는 자와 자기의 형제들만 사랑했다. 한국교회의 이웃 사랑도 세리와 이방인의 사랑과 별반 다르지 않다. 모든 사람을 사랑해야 한다는 말은 하지만, 우리가 실제로 사랑하는 대상은 세리와 이방인처럼 자기의 가족들과 자신과 친분을 맺고 있는 사람들이다. 우리의 말을 가로막거나 과거에 우리를 힘들게 했던 사람들에게는 눈길조차 주지 않는다. 심지어 십자가의 사랑을 설교하는 목사들도 혈연적이고 조건적인 사랑을 한다.

34년의 목회 동안 세습과 정치적 목회를 거부하고, 자신이 교회에 말한 목회적 약속을 지키면서 충실하게 교회를 섬긴 아름다운 교회 원로목사 김종포는 "오직 사랑으로 사십시오"라는 제목의 주일 은퇴 설교에서 교인들에게 차별 없는 사랑을 부탁한다.

하나님은 자기가 좋아하는 사람과 식사하는 비용을 지불하시지 않습니다. 천국의 상급이 없다는 말입니다. 교회 안에 자기 마음에 드는 사람이 왜 없겠습니까? 목사인 저도 인간적으로 좋은 사람, 싫은 사람이 있습니다. 그러나 저는 34년의 사역 동안 단 한 번도 제가 좋아하는 성도에게 전화해서 식사를 하자거나 쇼핑을 하자고 말한 적이 없습니다. 예수님이 명령하시는 사랑의 삶은 우리가 좋아하는 사람들에게 호의를 베푸는 삶이 아니라, 화 잘 내고, 사람들을 부리고, 봉사하는 자리에는 없다가 먹을 때는 나타나는 이기적인 그런 사람을 사랑하는 것입니다.

예수님은 공생애 기간 내내 세상에서 버림받고 소외된 자들과 함께하셨다. 그들은 예수님을 유별나게 사랑하는 자들, 예수님의 혈육이 아니었다. 예수님은 사회적 지위를 따라 사람들을 구별하여 사랑하시지 않았다. 선한 사마리아인의 사랑은 상대방의 그 무엇도 조건이 되지 않는, 차별하지 않는 사랑이다. 그리스도인은 하나님이 우리를 조건적으로 사랑하지 않은 것처럼 우리의 이웃을 조건 없이 사랑해야 한다.

용서하는 사랑

십자가의 사랑으로 이웃을 사랑하는 삶을 살고 있는지의 여부는, '용서'로 판별된다. 십자가 사랑의 핵심이 용서이기 때문이다.

"서서 기도할 때에 아무에게나 혐의가 있거든 용서하라 그리하여야 하늘에 계신 너희 아버지께서도 너희 허물을 사하여 주시리라 하시니라"(막 11:25).

하나님은 용서하는 자를 용서하신다고 말씀하신다. 자신에게 죄를 지은 사람을 용서하지 못하는 사람은 자신 역시 하나님에게 용서받지 못한다는 사실을 알아야 한다. 예수님은 "죄를 범한 형제를 일곱 번까지 용서하면 되나요?"(마 18:21)라고 묻는 베드로에게, "일곱 번뿐 아니라 일곱 번을 일흔 번까지라도 하라"(마 18:22)는 말씀으로 그리스도인의 '영원한 용서'를 말씀하셨다.

제럴드 L. 싯처(Gerald L. Sittser)는 "죄에 대한 고백이 없더라도 우리는 용서의 선물을 선사하도록 부르심을 받은 사람들이다. 고백이 용서의 조건이 되는 것이 아니기 때문에 그리스도인은 먼저 용서해야 한다"는 말로 용서의 이유를 설명한다. 용서는 십자가의 은혜를 깨달은 자의 사랑의 행위다. 일만 달란트(6천 데나리온) 빚진 자가 주인의 긍휼을 통해 빚을 탕감받았지만, 자신에게 백 데나리온(1데나리온은 당시 일반 노동자가 받는 하루 임금이다)을 빚진 동료 한 사람을 고발하여 옥에 가두는 비유는 십자가의 용서를 잊어버린 우리 자신의 냉정한 모습을 돌아보라는 예수님의 경고이다. 저 인간만큼은 절대로 용서할 수 없다면, 아직도 예수님이 십자가에서 피 흘리신 의미를 완전하게 깨닫지 못하고 있는 것이다. 십자가의 사랑이 우리 가슴속에 북받쳐 오를 때 우리가 용서하지 못할 사람은 없다.

제2차 세계대전 중 유대인들을 숨겨주었다는 이유로 체포되어 처참한 감옥생활을 하는 가운데서도 주님과 동행하며 고통받는 자들에게 하나님의 위로를 증거한 코리 텐 붐(Corrie Ten Boom, 1892-1983) 여사는 감옥에서 석방된 후 강연하러 다닐 때 자신의 언니를 죽인 야만적인 나치의 간수를 만나게 되었다. 그 간수는 코리 텐 붐 여사에게 손을 내밀며 용서를 구했다. 그 순간 그녀는 선택을 해야만 했다. '이 간수를 용서할 것인가? 아니면 마음에 영원한 적개심을 가지고 살아가야 하는가?' 믿기 어렵지만 그녀는 용서하는 편을 택했다.

인간관계와 교회의 모든 분쟁은 '용서로부터' 실마리가 풀린다. 인간관계가 꼬여 있거나 교회가 분쟁 속에 휘말려 있다면 거기에는 틀림없이 허물을 덮어 주는 사랑의 사람이 아니라 허물을 들추어내는 이간하는 사람이 서 있을 것이다(잠 17:9). 교회는 사람의 실수와 잘못을 기준으로 시시비비를 가리는 세상과 다르게, '용서로' 시시비비를 가리는 사랑의 공동체다. 교회에서 잘못한 자는 용서하지 않는 자이다. 그리스도인의 삶의 중심에는 "우리가 우리에게 죄 지은 자를 사하여 준 것같이 우리 죄를 사하여 주시옵고"(마 6:12)라는 주기도문이 자리 잡고 있다.

내 인생에 처음으로 남편이 우리 가정을 버렸어도, 누가 목을 졸라도 용서하는 자로 살아왔다고 자부했는데, 폐인이 되어 가는 아들을 보면서 그를 죽이고 싶었고, 죽이려고 했다.…그러나 내 폭력적인 행동! 무엇이 잘한 것이겠는가? 오늘 아들을 위해서 기도하면서 용서를 구하겠다. 여러분께도 우리 아들을 위한 기도를 부탁드린다. 온전한 용서가 되기 위해서.[2]

섬기는 사랑

장미 정원이 있는 수도원으로 손님들이 찾아왔다. 젊은 신부가 손님들을 안내하기에 앞서 이렇게 말했다.

"저를 따라오시겠습니까? '저희 수도원의 장미를' 여러분께 보여 드리지요."

손님들은 신부의 뒤를 따르면서 장미를 보는 둥 마는 둥 자신들의 대화에 파묻혔다. 다음날, 또 다른 손님을 맞이한 신부가 이번에는 이렇게 말했다.

"저를 따라오시겠습니까? 저희 수도원의 장미에게 '여러분들을' 보여 드리고 싶습니다."

그러자 손님들은 장미에 관심을 가지면서 세심히 훑어보기 시작했다. 수도원의 장미가 중심인가, 수도원을 찾은 손님이 중심이 되느냐에 따라 사람들의 반응이 달라진 것이다. 인간은 누구나 자신이 주인공으로 대접받기를 원한다.[3]

"저녁 잡수시던 자리에서 일어나 겉옷을 벗고 수건을 가져다가 허리에 두르시고 이에 대야에 물을 떠서 제자들의 발을 씻으시고 그 두르신 수건으로 닦기를 시작하여…그들의 발을 씻으신 후에 옷을 입으시고 다시 앉아 그들에게 이르시되 내가 너희에게 행한 것을 너희가 아느냐 너희가 나를 선생이라 또는 주라 하니 너희 말이 옳도다 내가 그러하다 내가 주와 또는 선생이 되어 너희 발을 씻었으니 너희도 서로 발을 씻어 주는 것이 옳으니라 내가 너희에게 행한 것 같이 너희도 행하게 하려 하여 본을 보였노라"(요 13:4-5, 12-15).

예수님이 유월절 만찬 도중 제자들의 발을 씻어주신 목적은 제자들에게 사랑의 섬김을 가르치기 위해서다. 신앙생활의 본질은 이웃을 지배하는 삶이 아니라, 이웃을 섬기는 삶이다. 그리스도인은 자기보다 남을 낮게 여기고(빌 2:3), 먼저 남을 대접하고(마 7:12), 청함을 받았을 때 끝자리에 앉으려고(눅 14:10) 애써야 한다. 신앙생활의 적지 않은 분쟁이 섬김을 받으려 하는 태도에서 비롯된다. 수없이 많은 사람을 희생시키는 전쟁의 이유도 지배의 욕망에서 비롯된다.

"인자가 온 것은 섬김을 받으려 함이 아니라 도리어 섬기려 하고 자기 목숨을 많은 사람의 대속물로 주려 함이니라"(마 20:28).

지배하려는 세상을 섬기는 세상으로 만들기 위해 예수님이 이 세상에 오셨고, 십자가의 죽으심으로 섬김의 도를 보여주셨다. 우리 안에서 남에게 자신을 드러내 보이려는 충동이 생길 때마다 예수님의 십자가의 섬김을 묵상해야 한다.

"우리는 지금 이웃의 발을 닦고 있는가?"

희생하는 사랑

한국기독교목회자협의회에서 조사한 2012년 교회 비출석의 이유는 목회자들에 대한 좋지 않은 이미지 19.6%, 교인들의 배타적이고 이기적인 태도 17.7%, 헌금 강요 17.6%, 시간 없음 15.8%, 가정예배 9.0%로 조사됐다. 상당수의 사람들이 교인들의 배타적이고 이기적인 태도로 인해 교회에 나오지 않는다고 말한다. 세상은 이미 한국교회의 이기적인 삶을 간파했다.

"예수께서 대답하여 이르시되 인자가 영광을 얻을 때가 왔도다 내가 진실로 진실로 너희에게 이르노니 한 알의 밀이 땅에 떨어져 죽지 아니하면 한 알 그대로 있고 죽으면 많은 열매를 맺느니라 자기의 생명을 사랑하는 자는 잃어버릴 것이요 이 세상에서 자기의 생명을 미워하는 자는 영생하도록 보전하리라"(요 12:23-25).

십자가의 사랑은 '희생하는 사랑'이다. 예수님은 많은 사람의 대속의 제물로 십자가에서 죽으셨다. 그러므로 희생 없는 사랑은 십자가와 무관하다. 십자가의 사랑은 자신이 한 알의 밀로 땅에 떨어져 죽음으로써 이웃을 살리는 희생의 사랑이다.

> "그가 우리를 위하여 목숨을 버리셨으니 우리가 이로써 사랑을 알고 우리도 형제들을 위하여 목숨을 버리는 것이 마땅하니라 누가 이 세상의 재물을 가지고 형제의 궁핍함을 보고도 도와 줄 마음을 닫으면 하나님의 사랑이 어찌 그 속에 거하겠느냐 자녀들아 우리가 말과 혀로만 사랑하지 말고 행함과 진실함으로 하자"(요일 3:16-18).

요한은 형제의 궁핍함에 무관심한 말과 혀의 사랑을 단호히 부정하면서 모든 그리스도인에게 희생의 삶을 촉구한다. 사랑의 삶을 판단해 주는 리트머스는 '희생'이다. 희생은 진정성 없이 사랑과 연합을 외치는 자들의 위선을 폭로한다. 이 시대의 많은 교회가 예수를 믿으면 얻는 것에 대해서는 많이 말하지만 희생해야 하는 것에 대해서는 침묵하고 있다.[4]

"하나님이 세상에 독생자를 보내셨다"(요 3:16)는 복음의 서술은 희생이 사랑의 시작임을 말해준다. 사랑의 본질은 자기를 버리는 것이다. 바울은 고린도 교회의 송사 사건에 대해 "차라리 불의를 당하는 것이 낫지 아니하며 차라리 속는 것이 낫지 아니하냐"(고전 6:7)라는 말로 고린도 교인들에게 사랑의 희생을 요구한다. 진정한 사랑은 감정적이기보다는 의지적이다. 참으로 사랑하고자 하는 사람은 깊이 있는 사랑을 위한 자기희생과 고통을 감내해 낸다. 신앙생활을 할수록 작고한 온누리교회 하용조(1946-2011) 목사의 "그리스도인은 손해 보는 사람"이라는 말이 자주 생각난다.

이 시대의 선한 사마리아 사람 도미니크

한때 알코올 중독자였지만 하나님의 은혜로 집필과 복음 증거 사역에 헌신하고 있는 브레넌 매닝(Brennan Manning, 1934-2013)은 우리 시대 선한 사마리아 사람으로 도미니크를 추천한다.

나와 함께 '작은 예수회 공동체'에서 7명의 사람이 같이 생활하며 신앙의 훈련을 받았다. 매일 낮에는 노동에 전념하고, 밤에는 침묵과 기도, 아침에는 석재건물의 탁자에 앉아 매일의 노동에 대한 이야기를 나누었다. 도미니크는 식탁 맨 가장자리에 앉아 있었는데, 우리가 내내 열변을 토하는 동안 그는 한 번도 입을 열지 않았다. 나는 식탁을 내려다보다가 그의 뺨을 타고 눈물이 흐르는 것을 보았다. "도미니크, 왜 그래?"라고 물으니까, 거의 알아들을 수 없을 정도의 작은 목소리로 울먹이며 "저들이 알지 못하나이다"라고 말했다. 그날 이후로 그가 던진 이 짧은 한마디는 나의 깊은 원한을 긍휼로 바꾸어놓았다. 복음서에 나오는 예수님의 수난 이야기를 도미니크의 눈으로 얼마나 다시 읽었는지 모른다.

"아버지여 저들을 용서하소서. 저들이 알지 못하나이다."

그 이듬해 190cm의 호리호리한 근육질 몸매에 항상 푸른색 해군 베레모를 쓰고 다니던 도미니크는 44세의 나이에 자신이 수술 불가능한 암으로 죽어가고 있다는 사실을 알았다. 그는 공동체의 허락을 얻어 파리에 있는 한 가난한 지역으로 이사하여 공장의 밤 경비원을 직업으로 택했다. 그는 매일 아침 8시에 집으로 돌아오면 곧바로 자기가 살던 거리 맞은편에 있는 작은 공원으로 가서 나무 벤치에 앉아 공원에 있는 주변인, 떠돌이, 술꾼, 허풍쟁이, 지나가는 여자에게 추파를 던지는 불결한 노인들과 이야기를 나누었다.

도미니크는 결코 그들을 비난하거나 꾸짖거나 질책하지 않았다. 그는 웃으면서 사탕을 나누어주며 그들을 있는 모습 그대로 받아들이면서 그들과 대화를 나누었다. 마음에서 우러나오는 환대로 그들을 대했다. 이 때문에 철이 자석에 끌리듯 냉소적인 청년들과 낙심한 노인들은 그에게 매료되었다. 그의 단순한 전도는 아무런 토를 달지 않고 다른 사람들을 있는 모습 그대로 받아들여, 그들로 하여금 그의 마음속에서 평안을 맛보게 해준 데 있었다. 도미니크는 지금까지 내가 경험했던 사람들 중에서 가장 온정적인 사람이었다. 그는 예수 그리스도의 마음으로 사랑했다.

어느 날 초라한 노숙자 몇 사람이 도미니크를 찾아와 그에 대해 알고 싶다고 청했을 때, 그는 자신의 인생에 대해 간략히 이야기해 주었다. 그리고 난 뒤에 그는 조용한 확신 가운데 복음을 증거했다. 예수님이 그들을 온유하고 끈질기게 사랑하셨으며, 예수님은 그들처럼 거절당하고 소외된 자들을 위해 오셨다는 점을 말해 주었다. 하나님의 말씀이 그의 몸으로 육화된 삶을 통해 보여진 그의 전도는 설득력이 있었다. 나중에 한 노인은 자신이 늘 했던 추잡한 농담과 저속한 말 그리고 소녀들에게 던지던 추파를 중단했다.

어느 날 아침 도미니크는 공원 벤치에 나타나지 않았다. 사람들은 걱정이 되었다. 몇 시간 뒤 그는 온수가 끊긴 차가운 마룻바닥에서 죽은 채 발견되었다. 그는 파리의 궁벽한 슬럼가에서 죽었다. 도미니크는 그 누구에게도 결코 강요하지 않았고, 자신의 삶이 쓰임 받고 있는지, 자신의 증거가 의미 있는지 의심하지 않았다. 그는 하나님을 위해 위대한 일을 행해야 한다고 느낀 적도 없었다. 그는 일기를 기록했는데 그의 마지막 기록은 지금까지 내가 읽어 본 것 중에서 가장 놀라운 것이었다. 나는 도미니크에게서 온전히 하나님과 타인을 위해 살아가는 삶의 실제를 보았다. 그의 인생은 그의 무덤 위의 소박한 나무 십자가에 기록된 "예수 그리스도의 증인, 도미니크 보일럼"이라는 비문이 이 모든 것을 웅변적으로 말해준다. 도미니크는 '이 시대의 어떤 사마리아 사람'이었다. 이름 없이 죽었지만 가장 위대한 삶을 산 사람이었다.[5]

예수님은 선한 사마리아인의 비유를 통해 우리 모두에게 세상의 모든 사람을 차별하지 않고, 용서하고, 섬기고, 그들을 위해 희생하는, 십자가의 사랑을 실천하라고 명령하신다.

원수 사랑

필자가 아름다운 교회에서 부목으로 봉사하던 시절의 이야기다. 설교자 모임을 위해 교회에 온 집사님들이 봉고차에서 내려 교회로 들어오는데 밖에서 시끄러운 소리가 들려 서둘러 교회 앞으로 달려나갔다. 내 눈 앞에 펼쳐진 광경은 서너 명의 인부들이 연장을 들고 벽돌 공사를 준비하고 있었고, 그 옆에는 50대 남짓해 보이는 남자가 험악한 인상을 하고 서 있었다.

당시 아름다운 교회가 매입한 교회당 입구에 땅을 가진 부동산 주인이 교회의 처사가 마음에 들지 않는다는 이유로 입구에 벽을 쌓아 교회를 가로막으려는 것이었다. 이미 담임 목사님이 몇 차례 그 주인을 찾아갔고, 그날도 간곡하게 담장공사를 중단해 달라고 부탁했지만, 부동산 주인은 팔짱을 낀 거만한 태도로 단호하게 고개를 가로저었다. 새신자 성경공부를 통해 필자를 신앙의 길로 들어서게 하고, 사역자로 훈련시키고 있는 필자의 영적 멘토인 사랑하는 담임 목사님의 얼굴이 벌겋게 상기된 것을 보는 순간 마음속에 참고 있었던 분노가 폭발했다.

"야 이 ×××야, 니가 인간이면 우리 목사님이 그렇게 부탁하면 말귀를 알아들어야지…."

갑작스런 나의 고함소리에 당황한 땅 주인이 필자의 멱살을 잡으면서 한바탕 실랑이가 벌어졌다. 당시 30대 초반의 피 끓는 청춘이었던 필자는 사탄의 앞잡이로 교회를 핍박하는 불의한 인간을 박살 내려고 마음먹었지만, 빨리 들어가라고 소리치는 담임 목사님의 간절한 만류에 싸움을 그만두고 교회 옆 골목으로 퇴장하면서 싸움이 그쳤다. 담장을 쌓기 위해 서 있던 인부들이 그 광경을 목격하고 작업을 포기하면서 당시 아름다운 교회가 골머리를 앓고 있었던 건축 분쟁이 일단락되었다. 당시 집사님들은 필자의 정의로운 행동(?)으로 교회가 골머리를 앓던 건축 문제가 해결되었다고 좋아했지만, 필자는 목회를 그만둘 심각한 고민을 했다.

예수님이 우리에게 제시하시는 이웃 사랑의 목록에는 우리가 끔찍이 싫어하는 '원수 사랑'이 포함되어 있다. 마태복음 5장 44절에서 원수 사랑을 명령하신 예수님은, 십자가상에서 자신을 십자가에 못 박은 로마 군인들(사형 집행인)과 이스라엘의 산헤드린 대표(주범)와 그 음모에 가담한 군중들(방관자)의 죄를 용서해달라고 기도하신다.

"이에 예수께서 이르시되 아버지 저들을 사하여 주옵소서 자기들이 하는 것을 알지 못함이니이다 하시더라"(눅 23:34).

원수 사랑은 사랑의 절정, 하나님 사랑의 광채다. 소록도 나병 환자 수용소 애양원 교회의 목사로 6·25전쟁 때 순교한 사랑의 원자탄 손양원(1902-1950)의 원수 사랑을 그의 딸 손동희가 간증한다.

어느 산모퉁이 썰렁한 밭도랑에 가마니를 깐 채 두 오빠가 누워 있었고 따가운 햇살이 어린 두 순교자 위에 찬란히 내리쬐고 있었다. 얼마나 얻어맞았는지 머리가 터져 온몸은 피투성이가 되어 있었고, 이마와 가슴에는 흉측한 총알 자국이 여기저기 뻥 하니 뚫려 있었다. 동신 오빠 19세, 동인 오빠 25세의 짧은 인생을 마쳤다. 오빠들의 시신을 담은 관이 애양원 뜰 앞에 내려졌다. 어머니는 오빠들의 얼굴을 보아야겠다며 한사코 관을 뜯어내려 했다. 일천여 명 나환자들은 두 오빠의 시체를 앞에 두고 애양원이 떠나가도록 통곡했고, 아버지는 애써 슬픔을 감춘 모습으로 "고생과 수고가 다 지나간 후 광명한 천국에 편히 쉴 때" 하는 찬송을 부르며 관 위에 얼굴을 부볐다.

이윽고 영결식이 시작되었다. 흰 두루마기 차림에 누런 두건을 쓴 아버지는 돌처럼 무거운 입을 열어 전날 작성한 아홉 가지 감사문을 읽어 내려갔다. (아홉 가지의 감사문을 읽은 후에) 아버지는 한 가지 중요한 결심을 발표하셨는데, 그것은 오빠들을 죽인 원수를 용서할 뿐만 아니라 그를 사랑으로 감싸 아들로 삼겠다는 것이었다.

"아버지, 제발 그놈이 죽도록 가만히 내버려 두세요. 그런 놈을 안 죽이면 누굴 죽인단 말입니까? 여태껏 아버지 말을 거역한 적이 없지만, 이번만은 못 듣겠어요."

"동희야, 내 말을 잘 들어 봐라. 내가 무엇 때문에 오 년 동안이나 너희들을 고생시키면서 감옥 생활을 견뎌냈겠니? 하나님의 계명을 지키기 위함이 아니었냐. 제1, 2계명이 하나님의 명령이라면 '원수를 사랑하라'는 말씀도 똑같은 하나님의 명령인데 그 명령은 순종하면서 이 명령은 순종치 않는다면 그보다 더 큰 모순이 어디 있겠느냐? 두 오빠는 천국 갔으나 두 오빠를 죽인 자는 지옥 갈 것이 분명한데 내 전도하는 자로서 지옥 가는 그를 보고만 있으란 말이냐?"

아버지는 단호하면서도 부드럽게 나의 순천행을 재촉하셨다. 시간이 늦어 죽기라도 하는 날에는 낭패가 아닐 수 없다며 한시라도 빨리 나 목사님을 만나 보라는 것이다. 아무리 싸워도 아버지를 설득할 수 없다는 걸 깨달았다.

문을 열고 들어서자 수십 개의 눈들이 모두 나와 나 목사님을 주시했다. 나 목사님이 나를 담배 피우는 대령 앞으로 데리고 가서 의자에 앉혔다. "이 아이가 바로 손양원 목사의 큰딸이며 죽은 동인, 동신의 여동생입니다" 하고 나를 소개했다. 취조하는 대령이 나를 쳐다보며 질문을 던졌.

"그래 아버지가 뭐라고 하셔서 여기까지 왔니?"

"아버지가 두 오빠를 죽인 자를 잡았거든 매 한 대도 때리지 말고 죽이지도 말라 하셨어요. 그를 구해 아들 삼겠다고요. 성경 말씀에 원수를 사랑하라 했기 때문이래요."

강철민을 죽이려고 돌 같은 마음을 가졌던 대령은 입에 물고 있던 담배가 떨어진 줄도 모르고 손수건을 꺼내 눈물을 닦으며 "위대하시다" 하고 감탄의 소리를 토해냈다. 강철민까지도 고개를 숙인 채 흐느껴 울고 있었다. 나 목사님도 나도, 그리고 그 외에 살기등등했던 학생들도 울음으로 한 덩어리가 되어버렸다. 이것이 원수와 한 덩어리가 된 순간일 것이다. 이렇게 하여 강철민은 죽음 직전에 사형장에서 구출되었고, 그는 기

어이 우리 오빠가 되었다.[1]

필자가 원수 사랑의 글을 쓰는 동안 '만약 어떤 인간이 내 사랑하는 가족을 죽인다면 나도 손양원 목사처럼 그를 용서할 수 있을까?'라는 생각이 머리에서 내내 떠나지 않았다. 존 파이퍼는 충격적인 한 사건을 접하고 난 후, 자신이 느낀 원수 사랑에 대한 딜레마를 이렇게 고백했다.

이-메일 뉴스 서비스를 통해 콜롬비아 보고타 근처에서 사역하던 두 선교사가 1995년 6월 19일 월요일에 마르크스를 신봉하는 게릴라들에게 살해당했다는 소식을 접했다. 스티브 웰쉬와 밴 다이크는 무차별 총격을 당했다. 1994년 1월, 납치당할 당시에 그들은 모두 42세였고 선교를 목적으로 세운 학교에서 학생들을 가르치고 있었다. 원수를 사랑하는 내용을 설교할 때 이런 질문이 나를 괴롭혔다. '당신을 납치해서 1, 2년 후에 살해할 원수를 어떻게 사랑할 것인가? 두 선교사의 아내와 자녀들은 그 살인자들을 어떻게 사랑할 수 있을까? 그런 자들마저 사랑할 수 있는 힘은 어디로부터 오는가?'[2]

원수 사랑의 세 가지 방법

원수 사랑은 우리의 의지로는 불가능하다. '아가페', 곧 하나님의 사랑을 실천하라는 명령이기 때문이다. 원수 사랑은 세 가지 방법으로만 가능하다.

"원수의 심판을 하나님께 맡겨라."

2019년 9월경 지방에서 서울로 돌아오는 고속도로 옆 대형교회 담벼락에 "용서가 최고의 복수다"라는 글귀가 적혀 있는 현수막을 보았다. 용서하지 못하는 현시대의 그리스도인에게 용서를 강조하기 위한 목적이었겠지만, 성경적인 메시지는 아니라고 생각했다. 왜냐하면, 그리스도인에게 원한을 갚을 권한이 주어지지 않았기 때문이다.

성경은 원수 갚는 것은 철저히 '하나님의 권한'임을 강조한다(마 12:18; 요 5:30, 9:39; 살후 1:5; 히 9:27). 그러므로 원수에 대한 우리의 복수 행위는 하나님의 주권을 침범하는 것이 된다. 예수님조차 원수를 보복하지 않으셨다. 원수의 심판은 오로지 하나님의 몫이다. 만약 원수 된 자들이 우리의 사랑의 헌신에도 불구하고 끝끝내 하나님의 원수로 남는다면, 마지막 날 하나님이 우리 대신 원수를 심판하실 것이다.

바울은 신명기 32장 35절을 인용해 로마에 있는 모든 그리스도인에게 "선으로 악을 이기라"고 명령한다. 바울은 로마서 12장에서 '원수 사랑', 곧 아무에게도 악을 악으로 갚지 말고 할 수 있거든 모든 사람과 더불어 화목해야 하는 세 가지 이유를(17-18절), 원수 심판이 우리가 아닌 하나님의 권한이며(19절), 우리의 사랑의 행위를 통해 원수에게 회개의 기회를 부여하고(20절),[3] 사랑이 악을 이긴다는 것을 보이기 위함(21절)이라고 밝힌다. 바울이 말하는 원수 사랑의 세 가지 이유를 기억하면서 오직 원수를 사랑하는 것이 우리가 할 일이다.

"자신처럼 원수를 사랑하라."
C. S. 루이스는 자신의 저서 《순전한 기독교》에서 원수 사랑에 대한 지혜를 우리에게 알려준다.

여러분 중에서도 제게 이렇게 묻고 싶을 것입니다.
"당신이 폴란드인이나 유대인이라면 과연 게슈타포를 용서해 주고 싶은 마음이 들겠소?"
(저도 제 자신이 그럴 수 있는 위인인지 정말 알고 싶지만) 저는 이 책에서 제가 할 수 있는 일을 말하고 있는 것이 아니라 기독교가 어떤 것인가를 말하고 있습니다. 저는 지어낸 이야기를 하고 있는 것이 아닙니다.[4] 우리는 우리 자신을 사랑하듯이 우리의 이웃을 사랑해야 합니다.…우리는 우리 자신을 사랑하기 때문에 호감 주는 인간으로 여기는 것이지, 우리 자신이 원래 호감 주는 인간이기 때문에 사랑하는 것은 아닙니다.…우리가 우리 자신의 비겁함이나 자만심이나 탐욕을 그렇게 싫어하면서도 계속 우리 자신을 사랑하는 것처럼, 우리의 원수를 사랑하는 마음으로 원수의 죄를 보라는 말입니다.…여러분 자신에게는 사랑할 만한 부분이 있어서 사랑합니까? 여러분이 자신을 사랑하는 것은 단지 그 대상이 여러분 자신이기 때문입니다. 하나님의 뜻은 우리가 우리의 원수들을 똑같은 방

식으로 사랑하라는 것입니다.[5]

우리가 끔찍이 싫어하는 원수를 사랑하는 두 번째 방법은, 우리의 이웃을 '우리 자신처럼 사랑'하는 것이다(마 22:39). 원수를 우리 자신처럼 여길 수 있을 때 원수를 사랑할 수 있다. 원수 사랑은 원수가 우리 자신이 될 때 가능하다.

"성령의 충만을 받아라."

원수 사랑은 '성령 충만'으로 가능하다. 원수를 사랑하기 위해서는 반드시 성령의 충만을 받아야 한다. 원수 사랑은 인간의 사랑이 아닌, 하나님의 사랑이기 때문이다. 우리 안에 내주하시는 성령께서 분노의 화신인 우리의 자아를 완전히 제압하고 그리스도의 사랑을 충만히 부어 주실 때(롬 5:5) 비로소 원수를 사랑할 수 있다. 그러므로 성령 충만 없는 원수 사랑은 거짓이요, 위선이다. 많은 사람이 굳은 의지로 결단하고 원수 사랑의 삶을 시작하지만 얼마 안 가서 사랑의 의지가 꺾이는 것은 원수 사랑의 원천인 성령님을 의지하지 않기 때문이다. 원수를 사랑하기 위해서는 성령님의 역사를 통해 우리 내면 안에 십자가의 사랑이 가득 채워져야 한다. 원수 사랑의 주체는 성령 하나님이시다.

실상 우리의 사랑을 가장 절실히 필요로 하는 대상은 우리의 원수들이다. 본회퍼는 "아무런 사랑도 없이 증오 속에서 살아가는 자보다 더 절실하게 사랑이 필요한 자가 어디 있는가? 우리의 원수보다 더 사랑을 받을 만한 가치를 지닌 자가 어디 있는가? 원수들 한가운데서보다 더 찬란하게 사랑이 빛날 수 있는 곳이 어디 있는가? 정치적 원수든 종교적 원수든, 그들이 예수님의 제자들에게 기대하는 것은 오직 온전한 사랑일 따름이다"라고 말한다.[6]

원수 사랑은 손양원 목사와 같은 특별한 소수의 사람에게만 부여된 사랑의 명령이 아니다. 예수님은 모든 그리스도인에게 원수를 사랑할 것을 명령하셨다(마 5:44; 눅 6:27). 원수 사랑은 원수를 끔찍이 싫어하는 우리에게도 부여된, 하나님의 보편적인 사랑의 명령이다. 그리스도인이라면 원수까지도 사랑해야 한다. 원수를 사랑할 때 비로소 사랑은 온전해진다.

사랑의 코이노니아

교회가 '사랑의 공동체'라면("교회란 무엇인가?") 교회의 본질적 삶은 '사랑의 코이노니아'다. 사랑의 코이노니아는 그리스도인의 영원한 삶이다. 서로 함께한다는 것은 에클레시아가 그리스도 안에서 존재하듯이 이미 본질적인 것에 속한다. 서로 함께 묶여 있음은 그리스도와 함께 묶여 존재함이며, 동시에 에클레시아의 목적 그 자체가 된다. 왜냐하면, 하나님의 본질은 '사랑'—아들이 아버지께로부터 받아 사람에게 전해준 그 사랑—이며, 바로 이 사랑이 교회 안에 존재하는 자들을 묶

어주는 '본질'이기 때문이다. 사랑은 예수 그리스도가 주시고 명령한 사귐의 본질이다.[1]

"또 여러 말로 확증하며 권하여 이르되 너희가 이 패역한 세대에서 구원을 받으라 하니 그 말을 받은 사람들은 세례를 받으매 이 날에 신도의 수가 삼천이나 더하더라 그들이 사도의 가르침을 받아 서로 교제하고 떡을 떼며 오로지 기도하기를 힘쓰니라"(행 2:40-42).

초대교회는 사랑의 코이노니아가 뿌리내린 공동체였다. 삼천 명의 초대교회 신자들은 사도들의 가르침을 받아 사랑의 교제를 나누었다. 본문 42절에서 "서로 교제하고 떡을 떼며"와 "오로지 기도하기를 힘쓰니라" 사이에 '그리고'란 접속사가 생략된 사실은 '서로 교제'하는 것이 '떡을 떼며 기도'하는 것과 동격이라는 것을 말해준다. 헬라어 '코이노니아'는 '공유하다', '남과 함께 나누다'라는 의미로, '하나님과 신자 간'(요일 1:3), '신자와 신자 간'(요일 1:7)의 두 형태로 존재한다.

하나님과의 사랑의 교제

"예수의 제자 중 하나 곧 그가 사랑하시는 자가 예수의 품에 의지하여 누웠는지라"(요 13:23).
"베드로가 돌이켜 예수께서 사랑하시는 그 제자가 따르는 것을 보니 그는 만찬석에서 예수의 품에 의지하여 주님 주님을 파는 자가 누구오니이까 묻던 자더라"(요 21:20).

성육신한 하나님의 품에 누워 있는 인간, 사도 요한이 묘사하는 기독교 신앙의 풍경이다. 제임스 패커는 "신학자들은 하나님께 친밀하게 다가가는 행동을 자녀의 본능에 비유하면서, 기독교인은 하나님을 경외하고 공경함과 동시에, 어린아이가 자신 있게 아빠에게 달려가는 것처럼 그분 앞에 나아간다. 이는 기독교의 역설 가운데 하나다"[2]라는 말로 다른 종교에서는 상상할 수 없는 기독교 신앙의 친밀감을 설명한다.

"너희는 너희 하나님 여호와의 자녀이니"(신 14:1).
"너희는 다시 무서워하는 종의 영을 받지 아니하고 양자의 영을 받았으므로 우리가 아빠 아버지라고 부르짖느니라"(롬 8:15).
"너희가 아들이므로 하나님이 그 아들의 영을 우리 마음 가운데 보내사 아빠 아버지라 부르게 하셨느니라"(갈 4:6).

하나님과의 사랑의 코이노니아는 십자가의 보혈을 매개로 하는 하나님과 그리스도인의 부자 관계를 그 기반으로 한다. 시편에 기록되어 있는 하나님을 향한 푸념 섞인 수많은 탄원과, 신랑이신 그리스도와 신부 된 교회의 사랑을 시적 언어로 표현하고 있는 아가서와, 예수님과 열두 제자의 3년간의 공생애 삶은, 부자간에 이루어지는 사랑의 코이노니아를 보여주는 사례들이다.

하나님이 그리스도인에게 부여해 주신 영생은 사랑의 교제를 목적으로 한다. '영생, 곧 유일하신 참 하나님과 그가 보내신 자 예수 그리스도를 아는 것'(요 17:3)은, '너희를 불러 그의 아들 예수 그리스도 우리 주와 더불어 교제하게'(고전 1:9) 하기 위한 하나님의 미쁘신 계획이다. 영생의 궁극적인 목적은 하나님과 사랑의 교제를 나누는 것이다. 예수님은 우리에게 어떤 일을 시키기 위해 우리를 구원하신 것이 아니라, 우리와 사랑의 교제를 나누기 위해서 우리를 구원하셨다.

> "볼지어다 내가 문 밖에 서서 두드리노니 누구든지 내 음성을 듣고 문을 열면 내가 그에게로 들어가 그와 더불어 먹고 그는 나와 더불어 먹으리라"(계 3:20).

예수님은 영적 문제의 본질적인 처방으로 사랑의 교제를 제시하신다. 첫사랑의 상실, 신앙의 무기력증은 예수님과 사랑의 교제를 나눌 때 치유된다. 우리가 하나님의 아들을 믿음으로써 형성되는 회복의 관계는 그분과의 교제를 위해서다. 하나님에 대한 더욱 깊어지는 지식 그리고 하나님과 계속 친밀해지는 교제야말로 모든 은혜의 역사가 목표로 하는 것이다.[3]

"주여 내 동생이 나 혼자 일하게 두는 것을 생각하지 아니하시나이까 그를 명하사 나를 도와 주라 하소서"(눅 10:40).

자신의 집을 방문한 예수님을 대접하기 위해 마르다가 분주한 가운데 불평하자 예수님은 마르다에게 중요한 신앙의 원리를 말씀해 주신다.

"주께서 대답하여 이르시되 마르다야 마르다야 네가 많은 일로 염려하고 근심하나 몇 가지만 하든지 혹은 한 가지만이라도 족하니라 마리아는 이 좋은 편을 택하였으니 빼앗기지 아니하리라 하시니라"(눅 10:41-42).

예수님이 말씀하시는 '족한 한 가지', '좋은 편'은 사랑의 교제를 말한다. 사랑의 교제가 우선되지 못하는 마르다식 신앙은 '족하지 못한 여러 가지'로, 늘 일에 쫓기는 나쁜 신앙이다. 신앙생활의 충족감은 예수님의 말씀을 경청하고, 그 말씀의 의미를 묵상하고, 그 말씀대로 살아가는 교제의 삶을 통해 채워진다. 신앙생활이 기쁘지 않다면, 마르다처럼 비본질적이고 지엽적인 일에 지쳐서 예수님과 사랑의 교제를 나누지 못하고 있음이 틀림없다. 사랑의 코이노니아는 풍성한 삶을 창출한다.

예수님은 요한복음 15장에서 포도나무와 가지의 예를 들어 제자들에게 열매 맺는 삶의 원리를 말씀해 주셨다. 풍성한 열매를 통해 하나님 아버지께 영광을 돌리며(8절) 충만한 기쁨을 체험하는(11절) 열매 맺는 삶은 '그가 내 안에, 내가 그 안에 거할 때'(5절), 곧 예수님과의 교제를 통해서 가능하다. 풍성한 영적 삶은 예수님과 하나 됨의 교제가 가져다주는 결과이다. 예수님은 요한복음 15장에서 하나 됨의 교제를 '사랑의 교제'(9절)로 말씀하신다.

벅차오르는 신앙의 감격은 신앙의 노동이 아닌, 그리스도 공동체의 근원적이고 본질적인 삶인 '사랑의 교제'가 주는 결과물이다. "하나님을 사랑하라"는 첫 계명은, 그리스도인이 누릴 수 있는 가장 깊은 친밀감이, 완전한 관계의 영원하고도 궁극적인 심장인 '하나님 자신과의 관계'라는 사실을 다시 한번 되새겨 주신 것이다. 어거스틴은 《고백록》에서 "주님 자신을 위해 우리를 지으셨으며, 우리의 마음은 주님 안에서 쉴 때까지 평안함을 누리지 못할 것입니다"[4]라고 기도했다. 예수님과의 사랑의 코이노니아는 영생과 그 영생이 현존하는 모습을 우리에게 보여준다.

신자 간의 사랑의 교제

"새 계명을 너희에게 주노니 서로 사랑하라 내가 너희를 사랑한 것 같이 너희도 서로 사랑하라 너희가 서로 사랑하면 이로써 모든 사람이 너희가 내 제자인 줄 알리라"(요 13:34-35).

'하나님과의 사랑의 코이노니아'는 '신자 사이의 사랑의 코이노니아'

를 창출한다. 하나님의 통치 아래 있다는 것은 하나님과의 교제와 교회의 교제 속에서 살아간다는 것을 의미한다. 하나님은 자신의 신하들과 자녀들에게 왕과 아버지가 되길 원한다. 하나님은 그들과 교제를 나누기를 원하며, 모든 존재의 심연으로서 모든 실재의 죽음이 되기를 원하지 않는다. 하나님은 살아 있는 인간들의 하나님이다.[5]

우리는 교제를 대개 예배 전이나 후, 또는 각종 모임에서 느긋하게 커피잔을 기울이며 담소를 나누는 것으로 이해한다. 신약성경 저자들이 생각하는 교제의 의미는 담소의 차원을 훨씬 뛰어넘는다. 교제를 뜻하는 헬라어 '코이노니아'는 하나님이 각 사람에게 허락하신 것을 서로 나누는 것을 의미한다. 교제의 동기는 사랑, 존경, 선의, 서로를 섬기려는 마음이다.[6] 신자 간의 사랑의 코이노니아는 친목회나 동호회 수준의 친교가 아니라, 십자가의 사랑으로 교우들을 섬기는 사랑의 헌신을 말한다.

교회의 분쟁은 사랑의 코이노니아의 부재에서 비롯된다. 왜냐하면, 생명까지 내어주는 사랑의 헌신이 있는 교회는 싸울 수 없기 때문이다. 유기성은 한국교회의 문제를 사랑의 코이노니아에 대한 부분적 이해로 판단한다.

교회 안에서 교인들이 교인들을 무서워합니다.…제가 교인들을 상담해 보면 다른 교인들에게 절대로 얘기하시면 안 된다고 하는 당부를 들을 때가 많습니다.…이것은 하나님의 계획에 있는 교회가 아닙니다. 그런데 우리 한국교회가 이 문제를 풀어내지 못합니다.…이런 문제의 원인이 무엇일까요? 그것은 우리가 구원받는 조건에 대하여 가르칠 때 문제가 있었다고 생각합니다. 우리는 구원받는 조건으로 믿음 외에 없다고 가르칩니다.…그렇게 강조하다 보니…구원받는 조건으로 믿음은 필수과목인데, 사랑은 선택과목이라고 생각합니다. "우리가 예수님을 믿기만 하면 구원받아." 그럼 사랑은? "사랑은 하는 데까지 하는 거지 뭐!" 그러다가 못하면? "하다 못하면 못하는 거지." 그럼 천국은? "아니, 사랑을 못 했다고 천국에 못 가나? 천국은 예수 믿기만 하면 가는 거야, 그러니까 복음인 거야." 한국은 이런 식의 분위기입니다.

교인들끼리 싸워도 심각하지 않습니다.…구원받는 데 문제가 없다고 생각합니다.…심지어 목사들도 싸웁니다. 우리가 착각하는 것이 천국 가서는 달라질 거라고 생각하는 것입니다. 세상에서는 싸우기도 하고, 은근히 죄짓기도 하지만 죽고 난 다음 천국에 가서는 그런 일이 없을 거라고 생각합니다. 그러나 언제 거듭납니까? 천국에 가서 거듭나나요? 우리는 예수를 믿으면 거듭납니다. 예수 믿고 거듭났다는 이야기는 '여기서 벌써 천국의 삶을 살기 시작한다'는 것입니다.[7]

매주 엿새 동안의 노동과 그다음에 하루의 안식이 주어지는 패턴이 규칙적으로 지속되는 이유는, 안식일의 목표가 노동의 쉼을 통한 사랑의 교제에 있기 때문이다. 인간의 노동은 하나님이 중심이 되는 사랑의 코이노니아가 그 목표이다. 현대교회에서의 사랑의 코이노니아의 부재는 이러한 안식일의 원리를 보지 못함으로 노동 그 자체가 중심이 되었기 때문이다. 세상은 말할 것도 없거니와 교회 안에서 벌어지고 있는 일 중심의 목회는 그 역력한 증거이다.

"우리가 보고 들은 바를 여러분에게도 선포합니다. 우리는 여러분도 우리와 서로 사귐을 가지기를 바라는 것입니다. 우리의 사귐은 아버지와 또 그의 아들 예수 그리스도와 함께 하는 사귐입니다."(요일 1:3, 새번역)

요한은 세상에 복음을 증거하는 목적을 사랑의 코이노니아로 말한다. '사랑의 코이노니아'는 사랑의 공동체가 살아야 할 교회의 본질적 삶이다. 우리 안에 계신 성령님은 삼위일체 하나님의 공동체 안으로 우리를 인도하고 그 안에서 주님과 친밀한 교제를 나누게 하신다.

헨리 드러몬드의 말처럼, 사랑하고 사랑받는 것 말고 우리가 세상을 살아야 할 다른 이유는 없다. 그리스도인은 사랑하는 자로서, 사랑의 삶을 실천하는 인간이다. 어떤 삶을 살든 각자의 삶에서 십자가의 사랑을 녹여내야 한다. 사랑을 위해서 자신의 모든 것을 아낌없이, 남김없이 불태워야만 한다.

탈대로 다 타시오 타다 말진 부디 마소
타고 다시 타서 재 될 법은 하거니와
타다가 남은 동강은 쓸 곳이 없소이다

반 타고 꺼질진대 아예 타지 말으시오
차라리 아니 타고 생낡으로 있으시오
탈진대 재 그것조차 마저 탐이 옳소이다.

- 이은상의 "사랑"

거룩한 심판을 통해 완성되는 사랑의 나라

"또 내가 보니 죽은 자들이 큰 자나 작은 자나 그 보좌 앞에 서 있는데 책들이 펴 있고 또 다른 책이 펴졌으니 곧 생명책이라 죽은 자들이 자기 행위를 따라 책들에 기록된 대로 심판을 받으니 바다가 그 가운데에서 죽은 자들을 내주고 또 사망과 음부도 그 가운데에서 죽은 자들을 내주매 각 사람이 자기의 행위대로 심판을 받고 사망과 음부도 불못에 던져지니 이것은 둘째 사망 곧 불못이라 누구든지 생명책에 기록되지 못한 자는 불못에 던져지더라"(계 20:12-15).

성령의 이끌림을 받은 요한이 목격한 세상 종말의 광경은 백 보좌 위에 앉으신 예수님이 세상 모든 인간의 행위를 낱낱이 심판하시는 것이었다. 세상에 이미 도래했지만(already), 아직도 완성되지 않은(not yet) 하나님의 나라는 세상 마지막 날에 있게 될 '사랑의 심판'을 통해 완성된다.

2008년 조지 바나는 75퍼센트의 미국인이 하나님과 친밀한 관계를 맺는 것이 삶의 목표 가운데 하나라는 사실을 발견했다. 그리고 그들이 하나님에 대해 가진 지배적인 이미지는 하나님은 사랑이시라는 것이었다.[1] 그러나 이러한 하나님에 대한 사람들의 호감은 오판이다. 왜냐하면, 사랑의 하나님은 모든 인간의 죄를 심판하시는 거룩한 하나님이시기 때문이다. 현세대를 극악한 모습으로 존재하게 하시는 하나님의 뜻은 종말의 심판을 위한 것이다.

"왜 사랑의 하나님이 인간을 심판하시는가?"

사랑의 하나님이 행하시는 공의의 심판

예수님이 최후에 행하시는 공의의 심판은 인간의 '사랑의 행위'를 기준으로 한다. 사랑의 행위가 심판의 기준이 되는 이유는 심판의 궁극적인 목적이 사랑의 완성을 위한 것이기 때문이다.

심판의 기준으로서의 '사랑의 행위'

예수님이 행하시는 최후 심판의 기준은 '사랑의 행위'다. 예수님은 영광의 보좌 우편에 서 있는 영생을 얻은 자들에게 창세로부터 예비된 나라에 들어가게 되는 이유를 다음과 같이 말씀하신다.

"내가 주릴 때에 너희가 먹을 것을 주었고 목마를 때에 마시게 하였고 나그

네 되었을 때에 영접하였고 헐벗었을 때에 옷을 입혔고 병들었을 때에 돌보았고 옥에 갇혔을 때에 와서 보았느니라 이에 의인들이 대답하여 이르되 주여 우리가 어느 때에 주께서 주리신 것을 보고 음식을 대접하였으며 목마르신 것을 보고 마시게 하였나이까 어느 때에 나그네 되신 것을 보고 영접하였으며 헐벗으신 것을 보고 옷 입혔나이까 어느 때에 병드신 것이나 옥에 갇히신 것을 보고 가서 뵈었나이까 하리니 임금이 대답하여 이르시되 내가 진실로 너희에게 이르노니 너희가 여기 내 형제 중에 지극히 작은 자 하나에게 한 것이 곧 내게 한 것이니라 하시고"(마 25:35-40).

하나님의 백성들이 영생을 얻고 하나님의 나라에 들어가게 되는 이유는 생전에 주린 이웃을 먹이고, 목마른 이웃을 마시게 하고, 나그네 된 이웃을 영접하고, 병든 이웃을 돌보고, 옥에 갇힌 이웃을 문안하는 사랑의 행위를 통해 예수님을 섬겼기 때문이다. 예수님은 영생을 얻은 자들의 사랑의 행위를 자신에게 한 것으로 말씀하신다. 그리스도인들이 하나님의 나라를 상속받는 이유는 사랑 때문이다. 반면 하나님의 왼편에 있는 자들이 받게 될 영벌의 기준은 '사랑 없음'이다.

"당신은 살아가면서 일상적인 자비를 어떻게 이해했는가?"

사랑을 유보하는 것은 그리스도의 영을 부정하는 것이고, 우리가 그분을 알지 못한다는 증거이며, 우리를 위한 그분의 삶을 헛되게 하는 일이다. 속지 말아야 한다. 종말의 심판의 날에 우리 모두가 듣게 될 말은 신조와 교리가 아닌 생명의 소리, 교회와 성자가 아닌 굶주린 사람과 가난한 사람의 소리, 성경과 기도서가 아닌 그리스도의 이름으로 건넨 냉수 잔 소리일 것이다. 지금 우리가 하나님을 사랑하지 않는다면, 우리의 영혼은 심각한 위험에 처해 있는 것이 틀림없다. 내가 믿기로 부활의 아침에 우리에게 벌어질 가장 놀라운 일은 우리가 이 땅에 사는 동안 그리스도를 더 많이 사랑하지 않았다는 사실일 것이다.[2]

'사랑(복음)의 완성'을 위한 심판

요한복음 3장 16절의 복음의 선언에는 두 개의 메시지가 포함되어 있다. '하나님이 세상을 이처럼 사랑하사 독생자를 주신다'는 사랑의 복음은 '저를 믿는 자마다 멸망치 않고 영생에 이르게 된다'는 '구원의 메시지'와 그 반대의 메시지, 곧 '저를 믿지 않는 자마다 멸망하고 영생에 이르지 못한다'는 '심판의 메시지'를 동시에 선포한다. 요한복음 3장 16절의 행간 속에는 예수 그리스도를 믿는 자의 영생의 축복과 믿지 않는 자의 영벌의 심판이 공존해 있다. 사랑의 복음은 공의의 심판을 전제로 한다. 하나님이 세상을 심판하시는 이유는 사랑의 복음을 '완성'하기 위함이다.

영국 성공회 사제이자 신학자인 제럴드 브레이는 사랑 안에 있는 하나님의 자비와 진노에 대한 우리의 이해를 증진시킨다.

복음이 선언하는 하나님의 사랑은 죄를 심판하는 '거룩한 사랑'이다. 성경에는 진노 혹은 보응이라고 번역할 수 있는 말이 적어도 열두 단어 이상이 있다. 그리고 그 단어들은 우리가 도저히 무시할 수 없도록 매우 자주 등장하고 있다. 성경에서는 잘못이 그 잘못을 저지른 사람과 분리되어 나타나는 경우가 전혀 없다. 잘못을 저지른 사람은 자기의 행위에 대해 완전히 충분한 책임을 져야 한다.… 하나님은 악을 행하는 자들에게 확실하게 진노를 발하실 것이다(롬 1:18-32). 만일 우리가 하나님의 진노를 받아 마땅한 자들이라는 사실을 충분히 이해하지 못한다면, 우리는 결코 우리의 비참함과 우리가 마지막으로 맛보게 될 것들로부터 우리를 건져내 주신 그 사랑의 깊이를 이해하지 못할 것이다. 그리스도의 십자가의 속죄하시는 권능에 대한 메시지를 떠나서는 하나님의 사랑을 이해할 수 없다. 이 사랑의 중심에서 우리는 하나님의 진노와 자비 둘 다를 만나게 된다.

전통적인 신학이 지금까지 사랑의 하나님이 행하시는 공의의 심판을 적절하게 설명하지 못한 이유는, 복음이 품고 있는 양면성을 보지 못했기 때문이다. 공의의 심판과 대비되는 것은 은혜의 구원이다. 사랑의 복음 안에 은혜의 구원과 공의의 심판이 있다. 사랑은 공의를 포괄하는, 공의의 상위개념이다. 성경에 나오는 구약시대의 홍수심판, 소돔과 고모라의 멸망, 아말렉 족속의 심판 등은 모두 하나님이 사랑의 복음을 완성시키기 위해 단행하신 조치다.

모세는 레위기 19장 15-18절에서 이웃이 잘못하면, 반드시 그를 타이르는 것을 '이웃 사랑'으로 말한다. 그는 이웃을 정의롭게 대하는 것과 이웃을 사랑하는 것이 양립할 수 없다고 보지도 않고, 이웃을 정의롭게 대하는 것을 이웃을 사랑하는 것의 대안으로 여기지도 않는다. 이웃을 정의롭게 대하는 것은 이웃을 사랑하는 것의 사례, 곧 그를 사랑하는 방법이다.[3] 사랑은 공(정)의를 포괄한다.

완성될 사랑의 나라

예수님은 자신의 인격과 사역 속에 현존하는(눅 11:20) 하나님의 나라를 다음과 같이 설명하신다.

"하나님의 나라는 볼 수 있게 임하는 것이 아니요 또 여기 있다 저기 있다고도 못하리니 하나님의 나라는 너희 안에 있느니라"(눅 17:20b-21).

영적으로 현존하는 하나님의 나라, 예수님의 재림으로 완성될 하나님의 나라는 어떤 나라인가?

"그가 우리를 흑암의 권세에서 건져내사 그의 사랑의 아들의 나라로 옮기셨으니 그 아들 안에서 우리가 속량 곧 죄 사함을 얻었도다"(골 1:13-14).

바울은 흑암의 권세에서 건져 내어진 성도들이 거처하게 될 곳을 '사랑의 나라'로 표현한다. 하나님이 통치하시는 나라, 구원받은 신자가 그 백성인 나라, 복음의 터 위에 세워진 하나님의 나라는 사랑의 나라다. 하나님 나라의 시민증이 하나님의 사랑을 온전히 이룬 자(요일 4:12, 17-18)에게만 주어지는 이유는, 완성될 하나님의 나라가 '하나님의 은혜'로 구원받고 성화의 훈련을 통해 '사랑의 인간'으로 새롭게 창조된 그리스도인들이 하나님과 성도들과 '사랑의 교제'를 나누며 기쁨의 복락을 누리는 곳이기 때문이다.

성경의 여러 곳에 천국과 하나님의 나라(막 1:15; 눅 6:20; 요 3:3; 행 14:22; 고전 6:10)에 대한 언급이 나오지만, 천국의 성격에 관한 예수님의 말씀은 마태복음에 집중되어 있다. 마태복음 18장 1절에서 제자들이 "천국에서는 누가 크니이까?"라는 물음에 예수님은 어린아이와 같이 자기를 낮추는 사람(4절)이라고 말씀하시면서, 잃어버린 한 마리의 양을 아흔아홉 마리의 양보다 더 기뻐하시는 사랑의 하나님이 천국의 주인이라고 말씀하신다.

만 달란트의 빚을 탕감받고 자신에게 백 데나리온 빚진 자를 용서할 줄 모르는 종의 비유에서(마 18:21-35) 예수님이 결론적으로 하신 "너희가 각각 마음으로부터 형제를 용서하지 아니하면 나의 하늘 아버지께서도 너희에게 이와 같이 하시리라"(35절)는 말씀은 천국이 용서받은 자들이 살아가는 사랑의 나라라는 사실을 말해준다. 천국은 먼저 온 사람과 나중에 와 일한 사람이 똑같은 삯을 받는, 은혜의 대가로 사는 나라다(마 20:1-16).

"또한 너희가 이 시기를 알거니와 자다가 깰 때가 벌써 되었으니 이는 이제 우리의 구원이 처음 믿을 때보다 가까웠음이라 밤이 깊고 낮이 가까웠으니 그러므로 우리가 어둠의 일을 벗고 빛의 갑옷을 입자 낮에와 같이 단정히 행하고 방탕하거나 술 취하지 말며 음란하거나 호색하지 말며 다투거나 시기하지 말고 오직 주 예수 그리스도로 옷 입고 정욕을 위하여 육신의 일을 도모하지 말라"(롬 13:11-14).

빛의 갑옷을 입고 종말을 준비하는 깨어있는 삶은 '사랑의 총체적인 삶'을 말한다. 본문의 위치는 바울이 로마서에서 계속적으로 언급하고 있는 사랑의 주제 안에 있다. 종말의 깨어있는 삶의 명령은 로마서에서 은혜의 구원(롬 3장, 9장), 영원한 사랑의 축복(롬 8장), 사랑의 예배와 삶(롬 12장), 율법의 완성은 사랑(롬 13장)이라는 선언 후에 등장한다. 바울이 말하고 명령하고 있는 '방탕하거나 술 취하지 말며 음란하거나 호색하지 말며 다투거나 시기하지 않는' 거룩한 삶이 사랑의 삶이다.

"또 내가 들으니 허다한 무리의 음성과도 같고 많은 물 소리와도 같고 큰 우렛소리와도 같은 소리로 이르되 할렐루야 주 우리 하나님 곧 전능하신 이가 통치하시도다 우리가 즐거워하고 크게 기뻐하며 그에게 영광을 돌리세 어린 양의 혼인 기약이 이르렀고 그의 아내가 자신을 준비하였으므로 그에게 빛나고 깨끗한 세마포 옷을 입도록 허락하셨으니 이 세마포 옷은 성도들의 옳은 행실이로다 하더라 천사가 내게 말하기를 기록하라 어린 양의 혼인 잔치에 청함을 받은 자들은 복이 있도다 하고 또 내게 말하되 이것은 하나님의 참되신 말씀이라"(계 19:6-9).

천국은 그리스도와 그분의 신부 된 교회의 혼인예식으로 시작된다. 성경이 줄곧 예언해 온 신랑 되신 예수님과 신부 된 교회의 '혼인예식'이 완성된 하나님의 나라에서 벌어진다(사 54:4-5; 호 2:19-20; 요 3:28-30; 엡 5:22-25). 성도들의 옳은 행실은 '사랑의 선행'을 말하는 것으로, 교회의 주인이신 예수님과 그리스도의 신부 된 신자 사이의 혼인은 십자가의 사랑에 뿌리를 둔다.

천국의 본질은 '사랑'이다. 천국이 천국인 것은 천국의 본질인 사랑 때문이다. '왜 천국에는 사랑하는 그리스도인만 들어갈 수 있는가?' 사랑을 알지 못하고 모르는 자에게 천국은 아무런 의미가 없기 때문이다. 하나님과 신자들 간의 '사랑의 교제'로 극치의 기쁨이 영원히 계속되는 곳, 그곳이 바로 천국이다.

2002년 12월 25일 성탄절에 비보가 날아들었다. 평생 부족한 종을 사랑으로 키우고 온전한 목회를 위해 밤낮으로 기도해 주셨던 어머님이 성탄절 날 포항 집 앞 해변으로 나가셨다가 다음날 시신으로 발견된 것이다. 누님의 전화를 받고 한동안 숨을 제대로 쉴 수가 없었다. 평생 고생한 어머님께 아름다운 목회를 보여 드리기를 갈망했던 신앙의 비전이 참담히 부서져 나갔다. 필자의 영적 고향인 아름다운 교회의 배려로 무사히 장례식을 마치고 서울 집으로 돌아왔지만, 사고로 돌아가신 어머님 생각으로 정상적인 생활이 불가능했다.

혼돈과 고통의 나날이 계속되던 중, 뜻밖의 사건이 일어났다. 2003년 1월 2일, 아침에 여전한 심적 고통을 진정시키기 위해 엎드려 기도하는데(당시 기도하지 않고는 정상적인 생활이 불가능했다), 성령의 강력한 역사가 임했다. 슬픔의 번민으로 가득 찬 필자의 가슴이 순간 말로 표현할 수 없는 '사랑의 감격'으로 채워졌다. 마음속에 주님을 향한 뜨거운 사랑이 불타오르는 '사랑의 충만함', '기쁨의 절정'을 체험했다. 사랑의 역사가 계속되는 동안 사랑하는 자녀도, 아내도, 세상의 그 어떤 것도 생각나지 않았다. 오직 주님 생각뿐이었다.

그리스도의 사랑에 압도된 영적 체험을 통해 필자가 깨닫게 된 것은 '천국의 본질'이었다. 정금으로 된 성과 길(계 21:8, 21), 수정같이 맑은 벽옥(계 21:11), 열두 개의 진주 문(계 21:21)이 병풍처럼 둘려 있는, 눈물과 사망과 애통하는 것이나 곡하는 것이나 아픈 것이 없는(계 21:4) 천국의 개념이, 하나님의 충만한 사랑과 기쁨의 감격이 영원히 지속되는 '사랑의 나라'로 전환되었다.

"주 예수의 은혜가 모든 자들에게 있을지어다 아멘"(계 22:21).

창세기에서 시작된 하나님의 사랑의 역사가 요한의 사랑의 축도로 종결된다. 성경의 시작과 끝이 '사랑'이다. 창조의 완성은 '사랑의 완성'

이다. 성자를 위한 성부의 사랑, 그리고 성부를 위한 성자의 사랑, 그리고 성령을 위한 성자와 성부의 영원한 사랑은 천국을 사랑과 기쁨의 장소로 만들어 준다.[4] 종말론적 소망과 결부되어 완성될 새로운 나라는 '사랑의 하나님'이 그 형체가 변하지 않는 '사랑의 진리'로 통치하시는, 영원한 '사랑의 나라'다.

구원받은 모든 영혼이 천국에서 갖는 두드러진 표지는 그리스도를 향한 사랑일 것입니다. 그 누구도 능히 셀 수 없는 많은 사람이 모두 같은 마음일 것입니다. 옛날에 있었던 차이는 같은 마음으로 합해지고, 이 땅에서 신랄하게 논쟁했던 교리적 특징들은 그리스도께 빚진 마음 하나로 덮어지게 됩니다. 루터와 츠빙글리, 웨슬리와 탑레이디도 더 이상 논쟁으로 시간을 보내지 않을 것입니다. 다른 사람들과 한마음과 한소리로 송축하고 있는 자신을 발견할 것입니다.
"우리를 사랑하사 그의 피로 우리 죄에서 우리를 해방하시고 그의 아버지 하나님을 위하여 우리를 나라와 제사장으로 삼으신 그에게 영광과 능력이 세세토록 있기를 원하노라 아멘"(계 1:5-6).…천국을 누리고자 하는 사람은 그리스도를 사랑하는 것이 무엇인지 알아야 합니다.[5]

    cf. "요한계시록은 하나님의 나라를 '거룩한 나라'로 말하지 않는가?"
요한계시록은 거룩한 심판을 통해 완성되는 하나님 나라의 종말론적 계시이다(계 4:8-11). 계시록 21장에 기록되어 있는 거룩한 성 예루살렘에 대한 언급은 요한계시록에 나오는 이사야 65장 17-20절에 대한 몇몇 간접 인용 중의 일부로, '거룩한 성 예루살렘'이라는 어구는 이사야 52장 1절에서, '거룩한 성'이라는 어구는 이사야 48장 2절에서 처음으로 등장한다. 성곽에 열두 사도의 이름이 새겨진 기초석이 있고(계 21:14), 보석 같고 수정같이 맑은 빛이 성을 비추는(계 21:11) 거룩한 성 예루살렘은, 죄 있는 자들이 유황으로 타는 못에 던져지는 '둘째 사망'(계 21:8) 후에 목격된다.

불의한 자에 대한 심판은 요한계시록의 결론 부분인 22장에서 다시 반복된다. 예수 그리스도의 보혈로 자신의 두루마기를 빠는 자들은 거룩한 성에 들어갈 권세를 부여받지만, 예수 그리스도의 보혈로 죄 사함을 받지 못한 자들은 성 밖에 남게 된다. 요한계시록에 나타난 거룩함은 안과 밖, 거룩함과 속됨을 대조시키는 개념이다. 새 예루살렘에 관한 요한의 묘사가 밖에 있는 자들의 목록을 포함하고 있다는 사실에서 거룩한 도성이 불못과 대조적인 곳이라는 것을 직감적으로 알 수 있다(계 21:8, 27).[6]

요한복음 17장에서 예수님은 영광의 기도를 드리신 후에(1절) 제자들에게 주신 영광이 삼위일체의 하나 됨이라고 규정하시고, 일체에서 주어지는 영광의 실체를 '사랑'으로 말씀하신다.

"내게 주신 영광을 내가 그들에게 주었사오니 이는 우리가 하나가 된 것 같이 그들도 하나가 되게 하려 함이니이다 곧 내가 그들 안에 있고 아버지께서 내 안에 계시어 그들로 온전함을 이루어 하나가 되게 하려 함은 아버지께서 나를 보내신 것과 또 나를 사랑하심 같이 그들도 사랑하신 것을 세상으로 알게 하려 함이로소이다"(요 17:22-23).

거룩에 관한 예수님의 언급은 이 말씀 이전에 등장한다. 예수님은 요한복음 17장 14-19절에서 예수님이 승천하신 후에 제자들이 이 세상에서 진리인 하나님의 말씀으로 거룩함을 보전하기를 하나님께 의탁하신다. 요한복음 17장의 예수님의 언급에서도 거룩은 세상의 악과 대비되는 (이 세상에서의) 개념으로, 사랑은 (이 세상과 저 세상을 망라하는) 궁극적인 개념이라는 것을 알 수 있다.

더햄에 있는 성 니콜라스 교회 목사인 마이클 윌코크(Michael Wilcock)는 BST 강해시리즈 《요한계시록 강해》에서 성경이 줄곧 강조해 온 '사랑'과 '요한계시록' 사이의 단절은 요한계시록의 정경성을 의심하게 만드는 것이라고 지적한다.

신약을 보면, 1세기 중엽까지 전 로마 제국에 걸쳐 선포되었던 복음이 어떤 식으로 불완전한 것이었다는 암시는 전혀 없다. 요한이 밧모 섬에 가기 전에 이미 알고 있었던 말씀과 증거에 그가 받은 계시로 채워 넣어야 하는 공백이 있었다는 암시가 없다는 것이다. 그렇다. 그런 관점에서 보면 요한계시록은 상당히 불필요하다. 창세기로부터 유다서에 이르는 65권의 책은 세상을 구원하기에 충분한 복음을 담고 있다.

"그렇다면 이 66권째 책은 무엇을 위한 것인가?"

똑같은 문구, 곧 말씀과 증거라는 문구가 답을 말해준다. 그것은 요한이 이미 알고 있던 것이었기 때문이다.…그가 본 위대한 환상은 그 유형들을 최후로 가장 웅대하게 '반복하는' 것이다.…요한계시록은 '그의 사랑의 보증'이다.…그것은 성경 다른 곳에서 배울 수 없는 것에 대해서는 아무것도 말해주지 않는다. 하지만 예수는 상상의 성례로서 그것을 우리에게 주셨다. 우리가 너무나도 자주 당연한 것으로 여기는 복음에 대해 심장이 뛰고 영혼이 불타오르게 하기 위해서다. 요한은…종말에 다시 오실 예수에 대한 자신의 갈망을 고백하고, 은혜의 축도로 종말의 예언을 마친다(계 22:20-21).[7]

요한이 말하는 거룩한 성 새 예루살렘은 예수님이 우주의 모든 악을 제거하시는 '주의 날'과 관련되어 있다. 구약에서 표현된 '여호와의 날'은 여호와가 이 땅에 강림하셔서 이스라엘을 구속하시고 이스라엘의 모든 원수를 격퇴하실 심판의 날이다(시 96:12-13, 97:1; 사 2:21). 신약성경이 말하는 '주의 날'(살전 5:2; 벧후 3:10), '하나님의 날'(벧후 3:12), '그리스도의 날'(빌 2:16), '그날'(살전 5:4; 딤후 4:1) 모두, '심판의 날'에 대한 묘사이다. 거룩한 성 예루살렘은 죄의 심판 이후에 완성되는 '의의 나라'에 대한 묘사이다.

요한이 묘사하는 대로 새 예루살렘은 거룩한 성(나라)이며 사랑의 나라가 아니라는 혹자의 주장은, 앞에서 살펴본 바와 같이 요한계시록에 등장하는 '거룩한 성'이 타락한 세상의 도성인 바벨론과 대비되는, 죄의 심판을 통해 입성하는 나라의 묘사라는 사실을 인정하지 않는 것이다. 거룩한 성 예루살렘은 죄와 구별된 하나님 나라에 대한 묘사이다.

에필로그

  1부 "하나님은 누구신가?", 2부 "성경은 무엇을 말하는가?", 3부 "신앙생활이란 무엇인가?"라는 세 가지 물음을 통해 우리가 깨닫게 된 사실은, 하나님이 사랑이시고, 성경이 사랑을 말하며, 사랑의 실천이 신앙생활이라는 것이다. 성경 순례를 통해 우리가 찾아 나섰던 기독교 신앙의 핵심원리는 '사랑'이다. 사도 바울이 사랑을 제일이라고 말하는 이유는 그 때문이다.

  윌리엄 왓킨스(William D. Watkins)는 진리로서의 사랑은 모든 그리스도인에게 '궁극적인 삶'을 요구한다고 말한다.

"그리스도 안에서 심장이 되고 영혼이 되는 것은 무엇인가? 그리스도인의 삶에서 가장 궁극적인 의미는 무엇인가? 그리스도의 명령에 순종하는 것인가? 그리스도의 복음을 증거하는 것인가? 그리스도를 통해 하나님과 친밀한 관계를 갖는 일인가? 그리스도의 이름을 위해서 다른 이들의 필요를 채우는 것인가? 그리스도를 예배하는 것인가? 그리스도에 대해 배우기 위해 성경을 읽는 것인가?"

만약 당신의 대답이 '순종'이었다면, 당신은 하나님의 명령에 초점을 맞추고, 그 명령에 따라 삶을 정리하며, 당신뿐 아니라 다른 사람들이 얼마나 그 명령에 순종하는 삶을 살고 있는지 그렇지 못한지 율법적으로 판단할 것이다. 만약 당신의 대답이 '전도'였다면, 당신은 사람들에게 구원의 메시지를 전하는 데 많은 시간을 보내고 있을 것이지만, 아마도 더 심오한 진리와 자신의 믿음을 실제에 적용하는 일은 간과하고 있을 것이다. 만약 당신의 대답이 '하나님과의 개인적인 관계'였다면, 결국 기독교란 당신 자신과 하나님과의 관계에 대한 것이고, 다른 사람들과 하나님과의 관계는 별로 중요하지 않다고 생각하게 될 것이다. 만약 당신의 대답이 '다른 사람들의 필요를 채우는 것'이었다면, 선한 사람이 되기보다는 부담에 눌리고 지쳐서 자신의 자산을 다 써버리고 파산할 지경에 이를지도 모른다.

위에 언급된 대답들은 결국 비슷한 문제로 귀결된다. 이것들은 그리스도인의 삶에 있어서 심장과 영혼이 되기에는 충분히 크지도, 풍성하지도, 완전하지도 못하다. 그것보다 훨씬 더 포괄적이면서도 큰 무엇인가가 필요하다. 다행스럽게도 그 대답을 찾기 위해 고민할 필요는 없다. 가장 궁극적인 의미는 예수님 자신의 삶을 통해 발견되기 때문이다. 예수님은 그 대답의 삶을 사셨으며 이 땅에서의 사역을 통해 그것을 우리에게 주셨다. 그것은 간단하고 직선적이지만, 심오하고 끝이 없다. 바로 '사랑'이다(요 15:9-10, 12). 사도 바울은 '사랑'을 '가장 좋은 길'이라고 묘사했다(고전 12:31 참고). 우리의 부르심을 충분히 요약해 줄 만한 유일한 대답이 바로 이것이다. 사실, 이 대답은 너무나 엄청난 것이어서 하나님 자신을 묘사하는 데 사용된다. 사실, 사랑은 믿는 자들과 불신자들 모두가 묻는 가장 중요한 질문에 대한 가장 중요한 대답이고, 가장 포괄적인 대답이다.[1]

"왜 하나님이 우리를 사랑하시는가?" 우리가 하나님의 자녀이기 때문이다. "왜 우리가 하나님의 자녀가 되었는가?" 사랑이신 하나님이 복음을 통해 우리를 낳으셨기 때문이다. "왜 당신은 하나님의 말씀에 순종하는가?" 하나님을 사랑해서다. "왜 당신은 하나님을 사랑하는가?" 그분이 먼저 나를 사랑하셨기 때문이다.

모든 것이 이와 같다. 그래서 '사랑이 제일'이다. 사랑은 기독교 신앙의 본질이요, 기독교적 삶의 강한 울림이다.

"이러므로 내가 하늘과 땅에 있는 각 족속에게 이름을 주신 아버지 앞에 무릎을 꿇고 비노니 그의 영광의 풍성함을 따라 그의 성령으로 말미암아 너희 속사람을 능력으로 강건하게 하시오며 믿음으로 말미암아 그리스도께서 너희 마음에 계시게 하시옵고 너희가 사랑 가운데서 뿌리가 박히고 터가 굳어져서 능히 모든 성도와 함께 지식에 넘치는 그리스도의 사랑을 알고 그 너비와 길이와 높이와 깊이가 어떠함을 깨달아 하나님의 모든 충만하신 것으로 너희에게 충만하게 하시기를 구하노라"(엡 3:14-19).

바울은 에베소 교인들이 자신이 체험한 말로 형언할 수 없이 방대하고, 깊고, 넓은, 하나님 사랑의 충만함의 완전한 경지를 깨닫게 되기를 간절히 기도한다. 바울의 격정적인 사랑의 기도에는 기독교 신앙의 가장 높고, 가장 깊은 궁극의 경지가 사랑의 충만함에 도달한 것이라는 확신이 묻어 있다. 진정한 자아가 하나님의 사랑을 받게 하는 것이야말로 기도의 가장 중요한 목적이다.

로이드 존스는 "당신은 그리스도를 어디까지 알고 있는가? 그 사랑의 너비와 깊이와 높이를 얼마나 알고 있는가? 지식에 넘치는 그리스도의 사랑을 아는 것과 하나님의 모든 충만하심으로 충만해지는 것이 여러분의 가장 큰 소원인가? 그것을 기준 삼아 마지막으로 자신을 검증해 본 것이 언제인가? 문제는 이것이다. 사랑의 기준으로 자신을 검증해 보지 않는 사람은 정통신앙은 가졌을지 몰라도 실상은 죽은 자에 속한다"[2]는 거침없는 말로 모든 그리스도인에게 사랑의 기도를 촉구한다.

필자는 바울의 사랑의 격정을 이해한다. 왜냐하면, 한낱 무익한 종에 지나지 않은 필자에게도 사랑의 충만함을 깨닫게 해 주었기 때문이다. 《사랑으로 회복하라》를 읽는 독자들에게 기독교 신앙의 모든 것을 보고 누리게 되는 사랑의 충만한 역사가 일어나기를 바울의 심정으로 간절히 기도한다. 할렐루야!

주(註)

프롤로그
1) 필립 얀시, 필립 얀시의 성경을 만나다, 포이에마, 443.
2) 롭 벨, 사랑이 이긴다, 포이에마.

서언: 사랑으로의 초대
1) 사랑은 인간의 육적인 사랑을 말하는 '에로스', 아리스토텔레스가 사용한 이성적인 사랑, 우정, 동료애를 뜻하는 '필리아', 부모와 가족 간의 혈연적인 사랑을 의미하는 '스토르게', 그리고 하나님의 십자가로 나타난 '아가페'의 사랑이 있다.
2) 필립 얀시, 내가 알지 못했던 예수, 요단 출판사, 214-215.
3) 사토 가츠아키, 내가 미래를 앞서가는 이유, 스몰빅 인사이트, 197-198, 200-201.

1장: 하나님은 누구신가?
1) 제임스 패커, 하나님을 아는 지식, 정옥배 옮김, IVP, 24.
2) 같은 책, 51.

그리스도인의 정체성
1) 칼 바르트, 교회 교의학 IV/2, 대한기독교서회 1112-1114, 1105, 1047.
2) 예수 그리스도를 믿음으로 의로운 자가 되었지만, 신자는 육신의 연약함으로 여전히 죄를 짓는다. 성경에 나타나 있는 수많은 회개의 명령과 죄의 사례들(다윗의 범죄 등)이 그 사실을 말해 준다.

교회 안의 거짓 신자들
1) 권혁진, 사랑에 이르는 신학, 두란노, 186-187.
2) 장기려, 삶 속에 임재한 예수 그리스도, 후지이 다케시 전집 초역, KIATS, 463.
3) 유진 피터슨, 다시 일어서는 목회, 좋은 씨앗, 223-224.

4) 프란시스 쉐퍼, 기독교 교회관, 생명의 말씀사, 265, 271.
5) 정덕영, 새 계명 요한일서, 학개북스, 315.

복음의 변질
1) 강영안 외, 한국교회 개혁의 길을 묻다, 새물결플러스, 161.
2) 조엘 오스틴, 긍정의 힘, 두란노, 260.
3) 강영안 외, 한국교회 개혁의 길을 묻다, 새물결플러스, 163-164.
4) 옥한흠 외, 이 땅 부흥케 하소서, 생명의 말씀사, 31.
5) 마이클 호튼, 미국제 복음주의를 경계하라, 나침반, 143.
6) 자끄 엘륄, 뒤틀려진 기독교, 대장간 264.
7) 알리스터 맥그래스, 십자가로 돌아가라, 생명의 말씀사, 22-23, 59.

복음의 본질
1) 본회퍼, 성도의 교제, 대한기독교서회, 107.
2) 로이드 존스, 교리 강좌 시리즈1, 부흥과 개혁사, 639.
3) 척 스미스, 사랑, 갈보리 채플 극동선교회, 52, 128, 132.

삼위일체 하나님의 존재적 본질
1) 케빈 밴후저, 제일신학, IVP, 102.
2) 바빙크의 교회 교의학 개요, 크리스쳔다이제스트, 181, 183.
3) 캐서린 라쿠나, 우리를 위한 하나님, 대한기독교서회, 349.
4) 같은 책, 344, 347, 349, 416.
5) 스탠리 그렌즈, 조직신학, 신옥수 옮김, 크리스챤다이제스트, 134-135.
6) 사랑에 이르는 신학, 권혁빈, 두란노, 60.
7) 스탠리 그렌즈, 조직신학, 크리스천다이제스트, 124.
8) 윌리엄 폴, 오두막, 세계사, 159-162.
9) 권혁빈, 사랑에 이르는 신학, 두란노, 77, 30.
10) 아우구스티누스, 삼위일체론, 분도출판사 8권, 8, 12.

하나님의 본질적 속성
1) 로이드 존스, 교리강좌 시리즈1, 부흥과 개혁사, 123.
2) 로버트 R, 레이몬드, 최신 조직신학, CLC, 230-231.
3) 스테핀 S, 스말리, WBC 주석, 요한 1, 2, 3서, 솔로몬출판사, 413-416.
4) 판넨베르크, 조직신학, 은성출판사, 557, 571-575(부분 수정).
5) 칼 바르트, 교회 교의학 IV/2, 제10권 화해에 관한 교의, 대한기독교서회, 1049, 1051.
6) 스탠리 그렌츠, 조직신학, 크리스천 다이제스트, 121.
7) 같은 책, 121.

2장: 성경은 무엇을 말하는가?
1) 데이비드 웰스, 신학 실종, 부흥과 개혁사, 161-162.

율법은 사랑으로 완성되었다
1) 앤드류 팔리, 복음에 더할 것은 없다, 터치북스, 20-21.
2) 존 스토트, BST시리즈, IVP, 379-381.
3) 존 맥아더, 예배, 아가페 북스, 189-191.

한국교회의 잘못된 율법 이해
1) 교회용어 사전, 교리 및 신앙, 생명의 말씀사, 2013. 9. 16.
2) 어니스트 케빈, 율법, 그 황홀한 은혜, 수풀, 55-56.
3) 앤드류 T, 링컨, WBC '에베소서' 주석, 배용덕 옮김, 도서출판 솔로몬, 357-358.
4) 강영안 외, 한국교회 개혁의 길을 묻다, 새물결플러스, 132.
5) 헨리 드러몬드, 사랑, 세상에서 가장 위대한, IVP, 13-15.
6) 어니스트 케빈, 율법, 그 황홀한 은혜, 수풀, 148-149.

성경의 한 계명
1) 이재훈, 은혜가 이긴다, 두란노, 71-76, 78, 83.
2) 이상원, 기독교 윤리학(개혁주의 관점), 총신대학교 출판부, 116.

3) 짐 심발라, 공동체를 살리는 성령의 능력, 정진환 옮김, 죠이선교회, 125.
4) 한스 큉, 교회, 한들 출판사, 70.
5) 비슬리-머리, 솔로몬 주석, 레위기, WBC, 492-493.

'온전하라'의 여러 해석

1) 존 칼빈, 기독교 강요, 크리스천 다이제스트, 458.
2) 어니스트 케빈, 율법, 그 황홀한 은혜, 수풀, 185, 203, 250.
3) R. C. 스프롤, 섭리, 넥서스 cross, 111 이하.
4) 더글라스 R. A. 헤어, 목회자와 설교자를 위한 주석 '마태복음', 한국장로교출판사, 100.
5) 필립 얀시, 내가 알지 못했던 예수, 요단 출판사, 219-220.
6) 데이비드 터너, 마태복음, 부흥과 개혁사, 230, 234.

'온전하라'의 성경적 의미

1) 더글라스 R. A. 헤어, 목회자와 설교자를 위한 주석 '마태복음', 한국장로교출판사, 103-104.
2) 필립 얀시, 내가 알지 못했던 예수, 요단 출판사, 238.

'온전하라'는 명령의 목적

1) 제임스 던, WBC 주석 '로마서', 김 철·채천석 옮김, 솔로몬 출판사, 741.
2) 척 스미스, 사랑, 갈보리 채플 극동선교회, 307-308.
3) 앤드루 머리, 완전한 순종, 윤종애 옮김, 생명의 말씀사, 32, 34, 44-45.
4) 칼 바르트, 교회 교의학 IV/2, 대한기독교서회, 1086, 1009, 1116-1118.
5) 필립 얀시, 내가 알지 못했던 예수, 요단 출판사, 224-237, 239.

신약시대의 완성된 예배

1) 바벨론 포로 귀환 이후 유대인들이 예루살렘 성전 재건에서 사마리아 사람들을 제외시키자 사마리아 사람들은 게르심 산에 독자적인 성전을 세우고 독자적으로 제사를 드렸다(스 4:1-2; 느 4:1-2).

2) 존 맥아더, 예배, 아가페 북스, 227-228.
3) 같은 책, 86, 89, 231, 227-228, 233.
4) A. W. 토저, HOLY SPIRIT, 규장, 159.
5) R. C. 스프롤, 성경적 예배, 지평서원, 59-62.
6) 제임스 던, WBC 주석, 로마서, 솔로몬 출판사, 334-335.
7) 권혁빈, 사랑에 이르는 신학, 두란노, 367.

완성된 예배의 날

1) 솔로몬 주석 '사도행전'(17:2).
2) 김근주, 복음의 공공성, 비아토르, 236 이하.
3) 기독교보, 10면 제명공고, 2001. 6. 30.
4) 케이빌더 조, 교회를 알면 교회가 산다, 대장간, 182-183.
5) 신성남, 어쩔까나 한국교회, 아레오바고.

완성된 예배의 장소

1) 뉴스 앤 조이, 이용필 기자, 2014. 12. 2.
2) 교회갱신전략 3.
3) 리처드 헤이스, 현대 성서주석 '고린도전서', 한국장로교출판사, 113-115.
4) 랠프 P. 마틴, WBC 주석 '고린도후서', 도서출판 솔로몬, 429-430.
5) 이재철, 회복의 목회, 홍성사, 19-24.
6) 강영안 외, 한국교회 개혁의 길을 묻다, 새물결플러스, 147.
7) 김옥경, 먼지를 털어서 향기로, 아이네오, 212-213.

완성된 예배의 헌금

1) 앤드류 팔리, 복음에 더할 것은 없다, 터치 북스, 86-87.
2) 사복음서에 '십일조'는 세 번(마 23:23; 눅 11:42, 18:12), '헌금'은 다섯 번(막 12:41, 43; 눅 21:1, 4; 요 8:20) 언급된다.
3) 조성기, 십일조는 없다, 평단, 219-221.
4) 고동엽, face book, 2015. 8. 2.

5) 강영안 외, 한국교회 개혁의 길을 묻다, 새물결플러스. 140-145.

완성된 예배의 집전자
1) 한스 큉, 교회, 한들 출판사, 528, 530-532.
2) 뉴스 앤 조이, 2019. 1. 18.
3) 에밀 브루너, 교회를 오해하고 있는가, 박영범 옮김, 대서, 48-49, 52, 55.
4) 한스 큉, 교회, 한들 출판사, 171-173.
5) 신성남, 어쩔까나 한국교회, 아레오바고.
6) 강영안 외, 한국교회 개혁의 길을 묻다, 새물결플러스, 129-130.

에큐메니컬의 원리
1) 한스 큉, 교회, 한들 출판사, 391-392, 394, 422.
2) 칼 바르트, 에베하르트 부쉬, 복 있는 사람, 639-640.
3) J. C. 라일, 거룩, 복 있는 사람, 489.

구원, 하나님의 사랑의 선택
1) 로이드 존스, 로마서 강해 9, 기독교문서선교회, 140-141.
2) 칼 바르트, 교회교의학 IV/2, 제10권 화해에 관한 교의, 대한기독교서회, 417.
3) 칼 바르트, 화해에 관한 교의, 대한기독교서회, 1060, 1062.
4) 케빈 벤후저, 제일신학, IVP, 156.
5) 칼 바르트, 하나님에 관한 교의, 대한기독교서회, 605-606.
6) 하나님은 불의한가?(자끄 엘륄의 로마서 9-11장 해석), 대장간 48.

인간의 항변과 바울의 대답
1) 십자가와 구원, 브루스 데머리스트, 이용준 역, 부흥과 개혁사, 190-191.
2) 마크 릴라, 사산된 신, 바다출판사, 131-135, 162-165.
3) 마이클 호튼, 그리스도 없는 기독교, 김성웅 옮김, 부흥과 개혁사, 27.
4) 마크 릴라, 사산된 신, 바다출판사, 153-154.
5) 칼 바르트, 교회 교의학 II/2 하나님에 관한 교의, 대한기독교서회, 34-35.

6) 존 파이퍼, 하나님의 기쁨, 두란노, 184, 187.

교회란 무엇인가?
1) 에밀 브루너, 교회를 오해하고 있는가, 박영범 옮김, 대서, 5-6, 25-29.
2) 권혁빈, 사랑에 이르는 신학, 두란노, 62, 292.
3) 김근주, 복음의 공공성, 비아토르, 268-269.
4) 김두식, 교회 속의 세상, 세상 속의 교회, 홍성사, 272-273.

교회의 사명
1) (디럭스 바이블 예화) 사명의 사람으로 순교한 선교사 짐 엘리엇.
2) 위키 백과사전 '제임스 엘리엇'.
3) 제임스 던, 바울 신학, 크리스천 다이제스트, 252, 254.
4) 조너선 리먼, 당신이 오해하는 하나님의 사랑, 한동수 옮김, 국제제자훈련원, 222.
5) 제럴드 싯처, 차이를 넘어선 사랑, 성서유니온선교회, 11, 25-27.
6) 권혁빈, 사랑에 이르는 신학, 두란노, 342.
7) 존 스토트, 제자도, IVP, 43-44.

교회의 은사
1) 짐 심발라, 공동체를 살리는 성령의 능력, 죠이선교회, 80-82.
2) 강영안 외 다수, 한국교회 개혁의 길을 묻다, 새물결플러스, 28.
3) 존 맥아더, 무질서한 은사주의, 부흥과개혁사, 20
4) 칼 바르트, 교회 교의학 IV/2, 대한기독교서회, 1159-1163, 1157.
5) 루이스 B, 스미즈, 사랑, 사랑플러스, 246,249.

교회의 사역자
1) 예수님이 첫 번째와 두 번째 사용한 사랑은 하나님의 사랑, 신적인 사랑, 숭고하고 헌신적인 사랑, 완전히 이타적인 사랑인 '아가파오'였고, 세 번째는 인간적인 사랑, 조건적인 사랑, 친근하고 우정에 가까운 사랑인 '필로'였다. 베드로는 예수님의 세 번의 사랑의 질문에 세 번 모두 행동과는 관계없이 애정이나 사랑의 감정만을 뜻하는

'필로'로 대답했다.
2) J. C. 라일, 거룩, 복 있는 사람, 488-489.
3) 케네스 보아, 기독교 영성, 그 열두 스펙트럼, 도서출판 디모데, 34.
4) 척 스미스, 사랑, 갈보리 채플 극동선교회, 162-163, 250-251.
5) 장신대 주최, '교회의 사회문화적 책임과 목회자 성윤리 세미나, 2016. 10. 19.
6) 크리스천 헤럴드, 2017. 8. 14.
7) 유기성, 네가 나를 사랑하느냐, 규장, 178.
8) J. C. 라일, 거룩, 복 있는 사람. 485-486.
9) 칼 바르트, 교회 교의학 IV/2, 제10권 화해에 관한 교의, 대한기독교서회, 1068-1069.

한국교회의 부흥 진단
1) 마이클 호튼, 미국제 복음주의를 경계하라, 나침반, 20, 122.
2) 박순용, 기독교 세상의 함정에 빠지다, 부흥과 개혁사, 172-173.
3) 카일 아이들먼, 팬인가, 제자인가? 두란노, 14-16.
4) 자끄 엘륄, 뒤틀려진 기독교, 대장간, 71-73.

부흥의 본질
1) 마틴 로이드 존스, 부흥, 복 있는 사람, 186-190, 116-118, 121.
2) 같은 책, 40-43.
3) 마이클 그린, 초대교회의 복음 전도, 복 있는 사람, 337-340.
4) 헨리 나우웬, 영성 수업, 두란노, 172.

한국교회의 기복적 축복론
1) 교회 역사가인 에우세비오스는 바울이 로마에서 첫 번째 투옥 후 잠시 석방되었다가 두 번째 그곳에 갔을 때 로마 남쪽 교외 오스티아 도로 길가의 세 개의 샘이라는 곳에서 참수형으로 순교했다고 전한다. 5세기에 그 자리에 기념 예배당이 세워졌고, 1599년에 세 개의 샘, 성 바울 기념교회가 다시 지어졌다. 교회 내부에서 바울의 순교 장면을 묘사한 대리석 부조를 볼 수 있으며, 그 위에 바울의 목을 내려쳤다고 하

는 대리석 기둥이 있다. 바울의 머리가 땅에 떨어져 튀어 오른 지점에서 세 개의 샘이 솟았다고 하여 지금의 이름이 붙여졌다.
2) 권혁빈, 사랑에 이르는 신학, 두란노, 291, 292, 105.
3) 이영재, 한국교회여, 기복신앙을 넘어서자.
4) 강영안 외, 한국교회 개혁의 길을 묻다, 새물결 플러스, 159.
5) 마이클 호튼, 미국제 복음주의를 경계하라, 나침반, 101.

십자가, 신자의 영광
1) 알리스터 맥그래스, 십자가로 돌아가라, 생명의 말씀사, 36-42.
2) 권혁빈, 사랑에 이르는 신학, 두란노, 276-277.
3) 옥타비우스 윈슬로우, 십자가 아래서, 지평 서원.

십자가, 하나님의 능력
1) 필립 얀시, 내가 알지 못했던 예수, 요단 출판사, 105, 112-114.
2) 팀 켈러, 하나님을 말하다, 최종훈 옮김, 두란노, 200.
3) 칼 바르트, 교회 교의학 IV/2, 제10권 화해에 관한 교의, 대한기독교서회, 376.
4) 필립 얀시, 내가 알지 못했던 예수, 요단 출판사, 339-341.
5) 이동휘, 엘 샤다이(창 17:1-8), 창세기 설교(816편).
6) 제디스 맥그리거, 사랑의 신학, 대한기독교서회, 22, 35.
7) 권혁빈, 사랑에 이르는 신학, 두란노, 91, 101-102.

십자가, 사랑의 치유
1) 1973년 5월 1일 열린 제6회 조찬기도회 석상에서 김준곤 목사는 "10월 유신은 실로 세계 정신사적 새 물결을 만들고 신명기 28장에 약속된 축복을 받을 것"이라고 밝혔고, 1980년 8월 6일 한경직, 김준곤, 신현균 등 교계 지도자 23명이 참석한 나라를 위한 조찬기도회는 광주의 숱한 생명을 학살하고 정치찬탈에 성공한 전두환 국가보위비상대책위원회 상임위원장을 축복했다.
2) 이병학, 약자를 위한 예배와 저항의 책 요한계시록, 새물결플러스, 47.
3) 제임스 패커, 하나님을 아는 지식, 정옥배 옮김, IVP, 226-227.

축복의 본질
1) 자끄 엘륄, 하나님이냐 돈이냐, 대장간, 58-98.
2) 디트리히 본회퍼, 나를 따르라, 대한기독교서회, 121-123.
3) 이한수, 복음은 구원을 주시는 하나님의 능력, 이레서원, 874-875.
4) 댄 바우만, 마크 클라센, 아름다운 능력의 길, 예수, 예수전도단, 45-47.
5) 피트 윌슨, 두려움이 속삭일 때, 두란노, 236-237.

사랑의 축복을 확신하라
1) 마가복음 3장 8절에는 수로보니게 여인이 살고 있던 "두로와 시돈 지방의 사람들이 예수님이 행하신 큰일을 듣고 예수님께로 나아왔다"고 기록하고 있다. 수로보니게 여인이 그때 예수님의 사역을 보고 예수님을 메시아로 믿었을 것으로 추정할 수 있다. 수로보니에 여인이 신자라는 것은 예수님에게 인정받은 '큰 믿음'에 의해 확증된다.
2) 칼 바르트, 교회 교의학 1권, 대한기독교서회, 236.
3) 권혁빈, 사랑에 이르는 신학, 두란노, 221-222, 225.
4) 브라이언 채플, 불의한 시대, 순결한 정의, 성서유니온, 130-133.
5) 피트 윌슨, 두려움이 속삭일 때, 두란노, 238.
6) 제임스 패커, 하나님을 아는 지식, IVP, 414.

순종, 사랑의 행위
1) 어니스트 케빈, 율법, 그 황홀한 은혜, 수풀, 52-53, 55.
2) 월터 브루그만, 구약신학, 류호준·류호영 옮김, CLC, 663-664, 666.
3) 로렌스 형제, 하나님의 임재 연습, 좋은 씨앗, 31.
4) 팀 켈러, 하나님을 말하다, 최종훈 옮김, 두란노, 279, 284.
5) 팀 켈러, 왕의 십자가, 정성묵 옮김, 두란노, 266-269.
6) 피트 그리그, 침묵으로 말씀하시는 하나님, 미션월드, 109-110, 114-116.

성경의 본질로서의 사랑
1) 칼 바르트, 교회 교의학 IV/2, 제10권 화해에 관한 교의, 대한기독교서회, 1161-1164.

2) 헨리 드러몬드, 사랑, 세상에서 가장 위대한, IVP, 21-22.
3) 마이클 고먼, 삶으로 담아내는 십자가, 새물결플러스, 351-354.
4) 칼로스가 아가도스보다 훨씬 폭넓은 의미를 가지고 있는데, 칼로스는 '아름답다'(마 7:19), '마땅하다'(딤전 3:13) 등으로도 번역되는 헬라어로서, 도덕적인 선은 물론 사리에 맞고 다른 사람들로부터 칭찬받을 만한 행동(의미)을 가리킨다.
5) 옥스퍼드 원어 성경 대전, 제자원 바이블 네트, 357-358.

사랑과 거룩의 비교
1) 안병철, 신약성경 용어사전, 가톨릭대학교 출판부.
2) 조엘 비키, 개혁주의 청교도 영성, 김귀탁 옮김, 부흥과 개혁사, 675.
3) 데이비드 웰스, 하나님의 거룩한 사랑, 부흥과 개혁사, 153-154, 209-210.
4) 김덕중, 거룩: 삶 속에서 만나는 거룩하신 하나님, 서문.
5) 김근주, 복음의 공공성, 비아토르, 205, 220, 229.
6) 자끄 엘륄, 하나님은 불의한가?, 대장간, 53-54.
7) 스탠리 그렌즈, 조직신학, 신옥수 옮김, 크리스챤다이제스트, 158-159.
8) 폴 틸리히, 조직신학1, 한들 출판사, 25-26.

제일로서의 사랑
1) 어거스틴, 참회록, 예찬사, 120.
2) 로버트 뱅크스, 바울의 공동체 사상, IVP, 104-105.
3) 로버트 그랜트, 성서 해석의 역사, 대한기독교서회, 1994.
4) 어거스틴, 'Sermon on Love' 1 John 4:4-12.
5) 권혁빈, 사랑에 이르는 신학, 두란노, 328-330, 387-388.
6) 제럴드 브레이, 신론, IVP, 204.
7) 찰스 스윈돌, 지금 시작해도 늦지 않다, 디모데, 52.
8) 본회퍼, 성도의 교제, 이신건 옮김, 대한기독교서회, 23.

한국교회여, 사랑으로 일어서라
1) 고광종, 일그러진 한국교회의 얼굴, IVP.

2) 유기성, 나는 죽고 예수로 사는 사람, 규장, 220-221.
3) 케빈 벤후저, 제일 신학, IVP, 111, 144.
4) 권혁빈, 사랑에 이르는 신학, 두란노, 19-20, 40, 413.
5) 신성남 칼럼, 차라리 설교하지 말라.
6) 권혁빈, 사랑에 이르는 신학, 두란노, 206.
7) 김영봉 엮음, 부흥 사귐의 기도를 위한 기도 선집, IVP, 125.
8) 윌리엄 왓킨스, 하나님을 향해 자라가다, 예수전도단, 76-79, 16.
9) 이한수, 복음은 구원을 주시는 하나님의 능력, 이레서원, 874-875.
10) 존 파이퍼, 장래의 은혜, 좋은 씨앗, 421-423.

3장: 신앙생활이란 무엇인가?
1) 강영안 외, 한국교회 개혁의 길을 묻다, 새물결플러스, 165.

하나님 사랑, 신앙의 근원
1) 척 스미스, 사랑, 갈보리 채플 극동선교회, 147-148.
2) 존 더햄, WBC 주석, 출애굽기, WBC, 솔로몬 출판사, 472.
3) 테렌스 E., 프레다임, 현대성서주석 출애굽기, 한국장로교출판사, 352-353.
4) 같은 책, 354-355.
5) 이재훈, 은혜가 이긴다, 두란노, 231.
6) 권혁빈, 사랑에 이르는 신학, 두란노, 393, 384.
7) 김만열, 기독교 복음의 핵심, 라함, 403.
8) 척 스미스, 사랑, 갈보리 채플 극동선교회, 2, 163, 250-251.

이웃 사랑의 출처
1) 헨리 나우웬, 기도의 삶, 복 있는 사람, 93-94.
2) 니콜라스 월터스토프, 사랑과 정의, 홍종락 옮김, IVP, 58-59.
3) 키에르케고르, 사랑의 역사(Works of Love), 임춘갑 옮김, 다산글방, 21.
4) 필립 얀시, 아, 내 안에 하나님이 없다, 좋은 씨앗, 127-128.
5) 앤드류 머리, 완전한 순종, 생명의 말씀사, 39-41.

누가 우리의 이웃인가?
1) 세계일보 나진희 기자, 2018. 10. 30.
2) MBN 뉴스, 2016. 08. 13.
3) 존 칼빈, 기독교 강요, 크리스천다이제스트, 513-514.
4) 김형석, 인생의 길 믿음이 있어 행복했습니다, 이와우, 190.
5) 경향신문, '요셉의원의 하루', 김찬호 기자, 2017. 12. 14.

어떻게 사랑해야 하는가?
1) 제럴드 L. 싯처, 용서(차이를 넘어선 사랑), 성서유니온선교회, 123, 127, 132.
2) 김옥경, 먼지를 털어서 향기로, 아이네오, 69.
3) 이서정, 이기는 대화, 머니 플러스, 47.
4) 권혁빈, 사랑에 이르는 신학, 두란노, 81-82, 106-107, 196-197.
5) 브레넌 매닝, 그대 주님 따르려거든, 좋은 씨앗, 122 이하.

원수 사랑
1) 손동희, 나의 아버지 손양원 목사, 아가페 북스, 203-250.
2) 존 파이퍼, 장래의 은혜, 좋은 씨앗, 247-249.
3) '숯불'은 '회개의 표', '마음의 불', '회개와 부끄러움의 가책으로 타는 듯한 고통', '은혜', 즉 궁극적으로 은혜를 가져오는 '후회와 부끄러움에서 오는 고통' 등으로 해석한다. 대체로 숯불을 쌓는 것은 은혜를 베푸는 것으로 해석한다. 은혜를 베풂으로써 원수가 자신의 행동에 대한 후회와 부끄러움을 갖게 되고 이를 통해 자신의 죄악에서 돌이키게 되어 서로에게 평화와 화해가 이루어지는 것이다.
4) C. S. 루이스, 순전한 기독교, 홍성사, 182-183, 185.
5) 같은 책, 184-185, 190.
6) 디트리히 본회퍼, 나를 따르라, 대한기독교서회, 167.

사랑의 코이노니아
1) 본회퍼, 성도의 교제, 이신건 옮김, 대한기독교서회, 20-24.
2) 제임스 패커, 하나님의 인도, 생명의 말씀사, 93.

3) 제임스 패커, 하나님을 아는 지식, IVP, 397-398.
4) 윌리엄 왓킨스, 하나님을 향해 자라가다, 이종환 역, 예수전도단, 92.
5) 성도의 교제, 본회퍼, 대한기독교서회, 250.
6) 제임스 패커, 하나님의 인도, 생명의 말씀사, 194-195.
7) 유기성, 네가 나를 사랑하느냐, 규장, 197-201.

거룩한 심판을 통해 완성되는 사랑의 나라
1) 데이비드 웰스, 하나님의 거룩한 사랑, 이용주 옮김, 부흥과 개혁사, 115.
2) 니콜라스 월터스토프, 사랑과 정의, IVP, 152-157, 171-172.
3) 제럴드 브레이, 신론, IVP, 259, 261.
4) 웨인 그루뎀, 조직신학(상), 노전준 옮김, 은성, 282-283.
5) J. C. 라일, 거룩, 복 있는 사람, 490.
6) M, 유진 보링, 현대 성서주석, 요한계시록, 한국장로회출판사.
7) 마이클 윌코크, BST 시리즈, 요한계시록 강해, 정옥배 옮김, IVP, 269-270.

에필로그
1) 윌리엄 왓킨스, 하나님을 향해 자라가다, 예수전도단, 12-14.
2) 로이드 존스, 부흥, 부흥과 개혁사, 161.